本书获得山西省软科学研究项目（编号：2019041013-4）

我国生产、供销、信用合作社共生理论与实践

李 涛◎著

Theory and Practice of Production,
Supply & Marketing and Credit Cooperatives Symbiosis in China

经济管理出版社
ECONOMY & MANAGEMENT PUBLISHING HOUSE

图书在版编目（CIP）数据

我国生产、供销、信用合作社共生理论与实践 / 李涛著. —北京：经济管理出版社，2020.9

ISBN 978-7-5096-7323-2

Ⅰ.①我… Ⅱ.①李… Ⅲ.①合作社—研究—中国 Ⅳ.①F279.242

中国版本图书馆 CIP 数据核字（2020）第 139250 号

组稿编辑：张莉琼
责任编辑：丁慧敏　张莉琼
责任印制：黄章平
责任校对：董杉珊

出版发行：经济管理出版社
（北京市海淀区北蜂窝 8 号中雅大厦 A 座 11 层　100038）
网　址：www. E-mp. com. cn
电　话：（010）51915602
印　刷：三河市延风印装有限公司
经　销：新华书店
开　本：720mm×1000mm/16
印　张：13.75
字　数：240 千字
版　次：2020 年 9 月第 1 版　2020 年 9 月第 1 次印刷
书　号：ISBN 978-7-5096-7323-2
定　价：69.00 元

谨以本书纪念我的父亲

In Memory of My Father

(Nov. 1950-Apr. 2015)

序

合作经济是社会经济发展到一定阶段的必然产物。合作社作为合作经济的代表性组织形式，其成员所属、成员经营和为成员服务的特征，使合作社在促进成员实现经济抱负、加强社会资本和人力资本凝聚以及推动其所属地发展等方面作用显著。综观世界农业发达国家，均无一例外拥有健全的合作经济及其体系。合作社创造和保障了农业就业、农民联合以及农产品质量的提高，有效地促进了农业经济发展。

中国的合作社有其独特的起源与历史形态，具有鲜明的本土特色，其中农民专业合作社、供销合作社、信用合作社的形成过程更显示出其特有的历史背景和制度背景。历史已往，当今中国的合作社该如何发展？

农民专业合作社、供销合作社、信用合作社在本源上具有很强的内生联系，对农业和农村经济发展具有重要影响。然而，目前三者的发展态势在我国还不够理想，农民专业合作社“假空”现象多、供销合作社功能缺失、信用合作社“脱农”，而且这三方也基本处于割裂状态，没有很好地建立起内在联系。浙江省率先探索建立农民专业合作、供销合作、信用合作“三位一体”的农村新型合作体系，浙江省成立的农民合作经济组织联合会（以下简称农合联）是有意义的，不过其中仍存在缺乏合作和割裂的问题，这些问题需要从理论和实践两方面进行探索和化解。

如何对“三社”之间的合作关系进行准确描述，并对它们未来的合作策略进行研究，是李涛博士这本专著的主要内容。作者将共生理论与“三社”合作发展的历史以及现状相结合，在分析了“三社”共生的理论条件和经验分析的基础上，提出了“三社”共生系统这一核心概念，进一步搭建了以核心概念为基础的理论分析框架，既从宏观层面把握“三社”合作的顶层设计理念和合作环境，也从微观层面通过共生理论中的相关内容对“三社”合作进行更为细致的描述和刻画。

本书的研究内容有其特色：首先，提出了一个较为系统和完整的“三社”

共生系统的理论分析框架；其次，构建了“三社”共生系统稳定性影响因素的评价指标体系，并结合我国当前“三社”共生系统运行实践进行了实证分析；最后，对“三社”共生系统的运行效率进行了评价建模并对其省域和区域效率进行了测度分析。整体而言，本书题目新颖且具有重要的现实意义和较强的理论意义，是当前经济学研究为数不多的对中国改革开放以来一些底层制度模式改革的深入探讨，论证有据，提出政策建议也具有启发性和借鉴之处。

国家正在全面推进乡村振兴战略实施。乡村振兴必然要求农村产业组织和经营模式的创新。各地在深化供给侧结构性改革和推进农业现代化进程中，尝试加快构建各类新型农业经营体系、增强合作社内生动力、维护合作成员合法权益，并强调规范化建设。农民专业合作社、供销合作社、信用合作社这三类合作社也在不断创新与规范。“三社”合作在理论上持续探索，在实践中共生发展，才能形成“三社”为代表的农业合作组织产业共生的合作局面。

“三社”共生改革创新不仅包括组织重构，也包括治理机制创新。“三社”的组织重构，在我看来，不仅是一个规范化问题（这个规范化本身的意义也需要探讨），更重要的是结合国家乡村振兴战略背景下新的产权制度改革，结合乡村产业多样化发展，努力在合作社经典原则与中国本土实践相结合上走出本国各地多样化的组合重构道路。至于“三社”合作的治理机制创新，我们需要结合乡村改革发展实际，突破部门与行业思维，立足农业农村领域改革的融合性，结合现代农村产业链、供应链和产业融合发展的方向，坚持问题导向，在政策取向上相互配合、切实加强“三社”之间的关联性、构建“三社”的系统性、尝试“三社”与外部资源的共生性，通过共生发展放大整体效应、集成效应。

希望更多的合作社研究在我国乡村振兴战略实施的广阔田地中异彩纷呈。

马龙龙

2020 年 4 月 25 日

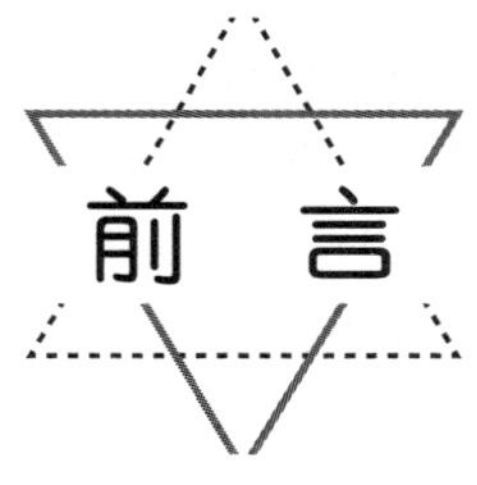

“三农”问题是关系国计民生的根本性问题。我国“乡村振兴”战略的实施和农业供给侧结构性改革的持续推进，对我国农业社会化服务和新型农业合作经济体系建设等方面提出了新的要求。与此同时，发达国家的农业实践表明，国际合作经济已进入联合与合作发展的新时期。2017 年中央一号文件提出了开展生产、供销、信用“三位一体”综合合作，引发了学界和政界的广泛关注。从中观的产业组织层面，研究如何促进同为合作组织属性的农民专业合作社、供销合作社和信用合作社（以下简称“三社”）之间的合作问题，是我国理论界和实业界面临的共同难题。基于国内外合作经济发展丰富的实践背景，本书结合共生理论和农业产业链合作理论，提出了建立“三社”共生系统的理论观点并对其进行了全方位阐释。“三社”共生系统指作为共生单元的专业社、供销社和信用社，在一定的共生环境中通过多种共生模式在所依赖的多个共生界面上进行农产品的生产、流通、金融及科技等多种共生活动而形成的共生关系的总和。运用数理经济学法、问卷调查法、因子分析法、DEA 方法以及案例分析法对“三社”共生系统这一核心概念进行了相应的理论分析和实证分析，并结合我国新时期“三社”共生实践进行了案例分析，进而将理论与实际有机结合起来。本书为缓解当前“三社”合作困境，促进共生合作运行机制和管理体制的相关研究奠定了理论基础。主要研究内容及其研究结论如下：

首先，作为主要立论部分，本书在概念界定和文献综述的基础上，对“三社”共生的理论条件进行分析后，提出了“三社”共生系统的概念并通过对其内涵、基本要素、性质、共生界面、稳定性条件以及运行机制等方面进行了较为系统、全面的理论分析，从而搭建了“三社”共生系统这一新的理论分析框架，为后文的实证和案例分析奠定了研究基础。其次，对“三社”共生系统运行的稳定性和效率进行实证分析。从稳定性来看，以共生三要素为视角，提出并设立了影响“三社”共生系统稳定性的 15 个因素指标，通过问卷设计与调查，采用因子分析法对各指标进行检验并归纳出其中 6 个因子维度。6 个因子维度与15个影响因素共同构成了“三社”共生系统稳定性的影响因素集，并结合实践对因子维度间相互关系进行了阐释，从而为“三社”共生关系稳定发展的管理机制研究奠定了基础。从运行效率来看，构建了“三社”共生系统运行效率的评价模型，并采用DEA方法设立了系统效率的指标体系，结合省域和区域宏观数据进行了效率测度实证分析。研究发现，目前我国“三社”共生系统效率总体水平较低，省域和区域间均存在较大差异；共生单元之间存在“共生惰性”是造成系统效率低的原因；提高信用社对专业社贷款量以及供销社领（合）办专业社数量对于提高省域和区域“三社”共生系统的运行效率具有关键作用。再次，为了更好地对理论加以运用，本书结合“三社”共生系统的理论框架对浙江瑞安农村合作协会（以下简称农协）进行了案例分析，对农协中隐含的“三社”共生系统进行了剖析，分析了其共生单元的组成和架构、共生关系的形成、共生界面的内容以及共生能量的生成等。总结出瑞安农协系统的组织阶段由低级到高级可以划分为主体域、共生域和联盟域三个层次。目前瑞安农协已由主体域的初级阶段发展到共生域这一中级阶段，采用共生理论来指导农协中“三社”关系以形成共生系统较为适合。最后，在前期理论研究和实证结果的基础上，本书从共生三要素出发分析了促进“三社”共生系统稳定与高效运行的政策建议。即要从提高共生单元之间质参量兼容度和共生单元自身组织绩效两方面从外部和内部改进共生单元；从打通共生界面要素通道并促进共生模式创新和优化等路径优化共生模式；从政策环境、法制环境、市场环境以及产业环境等方面不断地改善共生环境。唯有三要素及其内容齐发力，才能有效保障“三社”共生系统的良性运行。

本书的创新之处可以从三个方面进行归纳。首先，在现有理论基础上提出了一个较为系统的、完整的“三社”共生关系的理论分析框架；其次，构建了“三社”共生系统稳定性影响因素的评价指标体系，通过实证检验归纳出因子维度并对实证结论进行了拓展分析；最后，基于投入产出视角，对“三社”共生系统的运行效率进行了评价建模，并分别对我国省域和区域的效率测度分析后有所发现。

目 录

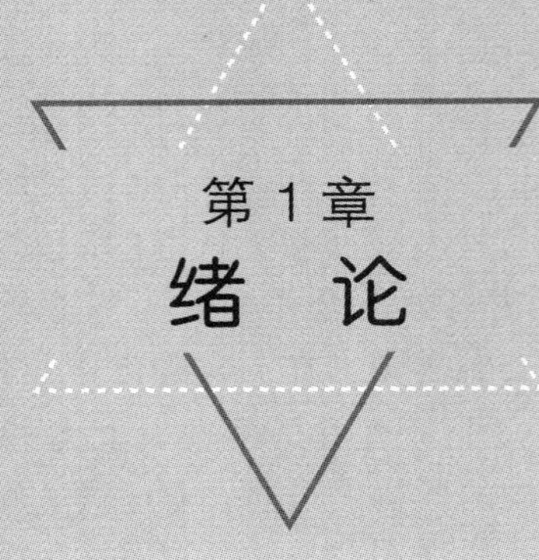

第 1 章 绪 论

1.1 研究背景及问题的提出

我国政府历来重视“三农”这一关系到国计民生的根本性问题。我国农民专业合作社、供销合作社、信用合作社（以下简称“三社”）之间的合作与农业、农民和农村问题紧密相关，因此“三社”合作研究具有深刻的现实背景。

1.1.1 研究背景

（1）在新的历史发展时期，乡村振兴战略的实施对“三社”合作提出了新要求。

2017 年中共十九大报告中明确提出了实施乡村振兴战略。2018 年中共中央、国务院颁布了《关于实施乡村振兴战略的意见》。产业兴旺作为乡村振兴的首要目标，其核心是组织和技术，“三社”之间合作是推进产业兴旺的重要途径。这可以从生产和服务两方面进行阐释。

生产方面，首先，“三社”合作能够促进产生真实的农民专业合作社。农民专业合作社作为与家庭农场、龙头企业并存的三大新型农业经营主体之一，是实现产业兴旺目标的重要生产载体。合作社把生产经营分散的农户组织起来形成专业化农业生产格局从而实现规模收益，这是国际社会普遍认同的理论观点和实践经验。而国外学者访问了我国 50 多个被官方认定为较成功的合作社，并对它们的整体状况和表现进行了第一手的评估。评估结果是：无论是按照国际标准还是国内标准，绝大多数的农民合作社都不是真实的，也没有给小农户带来预期的收益（Hu et al., 2017）。可见我国合作社发展过程中总体呈现出虚假繁荣现象，究其原因，与其内外部服务资源的缺失是密不可分的。如果供销社和信用社能够以更加紧密有效的合作模式为专业社提供技术、生产、销售、融资乃至信任等多种服务资源要素，在一定程度上可以避免不真实的合作社产生，进一步孵化出真正意义上具有可持续发展能力的专业社。其次，“三社”合作能够促进农业产业结构的调整。当前农业已进入纵向全产业链的竞争时期，将农民专业合作社、供销合作社和信用合作社等新老农业合作经济组织的现有资源充分调动并利用起来，通过构建“三社”之间供产销、农科贸一体化等服务合作形式，实现新老合作组织体系内的技术、资金、劳动力和物资材料等生产要素的优化配置，结合供销社和信用社的品牌效应开拓市场，使农业生产经营规模化、专业化进而实现市场化。解决了农户无法克服的对于农业产业结构“想调但不敢调”“敢调但不会调”的问题，从纵向上实现了农业产业链关键环节上合作经济组织竞争优势的联合和实现，从横向上实现了农业一二三产业融合。最后，“三社”合作有利于供销合作社和信用合作社回归“合作制”，助力产业兴旺。国家多次出台政策文件敦促供销社和信用社通过深化体制机制改革来恢复“三性”（安全性、流动性、效益性）以便更好地履行为农服务的职能，但总体成效不太显著。“三社”合作可为供销社和信用社为农服务职能提供明确的目标主体，通过对专业社在农业生产手段、生产技术、劳动者培训以及合作社现代化治理上进行综合服务，使国家的顶层设计和涉农政策有效落地并得以实施，有利于其回归“合作制”、回归“三农”领域。从这个意义上讲，“三社”合作通过发展合作经济来实现农业现代化大有可为。

服务方面，“三社”合作是建立健全农业社会化服务体系的重要组成部分。农业社会化服务体系是为了适应现代农业发展，与农业相关的经济组织为直接从事农业生产经营主体提供各种服务构成的一个服务网络体系（仝志辉，2016）。本质上是结合运用社会各方力量，通过各类农业生产经营单位克服小农经济面对大市场的弊端，使自身获得专业化分工和集约化服务规模收益的一种社会化的农业经济组织形式，其内容涵盖很广。从服务内容看，有供销服务、加工服务、信息服务等。从服务主体来看，有乡村集体经济内部的服务组织、农业管理部门以及学研机构等。从服务类型看，有政府引导型、龙头带动型、风险服务型等。农业社会化服务体系的完善程度，在一定程度上是反映该国农业商品化和现代化程度的重要衡量指标。从上述内容来看，“三社”无论从服务内容、服务主体还是服务类型上都构成了建立农业社会化服务体系的重要组成部分，而“三社”合作必将成为推动我国农业社会化服务体系建立健全，成为公益性和经营性双重支柱服务的重要力量，从而帮助合作社及其入社农户解决好农业产业链关键环节上的掣肘问题。

（2）农业供给侧结构性改革的推进对“三社”合作提出了新要求。

生产力发展到一定的新阶段，要求生产关系必须进行变革与之相适应。当前我国农业发展中无论是在产品、产业还是区域上都存在诸多结构性矛盾。2017年中央一号文件在“优化产品产业结构，着力推进农业提质增效”中提出要“积极发展适度规模经营”。通过积极发展生产、供销、信用“三位一体”综合合作来“加强农民合作社规范化建设”，很多学者都认为这是该文件最大的内容亮点，认为农业供给侧结构性改革有了一个很好的发力点，将直接形成农业农村发展的新动能。因此，推进农业供给侧结构性改革需要“三社”合作发展，而非各自单独发展，“三社”只有形成合力，才能有效推动改革的深入。作为产业链上下游同为合作组织属性的供销社和信用社与专业社，“三社”通力合作可以有效缓解专业社发展困境问题。供销社和信用社对其要素注入可以避免社会分化对专业社的不利影响，两社的官方背景也可增加农户参与专业社的信任度和保障度，以此更好地应对市场风险，并使良好的政策设计得以顺利实施并达到预期效果。在流通环节上，中华人民共和国成立以来一直存在的供销合作社，在历史上功不可没。改革开放后虽几经发展波折，但至今在全国保存了较完整的组织架构和经营体系。在金融环节上，我国农村信用合作社的组织体系虽也几经变革但也相对较完整健全。然而，长期以来供销合作社和农村信用合作社同为涉农的合作经济组织，两者总体上与农业生产缺乏深入合作的问题却令人遗憾。当前从中央到地方各级政府也意识到了这一问题并积极寻找解决思路，将加强生产、供销、信用合作社之间的合作视为推动我国农业发展提质增效的有效路径之一。

（3）我国合作经济发展困境对“三社”合作提出了新要求。

在农民专业合作社方面，截至2018年9月底，全国工商登记注册的农民专业合作社达213.8万家[①]，已突破200万大关，是2007年底《中华人民共和国农民专业合作社法》颁布实施初期的82倍，年均增长44.4%。然而，伴随着数量不断增长的同时，我国农民专业合作社发展面临很多困境：首先，从质量上

① 资料来源：中国科学技术协会官网。

看真正符合国际合作社原则进行规范化运营的专业社数量不多，80%左右的专业社徒有虚名，已经脱离了合作社原则发生了变异，且变异状态已经成为目前农民合作社发展过程中的突出现象。多数农民专业合作社以争取政府补贴设立，违背了建立合作社的初衷（苑鹏，2013）。国外学者根据我国合作社的总体表现将其分为五类：即真正的合作社、空壳合作社、事实上的农业私营企业、假合作社和失败的合作社。社会分化、缺乏信任、不可预测的市场及糟糕的政策设计和实施四个因素阻碍了真正的合作社的长期发展前景（Hu et al.，2017）。其次，农民专业合作社与农户的合作领域主要集中在农业产业链的某一环节，如生产技术环节或销售环节等，难以实现从供给环节、生产环节、销售环节和金融服务环节等全方位的全产业链合作。对于造成农民专业合作社发展困境的原因，黄祖辉等（2002）认为，在迅速发展的市场化进程创造的良好宏观环境下，国家流通体制和对合作组织融资限制等制度环境因素目前依然制约着农民专业合作组织的创建和发展。中国社会科学院张晓山（2017）指出，我国农民专业合作社正处于发展与挑战并存时期，表现在部分农民专业合作社已成为引领农户参与国内外市场竞争的现代农业经营组织，其实践必然丰富着合作社的理论与政策，并促进相关法律的不断完善，但发展中的农民专业合作社也面临着诸多挑战。异质性及多样性是处于社会主义初级发展阶段的我国农民专业合作社实践中所具有的特点，而农民专业合作社之间的再联合、再合作、再提升，不仅可以使其逐步走向规范，还可以通过规模经济实现和生产经营成本降低等路径不断提高市场驾驭能力。

在供销合作社方面，作为国际合作社联盟的正式会员之一，我国供销合作社成立60余年来，经历了多次改革与变迁。在其漫长的发展历程中，有辉煌也有衰落，但始终顽强发展。截至2017年12月底，全国供销合作社基层社乡镇覆盖率已经达到95%，发展农民专业合作社18.6万家，农村综合服务社40万家，行政村覆盖率为74%，初步形成了形式多样、覆盖广泛的基层服务组织体系①。以上数据显示了供销合作社具有全国性的庞大组织规模和最深入农村基层的网点优势。随着我国经济和社会发展以及改革的不断深化，供销合作社借助其遍布全国的经营、服务网络，广泛参与政府农地改革、管理土地、促进农产品市场良性竞争、农业服务以及农村公共服务等领域，促进了农村建设和流通业发展、农业产业化经营、城乡统筹发展、参与政府服务等，在涉及“三

① 资料来源：中华全国供销合作总社网站，《2017年统计公报》。

农”的各个领域都发挥着重要作用。然而，由于20世纪90年代改制以及历史原因等，县以下的基层供销合作社早已消失殆尽。退还了股金、失去了社员的供销合作社也就失去了合作组织的真正含义。虽然供销合作社在全国仍拥有较完整的四级组织体系和经营架构，实践中有脱离为农服务宗旨的趋势。当前，供销合作社正在不断进行体制机制综合改革，尤其是基层社的恢复重建工作，其改革方向锁定为“为农服务”。从《中共中央国务院关于深化供销合作社综合改革的决定》（中发〔2015〕11号）文件中可以看出，政府对供销合作社从根本上回归“三农”、回归合作制的改革决心和方向。但供销合作社改革缺乏明确的定位和目标，以至于其服务客体不明朗。没有目标就会迷失方向，造成资源的浪费。

供销合作社的历史沿革使其成为一个兼具“官办、民办、国有、集体、合作”复杂性质的混合组织，供销合作社的产权、体制机制牵扯到多方利益，尤其是供销社“外部人”控制和各级政府权益的再分配问题，使其拥有了半官方性质而失去了合作制性质。随着我国农村经济发展与农业现代化的不断推进，定位为“为农服务”的供销合作社暴露出许多亟待解决的问题：一是我国供销合作社作为合作经济组织的属性和定位仍不明确。各相关主体思想纷杂，导致了其服务和经营两大功能在执行中矛盾重重。如果作为真正的合作经济组织，这两大功能其实是有次序的，应把服务功能放到首要位置然后再考虑经营功能。但现实中似乎供销社更强调经营功能从而本末倒置，在某些领域甚至在与农民争利，而非为农服务。有学者指出，供销合作社已完全沦为政府相关政策的执行工具，甚至以牺牲合作社成员的福利来支持城市及其工业体系（张学鹏，2005）。二是与农民的合作关系不够紧密、供销合作社不再进入政府序列之后，成为自主经营、自负盈亏的集体经济组织，经营范围比过去扩大了，方式相对灵活，农民入社开始增多。然而，供销合作社与农民之间还有相当的距离或者仍有脱离之势，农民不认为它是自己的组织。尽管国家规定供销合作社既是集体经济组织，又是农民合作组织，而实际上前者没有很好地实现，后者差距更大。供销合作社应当同农民利益更紧密地结合起来，真正成为农民自己的合作组织，规模可以缩小，数量可以增多，与农民的生产和销售更紧密有力地进行衔接，从而更好地为发展我国农村经济服务。三是综合服务实力不强。我国供销合作社综合服务实力有待提高，县以下的供销合作社经营艰难，与蓬勃发展的农村经济形势严重不适应。为农服务水平不高，与现代农业发展和农民对美好生活的向往严重不适应。近年来，供销系统虽在农村合作经济方面进行了以自我为主导的探索，但仍然存在服务规模较小、功能单一、部分基层网点名存实亡等问题，不能像农业发达国家的合作经济组织那样，为农户提供加工、销售、采购、金融贷款等各方面的综合服务。供销合作社如果联合信用社一起服务专业社，一方面可以通过帮助扶持专业社来尽快恢复乡镇级基层组织，另一方面也促进供销合作社“合作制”属性的回归。尽管不同时期要解决的重点问题有所不同，但为农服务始终是国家和时代赋予供销合作社不变的历史使命（汤益诚，2017）。

在信用合作社发展方面，截至 2016 年 12 月末，全国农村信用社全系统①涉农贷款余额达 81902 亿元，占全部金融机构涉农贷款总额的 29%，同比增长 23.22%，高于全部金融机构涉农贷款 7.14%的同比增长率，也远远高于农业银行和农业发展行分别是 27516 亿元和 40144 亿元的涉农贷款余额。信用合作社全系统法人机构数 2279 个，从业人员 868816 人②。信用合作社的营业网点遍布农村，秉承服务“三农”的宗旨，被农民所信赖，长期以来在提供农户小额贷款和为农业企业及专业社等提供资金支持等方面起到了不可替代的推动作用，已逐步成为农村金融的主力军和联系广大农民群众的金融纽带，促进了我国“三农”发展。

然而，信用合作社同供销合作社的变异过程如出一辙，自 1958 年以来其经营领域和服务对象已逐步长期脱离农村。1996 年，国务院印发《关于农村金融体制改革的决定》，明确“行社分离”，促进信用合作社走向真正合作办社的道路。但一直以来信用合作社体制改革官办痕迹越来越明显。当前信用合作社主要存在以下问题：一是产权虚置。产权虚置的结果使得合作性资金和服务性质均体现不够充分，这也违背了最初以合作制性质建立信用合作社的初衷。全面改革后的信用合作社并没有体现合作制的基本特征，社员入股带有行政色彩，受商业化影响追求自身利益最大化明显，业务经营上偏离了主要为社员服务的宗旨。“信贷支农”的政策也实施多年，但是真正服务专业社或者其他农业主体的信贷量却不多。二是内部管理机制不健全，民主管理的“三会”制度形同虚设。改制后的信用社主要有农村信用社、农村商业银行和农村合作银行这三种模式，其商业金融机构的特征越发明显。三是信用合作社同其他金融机构相比，市场实力较弱，份额占比低，信贷资产质量低下，贷款拖欠率高等经营不

① 包括信用社系统、农村商业银行和农村合作银行三类金融机构。

② 资料来源：摘自 2017 年《中国金融年鉴》。

善问题。四是监管力度弱，依然存在造假现象。在此轮的信用合作社系统改革中，中央政府委托央行以发行和兑付的专项票据形式注资支持改革绩效显著、财务状况趋好的地方信用合作社系统，这就很容易使地方与中央形成利益博弈，导致股东“搭便车”和“内部人控制”现象的发生，进一步强化了地方政府的行政干预力。

综上所述，由于“三社”归口管理部门各不相同，导致各种涉农资源分散状态明显，很难在农业现代化发展进程中发挥合力（陈国胜，2014）。我国农业产业链关键环节上的三类合作经济组织分头为农服务的格局，都存在一些自身难以克服的局限性。例如，农民专业合作社面临着科技支撑、品牌营销、农资采购、市场开拓、资金供给和人才保障等诸多问题；供销合作社和信用合作社虽然具有服务实力，但面对众多分散的农户，服务供给范围窄、成本高、风险大、服务实力等都不能有效实现。

（4）国际农业合作经济的发展对“三社”合作提出了新要求。

合作组织作为一个单独个体，为了生存和发展需要与其他组织合作，而基于相同的经济、社会与法律属性等原因形成了合作组织间合作发展的可能。“合作社之间的合作”这一合作社原则在 1966 年 ICA（国际合作社联盟）第 23 届大会得以通过，此后通过加强合作社组织体系的建设，规模经济的实现，有效提高了合作社市场驾驭力，推进了国际合作经济的发展。这一合作社原则在 1995 年版本的第六条中继续体现，至今一直是国际合作社联盟的基本原则之一。合作社理论与实践都指向一点：合作组织间的合作是国际合作社运动的题中之意，加强合作社之间的合作是必然趋势，具有其深刻的经济和社会意义。

从农业发达国家的社会现实可以看出，无论是美国、加拿大、德国、丹麦等欧美国家，还是以日、韩为代表的东亚国家以及我国台湾地区，其农业合作经济组织之间的合作从人员组成、内容范围、业务联系紧密程度以及合作机制等方面都已非常完善和健全。合作组织之间的相互依赖越来越密切，已形成了“你中有我，我中有你”的合作态势。以被国际学术界誉为现代小农制高效率典范的国家——荷兰为例，其在市场经济基础上形成了以市场化与社会化网络联结而成的“共生组织群”，成就了其土地生产率世界第一的“荷兰奇迹”。荷兰没有自给型的家庭农场，高效的市场化家庭农场是建立在发达的农产品加工体系、完善的农产品流通体系、发达的农民合作体系以及完善的农业教育科研体系之上的。在荷兰奇迹中起重要作用的“吁田模式”，即强调各经济主体的团结精神与合作传统，形成共生共荣的利益共同体（L. 道欧和 J. 鲍雅朴，

2003)。俄罗斯则从相反方向证明了这种以市场化与社会化网络所联结的“共生组织群”的重要性。集体农庄的私有化改革并未给俄罗斯带来明显的农业效率改进。究其原因，周其仁（2004）分析认为，俄罗斯缺乏一个按市场化原则构建的有效的生产“支持系统”。按本书的观点，这种“支持系统”也就是由市场化和社会化网络所联结形成的“共生组织群”。没有这个“共生组织群”或者“支持系统”，在现代社会里无论是公有制的集体农庄式的所谓“大农业”，还是私有制的家庭农场式的“小农业”，都“玩不转”，都不会有高效率(曹阳，2010)。从位于我国农业产业链上下游的“三社”间合作来看，其合作形式、内容及效率等都已经严重滞后于农业发达国家。在国际合作经济进入联合与合作时代的背景下，作为生产主体的农民专业合作社的发展需要与其他合作组织协同发展，更应该与我国最大的两个合作经济组织——供销合作社和信用合作社进行合作与联合。专业社要想快速规范发展必须重视与供销社和信用社之间的合作关系。与此同时，供销社和信用社通过不断地进行自身体制机制改革，在更好地服务专业社的过程中也可以提高自身经济和社会效应，并且逐步规范自身合作组织属性，回归为农服务的价值取向。由此，“三社”作为利益相关者构成了一个利益共同体。组成利益共同体后，合作组织的合作与联合有助于合作社之间的协调和整合，有助于成本减少实现规模经济，有助于整合政府和社会的涉农资源使之更好地发挥效益，有助于充当合作社的整体利益代言人，起到与政府及各利益相关者之间进行协调与博弈的作用。

1.1.2 问题的提出

从国内外农业合作经济发展现状来看，“三社”合作既是大势所趋，也是破解当前各自面临发展“瓶颈”问题的有效解决思路，然而三者合作困境问题却一直是政界和学界广泛关注的难题之一。总体上看，农民专业合作社与供销合作社之间的关系与同国有或其他商业之间的关系基本一样，仅表现为一种买卖关系，而农民专业合作社与信用合作社之间的关系则大多表现为一种借贷关系，与其他银行之间的关系基本一样，“三社”彼此间的特殊关系并未确认从而导致关系疏淡，时有发生的商品买难卖难、贷款难等现象则是“三社”之间缺乏亲密合作关系的突出表现。有学者提出“三社”之间的关系是基于内在天然密切联系的主翼合作，其中生产主体是薄弱环节，供销和信用作为两翼对主体的服务与促进还远远不够（孟田耘，1988），而这一问题持续多年。

我国一直在建立“三社”合作关系的道路上艰难探索着。直到 2006 年，时任浙江省委书记的习近平指出[①]：作为我国为农服务的三大合作经济组织，农民专业合作社、供销合作社和信用合作社这“三位”是具备联合基础的——都是性质一致的合作经济组织，都是一致将农民作为服务对象，都是通过为农民社员服务实现自身的发展，在发展中更好地实现为农服务，基本利益是一致的。现阶段“三社”单干是不行的，需要在强大自身建设的基础上从系统外部寻找联合和统筹的办法来克服各自发展中的困难。“三位一体”建设的核心是以联合求发展，为“三位”提供了壮大自身发展的新空间和新机会，更重要的是它适应了发展现代农业的时代要求。“三位一体”在浙江的改革实践证明，联合起来后的“三位”在为农服务中发挥的作用越发重要。截至 2018 年 6 月底，浙江省农民专业合作社已发展到 4. 93 余万家，入社成员 126. 5 万户，带动非成员农户 403. 9 万户，二者总和占家庭承包农户总数的 60%[②]。供销合作社领（合）办农民专业合作社和一批村级综合服务社数量也在逐年增加，为农民服务的能力越发壮大。浙江农信系统已完成股份合作制的产权制度改革，“三农”金融服务供给的主力军作用日益显现，已成为浙江省服务范围、资金规模以及网点人员最多的地方性金融机构[③]。

理论来源于实践。我国丰富的地方实践为研究“三社”合作提供了样本参考和应用价值，更提出了进一步完善理论去指导实践的要求。作为农业产业链关键环节上的三类合作经济组织，在实践中也有成功合作的现实经验和形式各异的合作模式，然而，“三社”合作从内容和模式上却进化缓慢，主要原因是缺乏对丰富的实践搭建一个适合的理论框架进行解释并进一步促进合作实践，同时缺乏对产生新内容的理论认知不断总结深化，进而对新政策的制定提供可靠的理论支持。那么，“三社”如何更好地合作？这是当前迫切需要解决的问题也是难题。问题的破解有多种路径，可采用的与合作相关的理论也有很多。然而，就目前“三社”发展现状来看，本书认为以互利共存为本质的共生理论更适合研究三方的合作关系。共生理论更强调不同种群间如果紧密结合就会有收益增量，相互离开就会使收益为零甚至发展受阻。国际农业发达国家的农村

① 摘自 2006 年 12 月 19 日习近平在浙江省发展农村新型合作经济工作现场会上的讲话。

② 资料来源：李剑锋，徐建群，陈柯．走在前列的浙江省农民专业合作社——农村改革 40 年浙江省农民专业合作社发展历程与经验启示［J］．中国农民合作社，2018（10）：23-25.

③ 摘自浙江农信官网。

合作体系实践也证明了合作组织之间的联合与合作本质上就是在追求一种共生状态。虽然我国也有一些学者从共生理论视角对“三社”合作进行了相关研究，但现有文献对“三社”共生关系的研究还不充分、系统性不足，还有很多问题值得深入研究，如“三社”共生的稳定性条件如何？受哪些因素影响？共生的效率如何？又该如何评价“三社”共生效率？目前尚缺乏运用共生理论构建系统的、统一的理论分析框架对“三社”间的共生关系进行进一步的阐释和挖掘。

1.2 研究意义

探讨生产、供销、信用合作经济组织之间的共生关系问题，是当前经济学与管理学交叉研究中一个备受关注的重大现实课题，是进一步推进农村生产方式、组织方式与经营方式的联合创新，是进一步改进农业生产关系的一项重要战略，是现阶段解决农业供给侧结构性矛盾的必然选择，所以本书具有较强的理论意义和现实意义。

1.2.1 理论意义

（1）“三社”共生关系研究是对合作经济理论的有益探索和尝试。

将共生理论应用于“三社”关系研究，为合作经济理论中促进合作社之间的联合这一原则提供了一个坚实的理论依据，为我国农民合作经济组织间合作发展提供了一个崭新的研究视角，为探索符合中国国情、社情、民情的合作经济高效发展提供了一个切实可行的路径，为当前我国“三位一体”综合合作的顶层设计提供了一个方向上的理论指导，为新时期具有中国特色的社会主义合作经济组织体系建设提供了一个系统的解释框架。

（2）“三社”共生关系研究是对共生理论的有益探索和尝试。

将共生理论应用于“三社”关系研究，使共生理论不再局限于企业间，而同样也适用于合作组织间，从而进一步拓展了共生理论的应用领域。本书应用共生理论的基本原理和分析方法，从合作经济的基本原则出发，结合农业产业链的相关理论，提出了“三社”共生系统这一概念框架，并对其进行了较为详细的阐述，使合作组织共生系统发展具有了新的理论和实证体系内容。

(3)“三社”共生关系研究是对习近平“三农”思想的有益探索和尝试。

“三位一体”综合合作作为习近平“三农”思想的重要组成部分，是对农业专业合作的欧美模式与农业综合合作的日韩模式的取长补短，是一种制度意义上的实践创新。对“三社”共生关系进行理论分析，从而使“三位一体”实践具有了产业层面的理论基础，也将进一步丰富我国农业第一、第二、第三产业融合理论和农业供给侧结构性改革理论。

1.2.2　现实意义

(1)“三社”共生发展可以缓解统分结合的矛盾。

为解决千家万户小生产与千变万化大市场之间的矛盾，要在“分”的基础上进一步探索如何以农业合作形式实现“统”，“三社”共生发展对我国农业经营体制改革和提高农业经济效率具有路径指导参考价值，通过建立“三社”共生关系厘清其内外部的共生关系，对“三社”如何在农业产业链上融合发展，具有非常重要的实践指导价值。

(2)“三社”共生发展可以改变当前各自发展不利的局面。

从实际操作层面解决“三社”各自发展中面临的困境和问题，使“三社”形成合力更好地服务“三农”，更好地发挥现有三类合作经济组织的整体作用，也为政府制定“三社”合作相关的政策措施提供参考和建议。同时，不仅可以规范我国农民专业合作社的健康发展，而且对促进供销合作社、信用合作社回归“三农”、回归合作制的转型发展具有较强的实践指导价值，改变当前生产合作变异、供销合作变性、信用合作商业化的不良局面。

(3)“三社”共生发展可以促进我国构建新型农业合作经济组织体系。

“三社”建立特定的组织联系，可以使位于不同产业部门的合作组织形成利益共同体，实现利益均摊、风险共担以及优势互补，增强农业市场竞争力。通过对供销合作社和信用合作社对专业社在农业产业链上提供服务进行共生的研究，对我国传统农业产业链整合、农产品价值链增值以及构建新型农业生产与经营服务体系都具有一定的应用价值。

1.3 研究对象与概念界定

1.3.1 研究对象

本书的研究对象是“三社”间共生关系，即研究对象由三个主体组成，即生产、供销、信用合作社，分别对应的是农民专业合作社（以下简称“专业社”）、供销合作社（以下简称“供销社”）、信用合作社（以下简称“信用社”）。伴随着当代中国农村的市场化发展进程，市场上除了上述专业社、供销社和信用社等合作经济组织以外，我国农业市场经济组织还有其他基本组织形式，如农村各类专业合作经济组织、家庭农场（农户）、社区合作经济组织以及农业企业等。它们都与“三社”因业务联系、市场行为等共同交织在一起，形成复杂的多元化市场组织的发展势态。但基于研究目的，本书的研究对象仅限于“三社”之间的共生关系。具体来说，本书是基于农业产业合作经济组织关系这一特定背景下来研究“三社”之间的共生关系问题的。

1.3.2 概念界定

（1）合作社。

100 多年以来，合作社在不同行业领域发挥的作用越来越显著且发展态势迅猛。现如今，合作社几乎已遍布全球每一个国家，合作社研究领域著名学者 Ivan Emelianoff（1948）指出：“合作社的定义是瞬息万变的”。所以，合作社至今尚未有一个普遍接受的定义。通常谈及合作社时有两个定义来源：一个是 ICA[①] 的定义，另一个是 USDA[②] 的定义。ICA 将合作社定义为是一个由民众自发联合组成的共同所有、民主控制的企业，以满足社员在经济、社会和文化方面的共同需求和理想的自治联合体（ICA，2006）。为了准确理解该定义，ICA

① ICA：全称为 International Co-operative Alliance，即国际合作社联盟。

② USDA：全称为 the United States Department of Agiculture，即美国农业部。

识别了合作社的关键元素：一是合作社是独立于私营企业和政府的自治性组织。二是合作社是“自然人”的联合，允许“法人”加入的是联合社。一般联合社的社员就是各类合作社。三是人的联合是非强迫的，互帮互助的合作理念是真正的行为来源，而不是听命于人。在真正的合作社目标和资源内部，无论何时成员入社自愿且退社自由。当然基于领域不同也有例外，如有些国家营销合作社的退社需要签订一定合作时间的合约或者面临惩罚等束缚。四是合作社以满足社员需求作为价值目标。五是合作社的所有权和控制权是在民主基础上属于全体社员。

USDA 在 1987 年将合作社定义为一个民有、民治、民享，以使用惠顾为原则进行利润分配的商业形式。此定义抓住了合作社的三个主要合作原则：使用者主导权的“民有”原则，使用者控制的“民治”原则以及利润比例分配的“民享”原则。“民有”原则意味着使用合作社的成员拥有合作社。成员入社需缴纳一定数额的合作社基金。每一个成员股权资本的贡献应该与其对合作社的使用惠顾是相同的。这种共享资本创造了共同所有权。“民治”原则意味着合作社成员通过对合作社的重要事宜以及长远发展规划等直接进行投票表决，或者通过其在董事会的成员代表来进行间接表决。投票权通常与成员身份挂钩——通常是一人一票，而非合作的投资额或惠顾量。当然也有例外。随着北美新一代合作社的兴起和发展，美国和加拿大等国家的《合作法》规定，也允许基于成员的交易合作前一年业务的数量按比例投票，而非固守一人一票。但是通常也会规定一个投票的最大限额数以阻止合作社被少数成员所控制。“民享”原则意味着比例分配。成员应该承担与其惠顾等比例的权利与责任，如分享收益、成本和风险等。这个比例是公平的、透明的，很容易解释故具备很好的可操作性。否则就会扭曲成员的个人贡献，进而影响其入社和惠顾的积极性。Nilsson（1996）分析了合作社的诸多相关定义之后，总结出合作社概念的共同点为：合作社是以满足社员共同需求并由全体社员所有和控制的一种特殊的经济组织形式。

随着国际合作运动的发展，出现了不同合作学派因而产生了不同的合作理论，所遵循的基本合作原则也随着时间而不断演变。但是大多数合作经济组织以及合作经济学者仍坚持传统的罗虚代尔原则。在 1860 年罗虚代尔公平先锋社制定的 12 条原则中“行为规则与组织要点”的基础上，ICA 已经颁布了 1937 年版、1966 年版和 1995 年版三个正式版本的《合作社原则》。其中 1995 年版的 7 项原则分别是：第一，自愿、开放的会员；第二，社员民主控制；第三，成员的经济参与；第四，自主和独立；第五，提供培训、信息和教育；第六，合作社之间的合作；第七，关心社区。诚然，并不是所有的合作社都采纳了 ICA 规定的所有原则。最基本的三个“定义”原则（成员所有权、成员控制和收益的比例分配）作为更常见且被接受为指导合作社的本质原则。许多合作社治理人和学者认为，因为这些原则不可能对处在不同环境中的所有合作社都合适，因此另外几项原则应该只作为建议，而不是作为原则要素。然而无论合作原则如何演变，有一点是不变的，即合作社对外营利性的企业属性（Hendrikse，2002；Somerville，2007）。

明确了国际通行的合作社定义和原则，还需对我国“三社”的概念及其属性特征进行界定。与国际合作经济界内的“合作社”概念相对应，我国存在一个特有概念即“合作组织”。由于农业特殊的产业属性，在我国谈及合作组织或者合作社通常指农业合作经济组织，其包含的形式种类不同，内容和名称也各异，如农民专业合作社、农村社区性合作组织、农民专业协会、农业技术协（学）会、农民资金互助社、供销合作社、信用合作社、产业化协会、联合体等，只是基于相对强调组织成员的同业性而未形成一个具体的统一的定义。

（2）生产合作社。

本书中生产合作社专指农民专业合作社。我国于 2007 年出台的《中华人民共和国农民专业合作社法》中将农民专业合作社界定为一种互助性的经济组织，而没有称其为“合作社”。虽然并未在其概念界定中对其合作社组织性质的肯定，但是使“农民专业合作社”成为一个被广泛接受和认可的法定名称，也因此确定了法人地位而成为真正的市场经济主体，推动了我国合作运动向前发展。但为了保证研究对象的统一性和研究内容的严谨性，本书中提到的农民专业合作社限定为生产性农民专业合作社，即具有经济实体性的、种植养殖类型的农产品生产经营者，如肉牛合作社、水稻合作社以及小麦合作社等，而不包括为农业生产经营活动提供服务的服务型农民专业合作社，如农机合作社、销售合作社等。生产性农民专业合作社的主要功能有三方面：一是从产前来说，为农户提供物美价廉的农资产品和相对完善优质服务，改善农资市场结构。二是从产后来说，可以提高农户在农产品市场中的谈判地位，改善农户的无组织性。三是为农户提供及时、有效的市场信息、技术与管理服务和信用保障等融资服务等，这一功能的体现可能出现在产前、产中或者产后的各个时段，由此将弱势的小规模农户组织起来，通过提高农户在农产品改善和合作社社员的生产经营环境，进一步培育新的市场势力，改进了农产品市场结构。

我国当前正规的农民专业合作社的组织形式有合作制、股份合作制两种，而后者的本质仍旧是合作制。农民专业合作社的本质是一种“民有、民治、民享”的法人组织。“民有”指合作社服务的使用者中绝大部分都是合作社提供资金支持的社员；“民治”指合作社的管理者包括董事会成员或者社员，均通过民主选举的形式从合作社全体社员中产生；“民享”指合作社运营目的是根据社员对合作社的使用惠顾情况提供收益并对其大部分进行分配，分配方式有按交易额分红、按股份分红以及按交易额和股份相结合分红三种模式。从其本质可以看出，农民专业合作社对内即合作社与其成员之间的交易是不以营利为目的，而对外与其他经济主体之间的交易是以营利为目的，故本书将农民专业合作社的经济属性界定为企业化管理的营利组织。

（3）供销合作社。

中央政府在 2015 年下发的《关于深化供销合作社综合改革的决定》11 号文件中将供销社界定为党和政府服务“三农”的“合作经济组织”，是做好“三农”工作的重要抓手和平台。从 1995 年、2015 年的两次最高文件①可以看出，供销社作为合作经济组织的性质没有变化。但从整个供销社系统现状来看，尽管名称中是“合作经济组织”，但与 ICA 规定的典型性合作组织原则、运行模式等有很大区别，所以学术界对于供销社的性质多界定为准（泛）合作经济组织（张学鹏，2005）。刘银国（2003）认为，供销社不能看作是一个企业，供销社应成为一个以“供销”为主，全方位为农民服务，切实维护农民利益的真正的农民自己的合作经济组织。供销社是一个社团组织，担负着组织社员活动，维护社员利益的重任。供销社是农民自己的基层组织，是政府和农民社员的纽带，起着上情下达、下情上传的作用。供销社兼具服务功能和经营功能，经营功能是服务功能有效发挥的前提和保障，服务功能是经营功能最终的目标和方向。虽然县（市）级以上的供销合作社行政化倾向依然明显，但县（市）级（含）以下的基层供销社和信用社通过产权改革等已经具备了独立的市场主体资格，与专业社可以在同一个市场层面上平等进行交易。本书将县市级以下具有经济主体地位的基层供销社作为研究对象，更加侧重于供销社对于涉农要素交易的服务功能，所以本书将供销社的经济属性界定为企业化管理的非营利组织。

---

① 分别指中发〔1995〕5 号文件和中发〔2015〕11 号文件。

（4）信用合作社。

2003 年 8 月国务院公布《深化农村信用社改革试点方案》，标志着新一轮的信用社改革试点正式开启。信用社改革存在商业性目标和政策性目标相矛盾的问题。改制后的信用社系统被分成三种经营模式：明确以营利为目标的农村商业银行，兼顾营利目标和为“三农”服务目标的股份合作制银行和以县为单位统一法人的信用社。因此可以看出，信用社与供销社类似，在功能定位上兼具经营功能和服务功能。虽然县（市）级以上的信用社行政化倾向也依然明显，但县（市）级（含）以下的信用社通过产权改革等已经具备了独立的市场主体资格，与专业社可以在同一个市场层面上平等进行交易。本书的信用社研究对象界定为县（市）级以下具有经济主体地位的农村信用社，故研究内容侧重于信用社的融资服务功能，所以本书将信用社的经济属性界定为企业化管理的非营利组织。

一般来说，非营利组织是指以实现社会公益为目的而不以营利为目标的组织。绝大多数的农村合作组织如农民专业合作社等，基于生存和发展的目的都是寻求获利的，故一般认为专业社和企业一样，是以对外追求利润最大化的营利性组织。与企业不同的是合作组织的所有或部分营利分配是以惠顾额为基础，而不是投资额而已。而非营利组织的特征是试图以成本为代价进行运作或者产生极为有限的经营利润，且所得利润都必须保留在组织内部。同时，如果超出国家规定的利润限制，可能意味着组织非营利地位的丧失。此种情况下，它会演化为一个分红型企业。非营利组织由于担负着较多的社会责任，容易在社会上产生一定公信力和社会影响力。非营利组织与政府部门和企业界的私人部门共同组成了影响社会的三种主要力量，故也称其为“第三部门”。

1.4 研究内容与方法

1.4.1 研究思路与内容

本书将源于生态学的共生理论引入“三社”之间的合作关系研究中，试图以一个新的研究视角对我国新旧农业合作经济组织之间的共生关系进行较为完整性、系统性的理论阐释和实践分析。本书遵循经济学方法论中“提出问题——分析问题——解决问题”的总体研究思路，并采用规范分析和实证研究相结合的方法探讨了“三社”之间的共生关系问题。

本书首先将“三社”合作关系的文献梳理与历史和现实中的合作实践相结合，提出了研究问题。然后以共生理论为基础理论并结合产业链合作理论的有关内容，通过研究“三社”共生满足的充要条件，提出了“三社”共生系统的分析框架，并对其概念、基本要素、性质、稳定性条件以及运行机制等进行了相应的理论分析。实证部分分析了“三社”共生系统的稳定性影响因素及其效率评价，并结合所提出的“三社”共生理论框架对浙江瑞安农协进行了案例分析，理论分析、实证分析与案例分析这三部分共同构成了对问题的整体分析。最后提出政策建议及全文的研究结论。

本书的研究思路和技术路线如图 1.1 所示。

本书的研究内容按照研究思路逐步展开，具体的章节内容安排如下：

第 1 章介绍了在我国当前实施乡村振兴战略、农业供给侧结构性改革、“三社”各自面临发展困境以及国际合作经济已进入联合与合作的发展新时期的大背景下，“三社”要想更好地合作需建立共生关系，即“三社”共生关系研究是一个具有紧迫性的时代命题。那么，“三社”能否建立共生关系？共生稳定性如何？共生系统效率如何测定？针对这些问题，本书采用文献分析法，数量经济法、问卷调查法、计量研究法和案例研究法等试图对其进行解答。

第 2 章介绍了合作社之间合作与联合的理论基础和实施路径、“三社”两两合作的理论基础和实践模式、“三位一体”背景下“三社”合作的研究进展情况以及共生理论的相关应用研究等。通过对共生理论的综述，逐渐显示出共生理论与“三社”合作发展在理论上的契合性。

第 3 章作为“三社”共生关系的理论探讨部分，是全书研究的核心内容。在论证了“三社”共生关系得以建立的充分条件和必要条件之后，提出了“三社”共生系统的理论分析框架，并对“三社”共生系统这一核心内容的概念、基本要素、性质、共生界面、稳定性以及运行机制等进行了理论分析。其中在基本要素分析中，应用共生理论对“三社”共生系统的共生单元、共生模式和共生环境等内容进行了较为深入的理论挖掘。

第 4 章对所提出的“三社”共生系统的理论框架进行了稳定性影响因素分析及其实证检验。本章在“三社”共生系统的分析框架下进一步进行了理论建模和指标体系构建。从“三社”共生三要素分析入手，分析了各种“三社”共

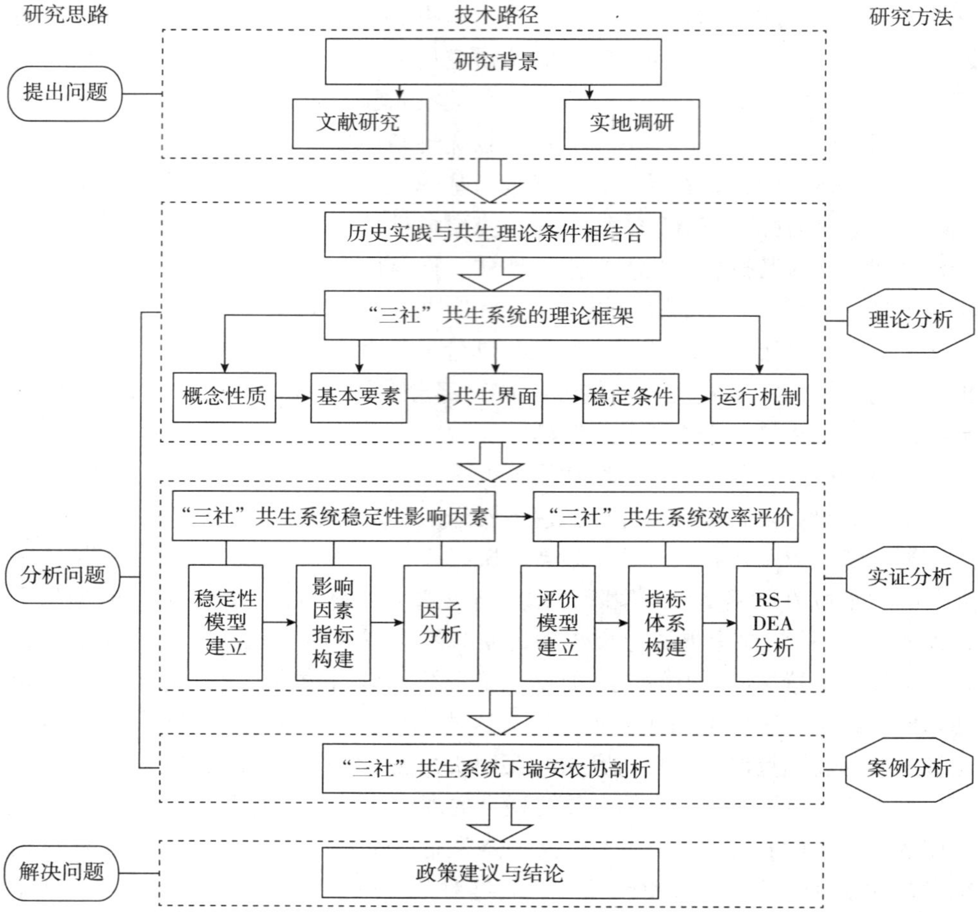

研究思路　技术路径　研究方法

提出问题

研究背景

文献研究　实地调研

历史实践与共生理论条件相结合

"三社"共生系统的理论框架

概念性质 → 基本要素 → 共生界面 → 稳定条件 → 运行机制

理论分析

分析问题

"三社"共生系统稳定性影响因素 → "三社"共生系统效率评价

稳定性模型建立 → 影响因素指标构建 → 因子分析

评价模型建立 → 指标体系构建 → RS-DEA分析

实证分析

"三社"共生系统下瑞安农协剖析

案例分析

解决问题

政策建议与结论

图 1.1　研究思路与技术路线

生系统的稳定性因素，并采用问卷调查法和因子分析法对"三社"共生系统稳定性的影响因素进行了检验并归纳六个因子维度，为我国"三社"共生关系稳定发展管理机制研究奠定了基础。

第 5 章对"三社"共生系统效率评价进行实证分析。本章依旧在"三社"共生系统的分析框架下，进一步进行了理论建模同时构建了"三社"共生系统评价的指标体系，以此为基础，采用 RS-DEA 计量经济学方法对全国范围内的省域和区域"三社"共生发展的运行情况进行了效率评价，并对实证结果进行了理论和现实分析。

第 6 章对“三社”共生系统效率评价进行实证分析。本章依旧在“三社”共生系统的分析框架下进行了理论建模，同时构建了“三社”共生系统评价的指标体系，并以此为基础，采用 RS-DEA 计量经济学方法对全国范围内的省域和区域“三社”共生发展的运行情况进行了效率评价，并对实证结果进行了理论和现实分析。

第 7 章“三位一体”农合体系实践分析中，运用“三社”共生系统的理论框架对浙江“三位一体”的实践形式进行分析后，进一步对瑞安农协进行共生系统剖析，指出了农协在发展过程中的组织阶段结构和“三位一体”综合改革的发展趋势和政策意涵。

第 8 章从共生三要素出发对“三社”共生系统稳定运行提出了相应政策建议。

第 9 章对本书的研究结论和未来研究工作方向进行了展望。

1.4.2 研究方法

（1）文献分析法。

由于近年来我国合作经济尤其是农民专业合作社的发展方兴未艾，国内也涌现出许多研究合作社之间合作问题的成果。本书收集、梳理了大量翔实的、前沿的有关合作组织之间合作尤其是“三社”合作的文献资料，为本书研究思路的形成、理论分析框架的构建及实证分析奠定了坚实的基础。在文献反映出的问题全貌基础上，本书聚焦于“三社”之间的共生关系问题，对建立“三社”共生关系的理论与实践问题进行了较为深入的分析。

（2）数理分析法。

本书采用数理分析法对“三社”共生系统的稳定性条件进行了理论建模，通过数理推导过程得出了“三社”共生系统达到稳定状态的条件和能量状态的解析解，并且采用该法对系统基本要素中共生单元的质参量兼容、运行动力机制中的共享机制等核心理论内容进行了数理分析，准确刻画出了所研究对象之间的数量关系和变量关系。以数理分析的结果为基础，从而搭建了“三社”共生系统的理论分析框架。

（3）问卷调查法。

基于研究对象的广泛性和微观性，有关“三社”研究存在的一个很大问题就是实证数据不足。本书采取问卷调查研究的方法来弥补数据不足的缺陷。在本书中，通过对“三社”内部业务骨干及外部合作经济学者等相关人员发放问卷，获得了关于“三社”共生系统稳定性影响因素的核心数据资料。问卷设计以封闭式问题为主，考虑到封闭式问题的设计有可能存在备选项不全或者过多而令被调查者无从选择的情况，最后还设计了影响“三社”共生系统发展的开放式问题。在采用该法获得数据之后，从而构建了“三社”共生系统稳定性影响因素的指标体系。

（4）因子分析法和 RS-DEA 方法。

本书在对“三社”共生系统稳定性影响因素中先采用了统计分析法，对调查数据进行统计整理和统计描述，然后采用因子分析的计量方法获得了对影响因素的检验和归类分析。在构建“三社”共生系统运行效率评价的指标体系中，运用了 DEA 分析法并采用 DEAP2.1 软件，在得出了“三社”共生系统投入产出效率的基础上，利用模糊数学中的粗糙集理论（RS）找到影响投入产出效率的关键属性，然后根据 RS 调整完善非 DEA 有效的指标并得出更精准的评价结果。RS-DEA 的采用在避免了 DEA 方法固有缺陷的基础上，可以找到有效提高“三社”共生系统运行效率的关键指标。

（5）案例研究法。

本书精心挑选浙江瑞安农协作为案例，采用案例进行辅证以此来增强所建理论框架的说服力。其内容有的来自笔者实地调查，有的来自文献，有的来自网络整理或者媒体报道等。本书将“三社”共生系统视角和理论框架运用于实践，对农协的共生基本要素体系进行了案例分析，找出了其发展中的共生困境，并给出了农协发展的组织阶段与趋势。同时也为我国当前进行的“三位一体”综合合作提供了理论基础，并据此可以对未来我国农业合作经济组织体系改革的目标、方向进行理论预判。

1.5　本书的创新之处

（1）提出了一个较为系统和完整的“三社”共生系统的理论分析框架。

针对中国当前合作经济发展的丰富实践，基于共生理论和农业产业链合作的相关理论，本书将新时期“三社”合作的微观机理和宏观结构相结合，构建了“三社”共生系统这一新的理论分析框架，“三社”共生系统作为研究“三社”共生关系的核心概念，也是全书的立论基础所在。首先，分别对“三社”

共生的必要条件和充分条件进行论证后，提出了“三社”共生系统的概念，并对其概念的内涵、基本要素、性质以及共生界面等方面进行了系统的理论分析；其次，结合 Logistic 模型进一步对系统内不同类型共生关系的稳定性和能量状态进行分析并得出了结论和启示：各方需要逐渐由偏利共生模式向互利共生模式转化方能以实现双赢的形式促进共生的稳定性；最后，采用共生系统运行分析的基本范式，从外部的环境诱导机制、内部的共生动力机制和共生阻尼机制三个方面分析了“三社”共生系统的运行，阐释了系统运行是推（引）力、动力和阻力等各种力量之间进行较量的动态过程和结果。通过上述对“三社”共生系统的若干理论分析，这一研究框架的搭建是对我国“三社”共生关系进行的一项较为全面的、系统性的研究，为我国政府制定有关促进并优化“三社”之间合作的决策具有重要的参考价值。

（2）构建了“三社”共生系统稳定性影响因素的评价指标体系，并结合我国当前“三社”共生系统运行实践进行了实证分析。

首先，结合已有文献和访谈内容，本书以共生三要素为基础，对“三社”共生系统稳定性的影响因素进行了理论假设，提出并设立了15个影响因素指标。其次，通过问卷设计与调查等阶段，得到了来自“三社”业务实践和合作经济领域专家们的一手数据。再次，对数据进行统计分析后，采用因子分析方法结合 SPSS12.1 软件对15个影响因素进行检验并归纳出其中包含的6个因子维度，分别是专业社发展态势、服务组织服务水平、理念融合匹配、业务融合匹配、社会环境和市场环境，这6个因子维度与15个影响因素共同构成了“三社”共生系统稳定性的影响因素集。最后，结合我国当前“三社”共生实践，对影响因素集的内部关系从质参量的兼容、要素通道的打通以及对专业社的支持等方面进行分析和总结。通过对我国“三社”共生系统稳定性影响因素及其相互关系的全方位阐释，为提高“三社”共生关系稳定状态的管理机制研究提供了理论和政策方面的参考。

（3）对“三社”共生系统的运行效率进行了评价建模并对我国省域和区域效率进行了测度分析。

首先，本书对“三社”共生系统运行效率评价模型的构建结构与原则进行了阐释。其次，从投入产出视角，分两步构建了“三社”共生系统的效率评价模型。第一步基于农业产业链合作构建了一个两阶段链式网络 DEA 模型，并分析了链视角下涉农服务型生产要素的投入产出过程。第二步考虑到专业社从系统中得到共生收益后进行回馈，由此构建了考虑“三社”共生过程的系统效率最终评价模型。再次，采用 RS-DEA 方法构建了“三社”共生系统效率的投入产出指标体系，并在全国层面上结合省域和区域“三社”共生系统的宏观数据进行了运行效率测度分析。最后，阐释了实证分析结果：一是目前我国“三社”共生系统效率的总体水平较低；二是在省域和区域水平上“三社”共生系统的运行效率均存在较大差异；三是效率排名落后的省域和区域内专业社共生单元或服务组织共生单元在一定程度上具有“共生惰性”；四是信用社对专业社贷款量以及供销社领（合）办专业社数量这两个关键性指标对于提高省域和区域“三社”共生系统运行效率具有十分重要的意义和作用。

第 2 章
文献综述和理论基础

共生理论作为本书的理论基础，同时也是分析“三社”之间合作的新视角，目前学术界鲜有文献将这两个领域有机结合起来进行系统性研究。本书分别将前人对这两个领域所做工作进行回顾，有利于对本书提出的理论分析框架进行文献探讨和理论准备，可以更好地体现共生理论适用于“三社”之间联合与合作研究的契合度。

2.1 合作社之间合作与联合的相关研究

合作社之间合作与联合的相关文献，主要可分为两条研究路径：一是为什么合作社之间要进行合作与联合，即理论依据问题；二是如何进行合作与联合，即实践路径问题。

2.1.1 合作社之间合作与联合的理论依据

（1）基于 RBV 和 TCE 理论的合作社之间合作与联合。

合作社作为社会经济企业（SEEs）中的一种类型，在创建和管理联盟及签订合作协议方面有着悠久的传统（Ramon et al.，2017）。建立合作联盟研究领域最常用的两个理论是资源依赖理论（RBV）和交易成本经济学理论（TCE）。根据 RBV 理论，文献中通常指明其合作目的包括资源共享（Das and Teng，2000）和所需的技能和才干等在不同方面的互补性交流（Rothaermel and Deeds，2006）。根据 TCE 理论，建立合作或者联盟的目的是降低风险和成本的手段

(Williamson, 1985)。ICA 1995 年出台的《合作社原则》中的第六条原则(1995)"促进合作社之间的合作"就是以 RBV 和 TCE 理论作为基础推动合作社之间建立关系的。第六条原则也被认为是一种商业策略,因为如果不这样做,合作社和其他的社会经济企业将会在经济上始终处于脆弱地位(Birchall and Ketilson, 2009)。

(2)基于合作社属性和原则的合作社之间合作与联合。

在可能的情况下,合作社要积极寻求与其他合作社建立联系,尽可能地与属性相同的合作社在每一个层面上进行合作,而不要仅仅限制在单一的市场营销合作社或生产合作社层面,并且加强合作社之间的交易可以促进公平(James Lee, 1973)。Koulytchizky 和 Mauget(2003)对于合作社的组织和策略的相关研究表明,合作的具体状态、价值观、原则、惠顾及董事来源的因素均影响了其管理实践和联盟,从而解释了为什么合作社更倾向于与其他合作社合作而不是与投资者所有公司(IOF)全作。唐敏(1997)指出,劳动者在生产、流通和消费等不同领域的需求促进了不同类型的合作社的产生和发展,合作社之间相辅相成的关系需要在合作社的发展问题上,要以生产力发展为出发点,促进多种类型合作社间进行合作共同发展。苑鹏(2008)提出,合作社之间的联合通过横向和纵向的双向一体化经营实现规模经济、范围经济,使合作社的市场地位得到巩固和增强。杨群义(2012)对专业社联合社的基本属性进行综述后,认为专业社联合社是农民进行的第二次合作,是扩大了的专业社,所以专业社联合社也应按照《中华人民共和国农民专业合作社法》的相关规定进行规范化管理及运作。周振、孔祥智(2014)基于制度经济学视角以组织化潜在利润的存在为条件,论证了产品同质性与否对合作社之间联合谈判成本高低的影响,进而论证了同业与异业两种联合社制度形态的生成过程。周杰(2014)基于交易价值理论视角认为,根据农民专业合作社之间的联合动机不同应采取不同的联合形式。如果为了降低成本以提高内部价值则采取联合社形式,若为了提高对外交易价值、降低内部成本时则应采取联合会形式。孙永贞、高春雨(2015)认为,合作社之间的联合作为合作社发展的重要路径选择,才能实现农户合作社利益最大化的发展终极目标。周娟(2017)考察了韩国农民基层合作组织后提出,市场压力使分化的农民拥有了一致的利益诉求,于是形成了合作组织之间、农民之间进行联合的基础,并倡议建立内部尽量同质化的合作组织、合作组织间关系尽量异质化,同时确保政府支持具有目标性和实体性,这种多目标、多层面的合作组织体系才能实现农民与合作组织以及合作组织之间的互利共生关系,进而使农民合作组织异化问题得到解决。所以,无论从理论基础还是实际需求上讲，促进合作社间的联合与合作意义重大。

2.1.2　合作社合作与联合实施的路径

（1）建立农业合作组织体系。

我国需要建立一个由形式各异的多种合作社有机组成的，对内复合型、对外开放型的纵横联合的农村合作经济组织体系，而不能固守已不能适应市场经济下农村经济发展的以供销社为主的农合体系（石秀和等，2002）。徐旭初等（2013）对美国艾奥瓦州农民合作组织进行考察后提出，我国应择机建立以农民专业合作社为基础的中国特色的农业组织化体系和合作社联盟组织。任强（2014）提出，我国应尤其鼓励按照专业经营领域将合作社建立起基层社、地区社、全国社三级结构的纵向的合作，以及从全国到基层的专业社联盟之间的联合以大力促进合作社间的联合与合作。此外，合作组织不仅要对内建立农合体系，还要对外争取合作。苑鹏、汤斌（2002）指出，合作组织要想在激烈的市场竞争环境中立于不败之地需要做好两方面事情：即对内改善合作社的组织结构以寻求更好地服务社员的新途径，对外要争取合作社之间以及合作社与外部公司等的合作，以合作社的集体力量实现规模经济。

（2）合作社联合发展的治理。

要想解决普遍存在的农村合作经济组织的变异问题，首先要使政府权力退出供销社和信用社的运行，其次将不同性质的合作组织进行联合或兼并以成立全国性的专业行会或联合会，最后建立起全国合作社联盟才能使其真正发挥合作组织的作用。同时，国际经验表明也需适度发挥政府的行政力量对组织间合作进行规范和干预，才能使其良性持续发展（刘纯阳，2003）。苑鹏（2014）认为，当前我国存在由合作社之间的联合与合作带来的合作社快速扩张与人才全面短缺之间的矛盾，因此建议对合作社财政扶持的重点应放在解决合作社之间联合与合作所具有的矛盾上。徐旭初（2014）认为，合作社对于政府制度供给的需求已发生改变，不再是内部的治理制度需求而已转化到外部的治理环境上。从世界合作社演化与发展趋势来看，我国政府制度供给矛盾从原来的“不足”已经发展成为如今的“不适应”，所以从这个意义上讲，我国农民合作社未来发展的核心问题是如何合理平衡合作社自治与政府规制之间的矛盾问题，即政府的制度供给定位问题。谭智心（2017）以农民合作社联合社的产权契约具有不完全性特征为出发点，认为机会主义行为的存在导致成员合作社在产权安排过程中产生利益博弈，而成员合作社的要素资源禀赋会对博弈结果产生一定影响。从现有文献看，多数学者赞同通过对原有合作组织的改造和变革实现对“三社”的合作治理。徐波波（2018）运用 ANT 理论对“三位一体”农民合作社联合社（农合联）构建进行分析后，建议“三位一体”农合联的体制建设与赋予农民专业合作（联）社、供销合作（联）社以及各类金融机构等发展战略权力相结合，多行动主体发挥合力参与并推进“三位一体”农合联构建。

2.2 专业社、供销社、信用社之间的合作研究

我国“三社”之间的合作研究可分为两个层面：第一个层面是“三社”中两两之间的合作研究，第二个层面是“三社”之间的合作研究。由于2006年浙江开展“三位一体”综合改革开启了继改革开放之后“三社”合作的新篇章，故本书着重在第二个层面梳理“三位一体”背景下“三社”合作的相关研究。

2.2.1 专业社与供销社之间的合作研究

从内容上看，两社合作的文献主要集中在供销社领（合）办专业社这一组织模式上，这方面的学术成果主要包括如下几个方面内容。

（1）供销社领（合）办专业社的理论依据。

从利用资源优势视角，苑鹏（2001）提出的“自办型农民合作组织”包括两大类：一类是原有供销社等传统资源进行重组而产生的合作组织，另一类是在发展专业化生产中由农民或其他民间团体自发创办的合作组织。潘劲（2001）认为，在供销社依托型的农民专业合作社经营过程中，供销社通过资金或实物入股专业社的形式获取委派代表进入理事会或成为理事长的权力。此外，供销社还在人才建设、信息网络、技术资源和产品供销渠道等方面对专业社进行影响。王军（2012）指出，供销社通过提供服务的形式参与专业社运营，专业社由此可以利用供销社的农资网络和农产品流通渠道以获得产前和产后服务。徐钢军（2010）从原因、方式以及尚需深入研究的问题三个方面对供销社与农民专业合作社结合问题进行了分析。戎承法（2012）对供销社领（合）办农民专业合作社现状进行了 SWOT 分析并提出了未来发展的战略举措。

王艺华、王树恩（2011）论述了供销社在推进合作组织横向联合和纵向联合发展方面均具有条件和优势。凌昌志等（2014）认为，供销社所具有的行业优势、网点优势、人才优势以及农民对其具有的特殊情感优势，可以在农民专业合作社建设中起到主导作用；司昌平（2015）也指出，供销社特有的组织优势、网络优势以及官方优势可以有效促进其发挥领（合）办专业社的作用。陈阿兴、岳中刚（2003）认为，因为专业合作社规模过小，市场竞争力极为脆弱，因此基层供销社通过兴办专业合作社来实现自身改造的难度很大。从共生理论的视角，程瑞芳（2008）论述了在介于市场与农业企业之间，还存在一种中间性的准市场组织——共生组织。这种农业共生组织，将成为提高我国农业产业组织化程度的主要形式和农业产业组织的有效途径之一。从组织创新的视角，胡雅蓓、原小能（2010）利用网络组织理论对山东省供销社组织体系创新进行了理论和实践分析后认为，位于关键节点上的基层社，其创新是网络组织创新的一种重要机制，大力发展农民专业合作社是基层社组织基础创新的有效形式。施江鑫（2015）以伙伴关系理论和公共物品理论为基础阐述了供销社参与专业社的建设的理论依据。

（2）供销社领（合）办专业社的实践内容。

供销社领（合）办专业社具体表现为三种实践关系：第一种是领（合）办形成生产合作关系，这种合作关系较为常见。第二种是领（合）办形成流通合作关系。胡雅蓓、原小能（2010）认为，山东省供销社与专业社合作建立的流通专业合作社，使“农超对接”有了新模式——“联合直采”和“超市直营”，在流通成本降低和流通效率提高的同时农户的市场风险也相应减少。第三种是专业社与供销社形成组织依托关系。山东省以供销社为依托，将政府、专业社以及龙头企业三方联系起来成立了农村合作经济组织联合会，使农业合作经营主体的组织化程度显著提高。然而，徐旭初（2014）发现，由于缺乏较为清晰的组织职能定位，诸如综合农协、合作社联合会等形式的微观制度创新实质上很难体现“合作社联盟”的应有之义。政府部门越位干预合作社联合或联盟的制度实践过程，在一定程度上忽视甚至压制了合作社通过自组织形式发展以争取职能范围扩张的组织潜力和需求。

2.2.2　专业社与信用社之间的合作研究

（1）专业社与信用社合作的理论依据。

学者们关于专业社和信用社之间合作的理论依据主要是共生理论。何自力、徐学军（2006）运用共生理论对银企共生模式的测评进行了建模，并对我国制造业大型企业与中小企业的银企共生状态及影响因素从组织模式和行为模式两个维度进行了实证分析。王雅卉等（2012）总结了农合组织与合作金融共生发展的国际经验后，论证了我国专业社与信用社共生发展的必要性与可能性并对两社共生机理进行了探析。熊海斌等（2017）从理论和实践两方面阐述了以信用社为代表的农村合作金融机构与专业社共生关系的客观存在，分别从微观、中观和宏观视角，从组织体系、资金保障和法律与政策三个层面对东亚模式的成功实践经验进行了总结。

（2）专业社与信用社合作的实践意义。

信用社作为专业社获取农村金融支持的正规渠道，应以支持专业社发展为切入点，不断进行金融服务模式和金融产品的创新，通过对专业社进行信用评定等，支持农业生产经营主体健康发展（贾楠，2009；梁艳军，2010）。具体说来，两者合作意义在于：一是专业社获得了信用社资金贷款。二是使信用社在与专业社的合作过程中，进一步掌握了专业社（农户）的第一手信用资料，促进了信用社对专业社（农户）的信用评定。司昌平（2015）也认为，以专业社为载体与信用社的合作，可以有效缓解农户和信用社之间的信息不对称问题，从而缓解专业社的融资“瓶颈”问题。三是信用社对专业社农户提供技术指导即信息服务等。湖北宜城市信用联社近年共投入资金 6000 万元，帮助孔湾镇发展专业社的同时，信用社还联合孔湾镇政府对菜农进行技术指导、提供农资信息等服务。

（3）专业社与信用社合作的有效途径。

在分析了信用社对专业社进行金融支持的重要意义基础上，董继刚（2010）提出了信用社应专门针对专业社具体经营特点，进行金融创新服务模式并提出相应的政策建议。胡福亮（2013）提出，需要结合信用社和专业社的各自优势尽快建立互动合作机制，加强信用社对专业社的金融扶持作用。榆社县信用社以“观念+制度+感情”为框架探索与专业社合作的新路径。信用社利用信用社财务管理的优势，让信贷员深入农村了解农民，建立了一整套制度作为管理机制帮农民规范合作社制度，把支持农户和专业社的发展当作组织目标，从经济上和感情上将专业社和信用社紧密相连。同时，两社也积极争取政府的扶持，三方联手合作惠农。与此同时，谢晶晶（2016）提出金融支持应该对专业社设有“底线”，对形式主义、一无所有和不求上进的三类专业社不予支持，提出强化专业社自身的治理机制和经营机制才是可持续的发展状态。

除了两社自身相互促进共同发展之外，政府在鼓励信用社支持专业社发展方面也有所作为。以泰来县为例，政府的鼓励政策分为两类：一是政府实施直接的奖励政策。自 2013 年县政府出台了《对银行业支持地方经济发展奖励办法》，年末考核时泰来县农村信用联社获得了“支持农民专业合作社”一等奖和“贷款投放增长”二等奖，以鼓励所有银行业加大信贷投入，支持地方实体经济发展。二是政府出资组建担保公司，主要为涉农金融机制提供担保。2014 年，泰来县政府出资 5000 万元，组建“正信担保公司”，主要为银行发放涉农贷款提供担保，以有效防范金融信贷风险。三是存款倾斜政策。对于向当地发放贷款多的金融机构，政府把财政性的资金存放在这些机构，以增强资金实力。目前政府财政存款近 70000 万元，都存放在信用社和龙江银行等发放贷款的机构。

2.2.3　供销社与信用社之间的合作研究

（1）供销社与信用社合作的理论依据。

两社合作的理论依据主要是要素禀赋互补理论和共生理论。一方面通过双方建立业务合作关系，共同搭建合作平台，实现整合优势资源，发挥供销、信用两大行业系统优势共同支持农民合作社发展壮大；另一方面促进双方自身的体制机制改革，是我国当前农村现代金融服务体系和农村现代流通服务体系建设上的关键之举。梁剑峰（2014）应用共生理论的基本原理和分析方法，将供销社和信用社视为专业社发展过程中的共生单元，从共生理论的视角研究了两社对专业社的成长影响机理。

（2）供销社与信用社合作的实践模式。

一是签订战略合作协议。截至 2018 年 12 月，山东、青海、云南、贵州、福建以及四川等省份的供销社与信用社以“优势互补、平等合作、共促发展”等为基础原则，在省级乃至市级层面签订了战略合作协议，利用双方的行业优势，共同建设广泛合作的平台，共同助力专业社发展以及农村合作金融业务的加快开展。二是信用社与供销社合作进行金融产品创新。如宁德农商银行将福建供销社属企业——连丰农业发展有限公司冷冻仓库里保管的农户或收购商的海参作为质押品，向农户或收购商发放一种叫“海参宝”的仓单质押贷款，有效缓解了专业社（农户）的融资困境；三是供销社提供场所以拓展信用社农村金融服务的覆盖面。信用社通过依托供销社的经营网点优势，如在“万村千乡工程”网点、“双百市场”以及专业社示范社等场所布设 POS 机和 ATM 机等，设立标准化或简易营业网点，提高了农村金融服务的覆盖范围和自助化水平。蔡靓（2015）报道了广东肇庆市“信用社+供销社+银联”三个单位合作，对农村大市场进行激活的战略措施。

2.2.4 “三位一体”背景下“三社”合作研究

（1）“三位一体”的提出与内涵。

积极发展生产、供销、信用“三位一体”综合合作出现在2017年中央一号文件中。从“三位一体”内涵来看，研究总体分为强调内生结构性发展和强调外部组织性发展两个方向：内生性结构是强调在专业社的内部进行“三位一体”建设，而外部组织性发展是强调构建农合体系。“三位一体”背景下，“三社”之间的合作本身就是实现“三位一体”综合合作的重要组成部分，也是实现农民组织化进而建立我国农合体系的重要途径之一（徐旭初，2017）。赵兴泉（2014）认为，“三位一体”合作实质是在以专业社为组织载体的基础上培育全产业链、全要素型的农合体系。陈国胜（2014）则强调目前建立“三位一体”合作体系是对现有各类合作组织的整合，还是成立一个领导“三位一体”合作体系的新机构，这个内涵定位尚存在分歧。韩纪江等（2014）从成本—收益的分析视角对“三位一体”新农协发展逻辑进行了论证，从而证明了其合理性。

（2）“三位一体”的构建和治理。

一是从构建的逻辑和机制来看，“三位一体”分解开来有“三位”和“一体”两部分内容。从逻辑上看，前提是“三位”，其中信用合作是难点，关键是“一体”，部门之间的协同是总体合作的主要症结所在（陈新森，2016）。陈颖瑛（2014）认为，“三位一体”制度层面难题的突破点实质上是如何破解专业社贷款难的问题。需从深入加强供销社与信用社之间合作入手以构建产业链融资模式，才能进一步突破“三位一体”面临的制度困境继而实现其可持续发展。李统金（2017）以“三社”合作现状中的实践与问题为基础，认为“三位一体”综合合作是未来农村经济合作组织的发展模式之一，并提出信用社应从服务实体经济等九个方面参与“三位一体”改革的思路。“三位一体”农协可以从发端动力的合作金融和整合动力的多中心公共行动合作两个维度进行动力机制和路径选择分析（胡振华和何继新，2012）。胡振华（2015）认为，供销社和信用社作为专业社的利益相关群体，三者具有不可割裂的鱼水关系，建议通过建立农村专业合作组织间合作联盟从而影响专业合作组织的制度创新。刘帅（2015）认为，农村金融的发展对“三位一体”合作经济建设有很大影响，并提出以完善构建“三位一体”合作经济中金融体系的若干建议。

二是在深化供销社综合改革进程方面，建立供销合作社以执行委员会身份为依托的农民合作经济联合会，并对其定位、功能和治理进行分析（徐旭初，2018；邵峰，2017；王侠，2017；孔祥智，2017），使其融入构建“三位一体”农合体系中；孔祥智（2017）考察了浙江省“三位一体”综合改革实践后指出，组建具有“三位一体”功能并进行市场化运作的县、乡两级农合联是改革的核心环节。王东宾（2017）也提出，县域层面则是农民合作综合化的重要交汇点和着力点，是作为实现“三位一体”综合合作的突破口。“三位一体”农民合作既需要贯通不同要素领域的全要素综合合作化，也需要上下组织间合纵连横的体系化。“三位一体”综合合作以及相应的行政体系改革将促进小农实现大合作，实现服务带动型的规模经营，更能以农合组织为根本去健全农业社会化服务体系（陈林，2018）。

（3）“三位一体”背景下的“三社”合作实践。

浙江省在积极探索“三位一体”改革路径的实践方面一直走在全国前列，不断寻找农业合作经济组织之间的合作实践新路径：第一条路径是瑞安市 2006 年 1 月组建了综合农协；第二条路径是成立“三位一体”实体公司。2015 年 8 月由瓯海农商行、区供销社以及区农合联出资成立以“公司制+会员制”为形式组建了温州瓯海农合实业发展有限公司，作为区农合联下属企业，实行公司化运作（孔祥智，2017）；第三条路径是成立农合联。截至 2017 年 12 月，浙江四级农合联体系已经全面建成，广东等省份也在建立过程中。王侠（2017）在瑞安开现场工作会议时指出，在浙江省“三位一体”综合合作，集合了“三社”的各自优势资源到农合联大平台，降低了服务成本，提升了服务效率，较好满足了农户、专业社及其他新型农业经营主体对农业服务的需求。除了对农业扶持具有很强的经济意义之外，“三位一体”背景下“三社”合作还具有帮助农民脱贫的社会意义（王文明，2016）。需要指出的是，文献中有题为“供销社三位一体”的表述，本书认为，这是片面的、不正确的。同时也反映出目前学界、政界都有这样的潜意识，认为在“三位一体”的建设只是供销社一方在努力、在主导。从文献内容也可以看出当前“三社”合作也存在很多问题，如专业社的参与热情不高、信用社没能很好融入等，这在一定程度上制约了

“三社”合作建设及其可持续发展。

2.3 共生理论及其应用研究

共生理论最早在生态学中提出时侧重于强调“生存”问题，随着研究领域逐步深入到经济学后，强调的是“利益”问题，这一点尤其在产业共生的理论与实践研究中表现最为突出。进一步到了合作经济领域，本书认为，合作社之间的共生更加强调的是“发展”问题，即不共生就会使发展受阻就会丧失竞争力。

2.3.1 共生理论在经济学领域的发展

“共生”（Symbiosis）一词出自希腊语，作为生物学中一个重要的基本概念，是由德国真菌学家 De bary（1879）最早提出的，指两种不同种属的生物之间具有营养性的物质联系，即以一定模式相互依赖一起生活。随后生物学家 Scott（1969）将共生界定为两种或者更多生物种属彼此需要的平衡状态，由此打破了欧洲学术界一直将共生概念局限于两个有机体互利的范围。共生的本质是互依、互利，通过合作方式最终实现协同发展。共生方法作为一种方法论 20 世纪 60 年来以来被逐步拓展到人类学、社会学、管理学以及经济学等其他研究领域，拉开了共生理论研究进入繁荣时代的帷幕。吴飞驰（2002）运用共生律解开了“斯密悖论”，认为共生律是阐明市场经济中“看不见的手”的本质理论，同时也是人类社会演化的基本生存规律，提出共生是人类社会中人与人之间的相互需求并依存的生存状态或生存结构。黑川纪章（2004）提出人类社会已步入一个“多元共生时代”，并指明该时代具有包含创造性合作在内的六个重要特征。

在经济学领域，我国学者袁纯清（1998）提出了共生理论假说，创立了核心为共存和双赢的基于共生理论的基本逻辑框架。萧灼基（2002）进一步指出，经济主体之间存续性的物质联系就是指经济学意义上的共生。徐学军（2002）对共生关系的外延做了界定，指出共生广度和深度是合作的范围和程度，共生行为模式是合作利益分配的公平程度，共生组织模式是合作的紧密程度。随后，很多学者对共生理论在经济学领域进行了运用和发展。刘荣增（2006）在区域协调的分析中，强调共生现象的本质特征是合作，存在竞争的双方要有相互理解的积极态度。唐强荣和徐学军（2008）将共生理论应用于生产性服务企业和制造企业之间的合作，认为当企业间提供某种服务时，它们建立一种互利关系并因与对方的联系而获益。唐强荣等（2009）将共生关系主体拓展为两个或以上经济体为了提高环境适应度，基于资源、功能等优势互补展开协同发展的合作关系。胡晓鹏等（2009）认为，共生具有极大的融合性、互动性和协调性并以价值共创为基本前提。张永缜（2014）将共生关系分析领域进一步扩大，从不同的构成内容、层次划分以及视角维度将生命的终极存在视为一种共生关系的存在。

2.3.2　共生理论的基本内容和原理

按照袁纯清（1998）提出的共生理论的基本逻辑框架，共生理论的基本内容和原理可以从几个方面进行概括：一是共生要素。即共生单元（I）、共生模式（W）和共生环境（O）决定了共生本质（S），可以用函数关系 $S=f(I, W, O)$ 表示，其中是 I 基础，E 是关键，O 是条件。共生单元是构成共生体或共生关系的基本物质和能量单位，在不同的共生体或者不同层次的共生关系中，其特征和性质表现迥异。反映共生单元特征的两个参数是质参量和象参量，前者反映的是共生单元的内部性质，后者反映的是共生单元的外部特征，具体的特征指标有共生度、共生系数、关联度等。共生模式指共生单元相互作用的方式。因共生单元之间物质、信息和能量的交流方式或者程度不同，所以共生关系也千差万别。按不同的维度对共生类型的分类也有所不同，主要有组织模式和行为模式两种，其特征指标包括亲近度、同质度、共生密度和共生维度等。共生环境指共生单元以外的所有因素的总和，包括政策人文、制度、市场环境等。共生界面是共生单元之间的接触方式和机制的总和、通道和媒介。从广义上说，共生界面也是共生环境的组成部分。

二是共生条件。只有满足了必要条件、充分条件、均衡条件和稳定条件等，共生单元之间才能产生共生关系。共生的一般性条件可以概括为：质参量兼容、存在共生界面、适当的亲近度和关联度以及具有临界规模等。

三是共生能量函数。对于一个存在 A 和 B 两个共生单元的二维共生系统，假定：E 表示共生体的总能量，在非共生条件下 A 和 B 各自的能量分别为 E_a 和

E_b，而在共生条件下产生新增能量 E_s，于是存在关系式 $E=E_a+E_b+E_s$。共生能量 E_s 表现为密度增加和维度增多，这两个指标在生态学领域表现为物种生存能力和繁殖能力的增加，而在经济共生系统中常表现为企业经济效益的提高，经营范围的扩张和经济规模的扩大。E_s 是由两个共生单元的主质参量、共生系数、共生密度、共生维度和界面特征等因素构成的函数，各因素之间具有相互影响的内在因果关系。

四是共生理论的基本原理。共生原理突出体现了共生体产生和发展的基本规律。主要有质参量兼容原理、共生能量生成原理、共生界面选择原理、共生系统相变原理和共生演化原理等。这些原理并不是孤立存在的，而是彼此之间具有共生关系形成与发展中的一些内在必然联系的。

2.3.3 产业共生的相关研究

（1）产业共生的提出。

Renner 在 1947 年发现了相互联系的产业系统内存在“产业共生”（industrial symbiosis，IS）现象，IS 由此进入人们视野。美国学者 Frosch 等于 1989 年提出以“产业共生”为基础的产业发展新理念。Lifset（1997）将产业共生拓展为一种全面的合作，而不仅指共处企业相互交换废物。但还依旧处于一种经济现象而没有达到理论层面。产业共生概念由 Chertow 于 2000 年明确提出后，学界开始广泛关注这一研究方向。作为产业生态学（Industrial Ecology，IE）研究领域的一个重要分支，产业共生主要研究在工业、社会和生态系统中如何进行材料和能量流动的优化等（Chertow and Ehrenfeld，2012）。近年来，理论界和实业界关于产业共生出现了诸多研究成果，并在很多国家和地区得以推广和传播。产业共生的核心和实质是跨组织间的合作，通过对水、能源、材料副产品和废物的资源共享，使得组织的环境效益和经济效益都有所增加（Boons et al.，2017）。现如今，作为一个全球性经济现象，产业共生的经济与环境潜力已作为低碳发展的一项重要战略引起了政策制定者们的广泛注意（EC，2011）。

（2）产业共生的内涵。

产业共生是一种全面合作（Lifset，1997），此观点将原来的副产品交换发展到企业间其他形式的合作。1998 年，《产业生态学》杂志和戈登产业生态学会议推动了关于产业共生的学术交流，更清晰地将产业共生定位于与环境有关的技术和社会问题的交叉部分（Lifset，1998；2010）。通常，关于产业共生更为正式的定义也是在文献中最常被使用的表述为：当企业间在对各自过剩的材料、能源（电力）、水和副产品等进行交换、共享和再处理时进行生产原料的合作，这时产业共生就发生了，其基本目标是从经济上减少了各企业对环境的总体影响（Chertow，2000）。随后学者对产业共生定义的内涵不断进行了扩大。Lambert 和 Boons（2002）认为，产业共生是企业间对于废弃物、设备共享以及多余能量的交换交流。Ehrenfeld（2004）认为，产业共生应包括技术创新、知识共享以及学习机制等方面的研究。Lombardi 和 Laybourn（2012）认为，产业共生还包括如知识、经验、信息，过剩的组织能力以及其他闲置资源等无形资源在组织间的交流。产业共生研究起源关注的是一些描述性的、成功的案例，比如经典的 Kalundborg 产业园区和一些如何展开产业共生合作的规范性建议等，而后续的研究偏重于关注产业活动中产业共生对解决产业生态活动的潜力问题，由此更偏重于实践导向而忽视了理论基础的构建（Yu et al.，2014）。然而，随着越来越多的研究人员发现，即使是在技术上解决方案是可行的，但产业共生还是面临失败的可能性。于是研究重点开始转向了更社会化、非技术性方面，如组织间人际关系、信任、沟通、协调和学习等。因此，学者在研究过程中逐渐地利用了组织理论比如社会网络、机构理论和环境策略等（Wassmer and Paquin，2014）。

（3）产业共生的动因。

有关产业共生动因的文献众多，研究角度如技术视角、环境视角等各有不同。本书基于研究目的考虑，着重从组织视角下对产业共生文献动因进行评述。Walls 和 Paquin（2015）从组织视角搭建了一个二维框架，从制度、网络（系统）、组织以及个体四个层面对过去 20 年里产业共生的动因等内容进行了系统分析。该框架突出强调了产业共生中的组织视角，并指出了未来对于这一独特现象的学术研究途径。产业是由企业组织成的，产业共生的实质是企业间的互利共存关系问题。企业建立或者参与产业共生主要有经济动因、政策动因和个体动因三方面内容。

经济动因是引发产业共生的最主要原因，具体表现在降低成本、享受网络租金以及产生竞争优势等几个方面。

在降低成本方面，王兆华（2002）将追求低成本视为企业动力，对降低交易成本等“成本杠杆”的合理利用，是企业发生更加密切交易关系的动力和愿望之一。朱玉强等（2007）发现，通过提高资产专用性和交易频率可以使企业间的依赖性和信任度增加而机会主义倾向减少，企业间的共生关系更为紧密。

胡晓鹏（2008）提出，由产业链联系的内因驱动和产业链增值的外因诱导导致产业共生经济现象的产生，是在分工不断深化的推动下，不同种类的产业或同类产业的不同价值模块所出现的融合、互动和协调发展的状态。王宇露等（2008）认为，在一体化运作的企业共生体中，各企业间由原先不稳定的资源交换通过完全内部化或部分内部化，缩短了资源停留及转换的时间，使交易成本显著降低。

在享受网络租金方面，作为一种理想的研究工具，网络可以将生态学和经济学有机结合从而对复杂的工业系统提供更为深入的研究。在过去的 20 年里，与产业共生相关的研究工作和实践活动蓬勃发展，其中学术贡献最大的无疑是网络层面的分析，即每一个产业共生系统就是一个人际关系和交流的网络。具体研究观点有：网络中的每一个个体角色都被看作动力和促进因素，如 Korhonen（2005）认为，网络中个体角色对于资源的控制力将会是未来的研究方向。网络多样性是一把促进因素和限制因素结合的双刃剑。网络内组织间通过资源的投入产出过程、技术、价值、世界观、偏好以及更大的创新知识平台等因素，促进了组织间的创新和相互学习，所以多样性被认为是创造价值的关键（Romero and Ruiz，2013）。同时，网络缺乏多样性会导致相互过度依赖，而多样性过度又导致形成过于复杂的网络，从而增加运行成本；网络嵌入性已被证明是促进因素和结果；当把网络位置视为一个可能的限制因素时，网络联结及其资源流动也同时被视为促进因素等（Walls and Paquin，2015）。将共生理论及其基本方法与合作网络相结合对产业共生进行网络层面的分析，共生网络就此形成。Mirata（2005）认为，在产业共生的理念下构建产业生态网络，主要是因为可以根据资源互补理论来利用组织间更优能力和禀赋，提高生产效率并实现协同效应。生态工业园和产业生态系统是遵循这一理念的两种典型构建模式。王兆华（2005）对产业共生网络形成的动力、机构以及资源循环与管理等内容从工业生态学和交易费用等理论层面采用网络法和博弈论法进行了分析。随后，刘建宇（2007）继续从交易成本理论视角进行理论建模后发现，只有当治理成本和生产成本两者之和最小时才能形成共生关系。共生网络中共生关系的形成和发展的根本影响要素有收益、风险、技术、合作伙伴、法律和政策支持等。袁增伟、毕军（2007）将企业环境责任视为产业共生网络形成的微观要素，对网络中企业的五类环境责任基于环境理论视域进行阐述，同时对微观因素的市场化运作模式及约束机制进行了分析，提出了一个产业共生网络的三级解释框架；温威（2010）认为，当前国内生态工业园的发展尚处于初期，与国外差距较大，并从四个维度构建了产业生态网络系统形成原因的分析框架；刘浩（2010）阐述了对产业间共生网络的识别与界定，并以此为基础分析了共生网络演化机理的相关内容。李建建等（2011）从利益相关者博弈视域对鲁北共生产业园进行实证和案例分析后，得出工业共生网络是一个不断地从平等互利到依托共生再回到平等互利的循环往复过程，在某种程度上是非稳定运转的结果；Domenech 等（2011）采用社会网络分析法分析了经典的丹麦格伦堡产业共生网络体系，分析了共生网络的潜在过程及其发展的相关影响因素，比如机构能力、政府政策和社会关系等所起的明显作用等，通过关注网络的结构和形态、相互作用模式以及对结果的影响以更好地理解共生网络的运作。唐玲等（2014）以天津泰达为例进行了生态工业园区共生网络的结构分析，与 Domenech 共同认为社会网络分析法是构建产业共生网络体系的方法和框架。

在产生竞争优势方面，孙国强（2003）提出，跨边界网络化的各方合作是对高于独立运作绩效的共同治理绩效即协同效应的追求。蔡小军等（2006）认为，共生网络的形成是网络中个体寻求以形成低成本、差异化以及两者结合的竞争优势的一个制度安排的复杂系统过程。吴志军等（2007）进一步认为，竞争优势来源于生产成本、资源集成共享、交易费用和企业创新四个方面。运行模式有单一产业主导或多产业参与两种（Boons et al.，2017）。Zhang 等（2014）分析了产业共生的网络结构要素如连接性、多样性及规模等。

政策动因主要是企业争取政府相关优惠政策的支持。政府介入是产业共生制度层面最重要的论题。有关文献探讨了政府政策和政府机构在促进与支持产业共生发展方面的两个重要作用，尽管与自由市场方式相比，关于政府政策的有效性尚存在一些争议。然而，大多数研究人员一致认为，需要政府为参与产业共生的企业创造合适的制度条件鼓励企业为他们的副产品寻找战略用途（Boons and Spekkink，2012），使企业间的产业活动更好地进行协调和匹配（Von Malmborg，2004；2007），以及打破跨行业参与的部门界限（Liu et al.，2012）。政府介入可以通过直接的政策对产业共生产生监管压力，以及通过自愿工具和设定预期而产生规范压力。目前，尚需更多的研究来了解政府政策作为制度驱动因素的作用以及如何更清楚地揭示如税收减免等哪些类型的政策可能对产业共生的刺激或抑制作用。

除了上述经济动因和政策动因之外，还有个体动因。作为产业共生的拥护者，个体层面被认为是一个关键的组成部分，拥护者是共生系统中的关键人物，有能力和能量去推动产业共生并扩大参与者的范围（Baas and Huisingh，2009；

Hewes and Lyons，2008；Mirata，2004）并支持和管理特定的交易（Behera et al.，2012）。其他个体层面的影响包括通过社会关系网络和重复的互动建立社会资本，作为非正式关系通常是一种重要的促进因素（Hewes and Lyons，2008）。然而，企业管理者不参与产业共生的原因和障碍分析，通常是采用经济学的成本—收益法或风险管理的相关理论进行解释。例如，如果别处有更高的投资回报选择，企业管理者会选择放弃产业共生行为（Ashton，2011；Chertow and Miyata，2011；Chertow，2000）。企业管理者会避免与那些不可靠的、具有机会主义的、低质量产出的或者管理无效率的企业进行合作（Doménech and Davies，2009；Jarkko，2013）。

（4）关于产业共生模式的研究。

以利益关系划分，以袁纯清（1998）提出的寄生、偏利共生和互利共生模式为基础，夏训峰（2006）将产业共生分为四种模式——共栖与互利型、寄生型、附生型和混合型。以所有权关系划分，王兆华（2002）将共生企业划分为自主实体共生和复合实体共生。前者典型案例是丹麦卡伦堡工业园，参与企业均为具有独立法人资格。后者以我国广西贵唐集团工业园为代表，参与共生的企业同属于一家大型公司。

需要指出的是，虽然产业共生已经被理论和实践证明具备一定的方法论价值，但这一框架并没有更广泛地运用在农业产业组织中，尤其是农业合作经济组织间的合作领域中。农业因其弱质性，农业合作组织主体间的合作关系比企业间的合作与产业共生的相关内涵更加相符；此外，总体而言，产业共生的合作主体尚未突破地理距离的限制，仍聚集在一个有形的地域内部。近年来已有学者尝试将研究范围进行拓展，不再局限于工业内部。唐强荣（2008）开拓性地研究了服务业与制造业之间的产业共生问题。张雷勇（2015）提出了产学研共生网络，将共生网络的构建与运行从有形拓展到无形的跨行业、跨地域领域，运用共生理论和方法对共生网络进行了更为细致的研究，同时将产业共生的研究领域拓展到服务业与服务业之间。王庆华等（2016）基于亚洲区域合作视角建立了共生型网络的跨域合作治理新框架，拓展了运用共生网络分析问题的新视野。因此，跨区域的共生组织关系将随着信息技术的不断推进而变得可能，本书所研究的“三社”共生关系也将不局限于地理距离的限制。

2.4　农业产业链合作理论及其应用研究

2.4.1　产业链理论的发展

产业链的思想最早来源于亚当·斯密在1776年出版的《国富论》中关于分工的卓越论断，其著名的"制针"案例形象地描述了产业链的功能。早期产业链重点关注的是企业对自身资源的利用，分工的范围局限于企业内部。随后，马歇尔把分工扩展到企业与企业之间，更加强调企业间分工协作的重要性，由此形成了产业链理论的现代经济学起源。

1958 年，Hirschman 以产业的前、后向联系作为研究视角对产业链的概念进行了论述。Houlihan（1988）将产业链界定为从供应商开始，经过生产者或流通业者直到最终消费者的所有物质流动。Stevens（1989）将产业链整合为一个由产品链、信息链和功能链构成的正反馈过程。"产业链"一词在我国由傅国华最早正式提出后，对产业链的研究逐步广泛深入。周路明（2001）认为，产业链是以产业内部分工和供需关系为基础的垂直供需链和横向协作链。其中产业的上中下游的垂直关系是产业链的主要结构，横向协作关系则指产业配套是产业链的次要关系。简新华（2002）从经济活动中前向及后向关联关系的角度阐述了产业链理论。蒋国俊等（2004）将产业链界定为在一定的产业集聚区内，由在某个产业中具有较强国际竞争力（或潜力）的企业与其相关企业结成的战略联盟关系链。目前学术界对产业链的概念及其理论还尚未达成共识，这里不再赘述其他学者的观点。但可以确定的一点是，产业链将相关产业以不同业态关系的形式联系在了一起。产业链理论在价值创造和企业管理方面存在一系列无法解释的问题，如产业链价值的增值和企业间协作的动因等。对这些问题的探究促进了随后国内外从微观层面对价值链、供应链等理论的研究兴起，进一步丰富并引导了产业链理论的内容和研究趋势。

1985 年，价值链概念由 Michael Porter 首次提出，价值链指企业作为一系列生产经营活动的集合体，通过相互关联却又相互不同的各个活动环节实现了价值增值的动态过程。张铁男、罗晓梅（2005）也将产业链视为生产相同或相近产品的企业集合所在产业为单位形成的价值链。产业链和价值链两者之间存在着本质联系，都解释了具有某种特征的不同要素之间的相互联系和经营链条之间的相互依存。事实上，价值链理论正是从微观层面以价值创造为视角对产业链中价值增值的原因和机理进行了阐释。20 世纪 80 年代后期，从价值链理论中又产生了供应链概念。供应链作为一种新的企业组织形态和运营方式，从微观层面考察了企业之间的关联关系。当前，最早源于西方古典经济学家相关论断的产业链思想，正逐步被当前更侧重微观视角的价值链和供应链理论研究所取代，对于中观层面的产业链研究日益弱化。然而，无论是产业链中的价值链视角还是供应链视角，都将产业链理论聚焦于两个共同点：一是产业链包含多个不同的相关产业和企业，且企业间具有密切的上下游关系；二是产业链是围绕用户需要的某个最终产品进行生产交易活动的一条增值链。

2.4.2 农业产业链合作理论及其应用

我国对产业链的研究始于农业产业链（Agricultural Industry Chain，AIC）（2010，魏然），傅国华提出“产业链”一词就是受海南热带农业成功的启发。20 多年来，我国在不断深化和拓展农业产业链合作的相关研究与国外研究较多的价值链和供应链理论一起形成协同发展状态。

我国在农业产业链合作理论的组织形式、运行机制以及链条建设等内容方面成果显著。牛若峰等（2002）从制度经济学视角分析了农民专业协会或专业社等中介组织在联结龙头企业和农户时的重要性和必要性。王凯等（2004）将我国农业产业链组织形式根据主导力量分为“龙头”企业带动模式、中介组织带动模式、专业市场带动模式和其他模式。王阳等（2005）提出，只有形成一种长期合作博弈的竞合机制加强成员企业间的合作使成员企业风险共担、利益共享，才能使加盟产业链的企业共同受益。

在农业产业链合作构建和整合的主体间合作问题上，孟枫平（2004）运用 Shapley 值从收益分配的角度分析了农业产业链中公司与农户间合作行为的动因，建议农户间成立合作社等组织形式联合起来，扩大自身的经营规模，与企业之间开展有效合作。在农业细分行业上，王桂霞（2005）和侯淑霞（2008）等分别针对牛肉产业链和乳品产业链纵向协作关系进行了研究。针对农业产业链优化整合，学者基于不同视角、针对不同细分行业从整合模式、动力机制、影响因素和绩效模型等方面均进行了深入研究。朱毅华和王凯（2004）从组织边界构建了农业产业链整合绩效模型。成德宁（2012）则提出我国从长远看应选择农民合作组织型的农业产业链整合模式。要建立供销合作社、信贷合作社和各种农产品加工服务的合作社等，既可以充当降低农户与企业之间的交易费用的中介，也可以接受农产品加工、销售企业的委托，为其提供农产品收购和加工等环节链条的延长，通过增加产品附加值来提高农户收益。在农业产业链融资方面，陈应侠、黄永安（2009）提出，政府应加大对农村小额信贷机构、村镇银行、农村信用合作社市场化改革力度，为专业社创造良好的财税环境、金融环境以及积极发展多元化的农村金融组织。董芳等（2017）实地考察后提出，对于缺少大型农业产业化龙头企业的偏远山区，可以探索利用供销合作社的信息优势、品牌优势和制度优势来构建供给侧改革下的农业产业链融资的新思路。

2.5　总体文献评述

（1）对农业产业链上合作组织特别是“三社”之间合作关系探讨不够深入。

从研究对象来看，无论是农业产业链合作的基础理论研究，还是细分行业的应用研究尚存在以下不足：一是大多数研究都是基于农户或合作组织与农业企业间的合作关系，而缺乏以农业产业链上不同环节的合作组织作为研究主体去深入探讨其间的合作关系问题；二是关于合作组织间合作关系更多是从“三社”间两两合作进行研究，论述三者之间合作关系的文献并不多。尽管自 2006 年浙江“三位一体”综合合作开始实践至今，许多学者对“三社”间合作进行了相关研究，但总体上看文献数量还很匮乏。总体而言，对农业产业链上的“三社”之间合作关系的分析还存在盲区或者不完善之处。

（2）对“三社”共生关系进行较为全面的系统性研究不够深入。

从研究内容来看，有关“三社”合作关系的研究内容多是从“三社”各自业务层面对地方工作实践的总结，或是从国家政策层面阐释“三社”之间既有合作中存在的问题及应对策略。面对丰富的“三社”合作实践，现有文献缺乏一种适合的理论对“三社”合作关系进行深入全面的分析，在一定程度上也导致了当前三者合作关系不佳的状态。“三社”间如何更好合作的问题是必须解决的一个首要前提。有学者从历史逻辑、经济逻辑以及制度逻辑三方面对“三社”合作的逻辑机制进行了阐述（胡振华，2015），但就经济逻辑而言，仅从成本—收益分析视角进行了阐释，而缺乏从其他经济理论的视角进行佐证。我国也有一些学者从共生理论视角对“三社”合作也进行了相关研究，但现有文献对“三社”共生关系的研究还不充分、系统性不足，还有很多问题值得深入研究。

（3）对“三社”合作以及共生关系等进行定量分析不够深入。

从研究方法来看，现有文献在对“三社”合作的研究中，多是以描述性的统计数字来反映所存在的问题，定性分析多而定量分析少，对问题分析的科学性较低，故难以得到令人信服的研究结果也就不能找到解决问题的钥匙。“三社”合作中还有很多问题现状、背后的影响因素以及合作效率的评价等问题尚缺乏采集数据并使用有效的计量模型方法对其做进一步的定量研究。而现有文献并没有客观真实地反映现状问题全貌，由此也就没有找到解决问题的针对性策略。

综上所述，我国“三社”合作研究的新取向表明，“三社”间的共生特征不断显现。“你中有我，我中有你”的“共生”将成为我国处于不同发展状态的新老合作组织共同发展的逻辑起点。三方并不是相互对立冲突的关系，而是可以运用共生理论建立相互促进、共生共赢的合作发展关系。而针对这种新取向，虽然也有不少学者从共生视角对该问题进行了理论探索及案例总结研究，如从发展趋势上建议某两社进行共生合作，但是总体而言研究既不深入也不全面，并未建立起一个全面的、系统的、明确的理论分析框架将其三者结合在一起进行共生关系研究。本书将运用共生理论的内容和方法，结合农业产业链合作的部分现有成果，对我国专业社、供销社和信用社之间互补合作的共生关系加以深入研究，着眼于共生系统内部，试图构建一个较为完整的、系统性的概念框架，并在定性分析的基础上，对提出的概念框架采用计量方法进行定量分析，对理论部分进行验证，以期在更广阔的共生视角下，反映“三社”合作关系的客观环境和内部合作运行机制的全貌。

第 3 章

“三社”共生的理论条件与经验分析

如何对“三社”之间的合作关系进行准确刻画，并依此找到化解合作困境的策略同时对其发展方向进行把握是本书的主要任务和内容。本章将共生理论与“三社”合作发展的历史以及现状相结合，探究“三社”共生的条件与经验证据，为全文搭建统一的分析框架做好理论准备。

3.1 “三社”合作的形成和发展脉络

通过关注“三社”合作的形成过程和发展逻辑，可以从历史逻辑把握发展规律，探寻其合作本质，判断未来空间，为奠定“三社”合作的理论基础提供实践证据。

3.1.1 “三社”合作的萌芽期：中华人民共和国成立后至20世纪50年代末

为积极响应中共中央七届二中全会的号召，1950年初，原中央人民政府政务院成立了中央合作事业管理局。同年7月，成立了全国合作社联合总社，主管全国供销、消费、手工业等合作社。农业合作社、供销合作社、农村信用社是当时我国农村的三大合作社。20世纪50年代，供销合作社和农村信用社为支持农业生产，有效解决农业社生产、农户生活的资金困难，两大合作社开展了“挑着货篮发货、背着账款发放”下乡活动，建立了良好的合作关系。平湖新仓供销合作社与农业生产合作社订立结合合同的经验得到了毛泽东的批示，并因此而闻名。“新仓经验”产生之初就已含了生产、供销、信用“三位一体”的雏形，对“三社”合作具有深远意义。

3.1.2 “三社”合作的停滞期：20世纪50年代末至改革开放前

20世纪50年代我国对农民生产合作、供销合作、信用合作进行了初步探索，形成了正确的指导方针，但却未能坚持下去、走了弯路。究其原因，不是合作社制度本身有问题，而是孕育其发展的经济体制出了问题。在1952~1957年的互助组、初级社和高级社时期，后期出现的以运动方式搞合作化的情况，搞合作化过快过粗，严重违背“入社自由、退社自由”的合作组织原则，为后来在农业生产及其合作组织问题上的“左倾”冒进错误埋下了伏笔（徐智环，2004）。1958~1978年的人民公社时期，走运动式的合作化道路更为加剧。后期党中央逐渐意识到了人民公社推行过程中的冒进错误，出台了一系列文件来克服所带来的弊端，这在遏制“共产风”同时调动农民生产积极性上起到了一定作用，但从根本上看，这一时期人民公社的产权不明、平均主义、吃“大锅饭”等体制弊端被保留并逐步“固化”下来，并持续了长达20余年。

这一时期，合作组织作为一种主体在人民公社的体制之下绝对地异化了，带有十分浓郁的政治色彩，异化为一种集体化、政治运动的工具，从而失去了主体地位，特别是在经济活动过程中的自主性与独立性。然而，从人民公社的经验教训来看，其最大的失败在于强硬地推行了“政社合一”，盲目追求“一大、二公”所有制的升级、过渡，削弱了基本核算单位或基层社的权力，出现上下、左右的产权混乱，使联合社成为支配成员社的操控者，其成员社丧失了作为经济主体的经营自主权。人民公社不仅使农村合作经济变异，没有了“合作”所必需的本质内容，而且使广大农民对合作组织产生了扭曲性认识与恐慌感，这也使供销社、信用社逐渐脱离与农业生产社的合作，从而逐步远离合作组织属性而异化为行政化组织，“三社”合作遭遇重创。

3.1.3 “三社”合作的重建期：改革开放后至1992年

随着人民公社体制的解体，1978年以后我国启动了两项农村改革：一是实施家庭联产承包责任制，二是推进农副产品市场化的改革。前者重新确立了小农民在农业生产中的基础地位，使农村合作经济初步具备了按照真正合作组织原则发展的环境与条件，农村合作组织的重新产生成为可能；后者一方面使农产品价格获得较大提高，农民获得明显的实惠与利益，有了一定的财富积累，为农民合作组织的产生创造了一定的物质条件，另一方面又把分散、弱小、信息不灵和对外经济联系渠道不畅的农村经济卷入了竞争日益激烈的市场中。为了规避市场风险，农民又产生了互助合作的要求，农民合作组织的出现有了现实的需求和广泛的农民基础（陈柳钦和胡振华，2009），同时也为“三社”合作发展提供了组织基础和经济基础。1987 年，国务院 55 号文件要求供销合作社“在自愿原则下，组织生产者建立不同产品的生产专业协会，或按照合作社的组织原则，建立专业合作社”。

3.1.4 “三社”合作的探索期：1992 年至 2006 年

自 1992 年邓小平“南方谈话”以来，农村经济主要矛盾已经变成了“小农民与大市场”之间的矛盾。1993 年，原农业部确定陕西、山西为借鉴日本建立综合性农协经验的试点省份。1995 年，中共中央、国务院《关于深化供销合作社改革的决定》，把发展专业合作社作为供销合作社改革的重要措施。供销合作社把领（兴）办专业合作社，作为其寻求改革和发展出路的重要方式。按照农业部农村经济体制与经营管理司的统计，2003 年全国供销合作社系统的专业合作社达 14158 个，占比 10%左右。

3.1.5 “三社”合作的发展期：2006 年至今

2006 年 3 月 25 日，浙江瑞安率先组建了中国第一家集农村金融、农产品生产和流通为一体的综合性农村合作组织——瑞安农村合作协会。瑞安农协自成立以来，备受各方关注。12 月 19 日，时任浙江省委书记的习近平在全省发展农村新型合作经济工作现场会上的讲话中就指出：“农民专业合作社、供销合作社、农村信用合作社是我国为农服务三大合作经济组织。应当说，这‘三位’是具备联合基础的，一是性质一致，都是合作经济组织；二是服务对象一致，都是农民；三是基本利益一致，都是通过为农民社员服务实现自身的发展，在发展中更好地实现为农服务”。现阶段，单纯采取“单打一”的办法已经越来越难以奏效，难以从根本上解决问题，而必须在系统内部下功夫，从系统外部找出路。这就要求我们一方面要增强自我发展能力，另一方面要以联合的观念、统筹的思路来思考，推进“三位一体”。因此，构建“三位一体”，以联合求发展，既是发展现代农业的要求，也为“三位”自身的发展壮大开辟了新的空间，提供了新的机会。

浙江省内“三社”经过深化改革和加强建设，在为农服务中发挥着越来越重要的作用。截至目前，农民专业合作社已发展到3310家，入社农民30万人，带动农户221万户。供销合作社领办和合办820家农民专业合作社和一批村级综合服务社，为农民服务的能力越来越壮大。农村信用合作社完成了股份合作制的产权制度改革，组建了26家县级农村合作银行和42家县级统一法人联社，“三农”金融服务供给的主力军作用日益显现，存贷款规模列全省金融机构和全国农村信用社系统第二位，全省81家县级农村合作金融机构全部实现盈利。

从全国范围来看，这一期间，供销社和信用社都发挥了支持专业社发展的积极作用。由供销社领办的专业社数量大增，效益也得到了农民的认可。信用社通过对专业社进行信用评级、金融产品创新等手段在信贷支农的力度也在逐年加大，“三社”的合作有了一定的发展，但总的来说仍处于合作发展的初期。

3.2 “三社”共生的条件分析

共生的内涵已从最初的生物学意义不断得到拓展。经济学意义上的共生表示当某一经济组织给另一个经济组织提供某种产品或服务时使双方同时都获益，就表示它们形成了共生关系（唐强荣等，2009）。共生关系的产生是有条件的：一是经济组织之间有产品或服务交易；二是交易使各方均获益。事实上，共生的条件又可细分为必要条件和充分条件。因此，判断“三社”是否满足共生活动产生的条件决定了“三社”之间能否形成共生关系。

3.2.1 “三社”共生的必要条件

（1）质参量兼容。

二维共生体系下，如果在某种程度上主体 A 与 B 之间的质参量 Z_{ai} 和 Z_{bi} 可以彼此用函数表示，即存在 $Z_{ai}=F(Z_{bi})$ 或者 $Z_{bi}=F(Z_{ai})$ 则表示 A 与 B 质参量兼容。从广义产业链内涵来看，“三社”之间存在产业链上下游的业务链接关系，供销社和信用社之间有着合作为农服务的政策导向和市场定位，同时专业社和供销社之间、专业社和信用社之间或者“三社”之间或是存在产品（服务）的供需，或是资金的供需，或是资产的组合等，较容易以协议、合资、战略联盟等合作模式形成共生关系。此外，“三社”同为合作经济组织属性、改制后的供销社和信用社都具有了县（市）（或以下）法人资格而成为了市场主体、都是通过为农服务由此实现自身发展，所以“三社”具备合作的基础（习近平，2001；胡振华，2015）。因此，本书认为，“三社”满足了共生质参量兼容的第一性要求，因其业务链接关系而至少具有一对相互需求并可用函数彼此表示的质参量。专业社的质参量特征从农业生产的角度是其农产品的特质，而供销社和信用社的质参量特征从服务的角度是其提供涉农业务的特质。

具体来说，专业社的主要质参量有合作社规模、人员数量与结构、技术水平、农产品性质与功能等，其主质参量为农产品产值和利润。供销社的主要质参量有资产与技术、经营网点、员工数量、各种业务服务等，其主质参量为购销农产品数量。供销社其设在基层的经营网点、农资网点、农副产品收购网点等购销网络有效发挥了其购销农产品的业务功能。专业社在生产前后需要农资、技术服务以及销售渠道等都可以通过利用供销社的资源得以实现。供销社提供质高价低的服务会促进专业社产值和利润的提高，专业社产量的提高又会带动供销社服务功能和经营功能的进一步发挥，专业社与供销社相互需求，使得专业社农产品的产值和利润与供销社的购销数量相互影响和转化。信用社的主要质参量有存款数量、经营网点、各种金融产品和业务服务等，其主质参量为贷款数量；起步阶段和经营良好的专业社都具有旺盛的资金需求，在自有资金不足和融资有限的条件下，专业社与信用社相互需求，使得两者主质参量之间也实现了相互转化。信用社的贷款会减少专业社融资束缚同时增加获利机会，专业社产值和利润增加的同时也会带动信用社存款量和贷款需求量增长。业务特性决定了作为候选共生单元的“三社”主要质参量是兼容的，如表 3. 1 所示。

表 3. 1　专业社、供销社与信用社的主要质参量比较

专业社的主质参量	Z_{a1}	Z_{a2}	Z_{a3}	Z_{a4}	Z_{a5}
	合作社规模	人员数量与结构	技术与经营水平	产品性质与功能	产值和利润
供销社的主质参量	Z_{b1}	Z_{b2}	Z_{b3}	Z_{b4}	Z_{b5}
	资产与技术	经营网点	员工数量	各种业务服务	农产品购销数量

续表

信用社的主质参量	Z_{c1}	Z_{c2}	Z_{c3}	Z_{c4}	Z_{c5}
	存款数量	经营网点	各种金融产品	各种业务服务	贷款数量

（2）共生界面生成。

各主体之间接触方式和媒介总和就形成了共生界面。专业社、供销社和信用社之间存在着大量的政府、市场、法律、制度、政策以及伦理道德观等有形或者无形的规范介质，“三社”共生关系的共生界面依据这些规范介质得以形成。共生界面的选择需与共生系统互惠共生进化的方向相符合，共生界面促进了各候选共生单元之间向互惠共生的作用模式进化，则共生系统处于可持续发展的良性状态；反之，则共生单元间利益分配达不到均衡状态导致冲突，使共生能量减损，最终共生体系统消亡。

在政府这一介质形成的共生界面上，因为专业社在提高农业生产经营的组织化程度、提高农户竞争力方面有一定的优势，政府希望依托供销社自身的优势，加大对专业社的支持力度，在推动专业社方面发挥应有的作用。供销社能够体现政府意志并且和农民联系较为紧密。许多地方政府还划拨财政资金，由供销社统筹用于本地专业社的建设和发展。在政府共生界面上，供销社领办专业社发挥了联结政府和专业社的桥梁和纽带作用。专业社与供销社的共生关系中，专业社是为了满足一部分农民脱贫致富的需求，和供销社的服务职能有着相同的目标和愿望——促进农民增收。供销社和专业社有相同的期待——实现农业产业化发展。供销社在执行政府农业产业化政策上会选择注重扩大生产规模、提升产品质量和打造品牌形作为三大目标，而这三大目标的实现需要借助专业社这种组织形式才能更好地实现农业产业化。专业社与供销社的共生界面主要是政策、技术、资金、项目和信息等。对于专业社来讲，关键是看中了供销社所拥有的独特的资源，主要包括网络资源、项目资源和关系资源。供销社具有覆盖全国县、乡、村三级的现代流通网络，在农资和日用品下乡、农产品进城、再生资源回收等方面发挥着重要作用，一些专业社在经营中发现离开供销社的网络，专业社的销售变成了问题。同时，供销社可以利用“新网工程”建设资金和农业综合开发资金扶持专业社发展；供销社一头联结农民，一头联结市场，一头联结政府，这种协调联结功能会给专业社带来更多的资源。

在专业社与信用社的共生关系中，两社合作从广义上讲属于产融结合的范畴。产融结合涉及面广，其共生界面也因而内容繁多、形式多样，可以说整个社会、经济和文化环境等都构成了其共生界面。而这些社会、经济和文化环境中能够对两社合作效率、稳定性以及模式等各方面产生显著影响的介质成为其狭义的共生界面，如金融合作对象的选择机制、信用评价机制、规范制度以及利益分配和调节制度等。两社在经济法律制度范围内进行自由选择的经济活动，即专业社自由选择是否将信用社作为债权人，信用社也自由决定是否贷款给专业社以及贷款数量及期限等。

（3）关联度适当。

设 Z_a 为共生单元 A 的主质参量，Z_b 为共生单元 B 的主质参量，那么“三社”共生关联度 $\delta_{ab}=\dfrac{dZ_a/Z_a}{dZ_b/Z_b}$。“三社”作为异类共生单元，共生关系发生需要各主体具有适当关联度，这个适当关联度通常不得小于某临界值。如果主体关联度低于该临界值，则不能确保两者所应具备的互补性。如前文所述，专业社是农业生产部门，供销社和信用社是农业服务部门。从社会化大生产的视角看，生产部门和农业服务部门具备着天然的互补性特征，互补性一方面反映了“三社”间的差异性特征，更重要的是反映了其基于供应链或产业链供求关系的共生单元之间必需的关联性特征。因此，满足异类共生单元间具有适当关联度的条件。信用社贷款数量与专业社产量（产值）存在相互依存关系，关联度也保持在较高的水平。信用社的金融支持作用具体表现为，其发展水平一定程度上决定了处于产业链前端的专业社所能生产的农产品数量及其质量，是总产品的输出口；同时产业链构成单元的专业社和供销社也必须依托信用社资金集聚能力及软、硬件服务才能生存和发展。这样的客观事实，证明了产业链上各环节主体间的共生关系：信用社对产业链的资金支持决定了专业社和供销社发展的最高水平；供销社对产业链的产前、产中、产后的技术、信息以及市场渠道支持等对专业社以及信用社同样具有强大的影响力；专业社和供销社发展对信用社农村金融市场的巩固和拓展也提供了巨大的动力。

综上所述，专业社与供销社的共生关系表现为产业链上各合作组织之间的供需关系，而信用社与专业社、供销社之间的共生关系表现为信用社对促进产业链运转的金融支持作用，也是一种供需关系。因此，对于“三社”关系而言，其共生的必要条件均得到合理确认。

3.2.2 “三社”共生的充分条件

（1）“顺利”交流。

共生关系形成与否直接受物质、信息和能量能否“顺利”交流的决定。“顺利”一词从系统动力学上界定为交流的动力比阻力要大，经济学上则意味着交流的收益要大于成本。在农业特定的地缘、人缘等社会网络和商业信任下，“三社”进行物质、信息和能量交流的交易成本小于各方与外部市场进行交易的成本。良好的政策环境支持将使各方交流的动力大于阻力，从而更有利于“三社”间的交流。反之，若不能构建彼此信任的社会网络，则使得共生界面不通畅而阻止“三社”交流。如实践中个别供销社和信用社依旧保持官办作风，就会相应地增加交易成本，致使专业社负责人普遍认为与供销社或者信用社进行业务往来很麻烦，使得“三社”共生不能实现。

（2）产生新增能量。

如果新增能量为零甚至小于零，则共生没有动力源泉因而失去存在意义，变成并存甚至互害。在满足第一个充分条件下，与专业社自我提供服务如发展纵向一体化模式相比，供销社提供的生产性服务具有专业化优势、产品和经营网点的规模经济优势等，如果专业社好好利用这些优势资源，可以有效规避在纵向关系中的各种风险。供销社拥有组织、信息和技术等资源优势，可以为专业社提供生产技术指导、流通渠道以及市场信息等各方面支持，以帮助专业社可以集中优势资源专注于生产。实践中，供销社积极通过产销衔接、农超对接、农企对接以及农校对接等方式，帮助专业社在建立稳定市场渠道、降低生产与流通成本以及促进农产品供给和价格稳定方面实现了两社的协调互动发展（陈阿兴等，2015）。而专业社获得供销社要素支持后发展到一定的阶段，供销社也可获得一定的要素回报，促使与其有合作或合作潜力的专业社在数量、规模和地域范围等方面都能进一步扩大，促进供销社逐步进入回归“三农”、回归合作制的良性发展轨道。所以，供销社与专业社的合作往往不仅能增加专业社的绩效，而且能促进供销社更好地为农服务从而促进其自身的改革和发展。从而使两社之间在彼此联系中相互融合、互动与协调发展，即产生了共生能量。袁纯清关于金融共生理论中的相关论述表明，专业社从信用社借出资金，抓住市场或者投资机遇获利，而信用社获得利息收入，两社合作可产生共生利润。如两者未建立共生关系，当新的农产品市场机会或者投资机会出现时，专业社无法从其他外部融资机构得到融资或者自有资金不足时，很有可能迫使专业社无奈放弃市场带来的获利机会。

此外，对“三社”共生而言，因同属于合作组织范畴，在地缘、亲缘、乡缘关系的作用下，对内社员间彼此沟通、协商渠道较通畅，合作交易费用较低，对外“三社”共生发展作为一种组合力量更容易与政府达成合作协议，如争取到更低的税收、信贷等优惠政策。共生能量的生成有两方面来源：一是来自共生产生的新增收益，二是源于共生发展后交易成本和经济成本的降低。

(3) 累积对方信息丰度。

“三社”同是农业合作经济组织，合作组织被学界和政界均界定为企业，而企业都是持续经营的。这也就是为什么英文中企业（厂商）用“Firm”表示，是引自其形容词性中“稳定的”之意。供销社与专业社的业务合作过程中，专业社可以获取最新的农业政策支持、项目支持以及市场需求和销售渠道等各方面信息，还可以通过参与供销社组织的农业技术培训提高自身业务素质。同时，供销社也可以了解到专业社实际生产中面临的服务需求，从而有针对性地服务专业社。在借贷过程中，信用社对专业社的财务状况等各方面信息有了更加充分的了解，也能建立相应的专业社及其农户的信用体系；同时，专业社与信用社通过业务接触，可以了解到最新的支农惠农政策措施以及信用社改制后的经营风格等。这些信息不断通过双方业务活动的持续进行而得到并累积。因此，对于“三社”关系而言，其共生的充分条件亦均得到合理确认。

3.2.3 “三社”共生充要条件的综合表述

将上述充分和必要条件结合进行阐述，即得到了关于“三社”共生充要条件的四个综合表述，以下分别展开叙述。

第一，“三社”之间要在形成物质、信息和能量交流的共生界面上有必要的时空联系或者质参量联系。这包含两方面意义：一方面共生界面在共生关系中发挥着重要的作用，是共生主体之间的联系媒介。从主体看，“三社”合作中的联系媒介有政府、农户和村集体经济组织等。此外，明晰三者合作经济组织的主体属性和文化定位，是构建共生机理的主体前提。另一方面“三社”之间在共生界面上必须借助结构合理的业务资源以及完善的业务信息交流网等运行条件，共生关系才能建立。

第二，交流过程至少使“三社”各方在两方面受益：一是共生主体通过这种交流可以为自身的发展赢得优势；二是在信息、物质和能量交流过程中，两者可以加快各方的共进化过程。像生物学中产生新物种一样，在经济活动中，共生主体之间也会诞生新的经济主体、新合作模式或者新合作内容等。如实践中“三社”合作不断地产生新内容、新模式及新的参与主体。

第三，不断地选择才能最终形成“三社”共生关系。一是对共生对象的选择：应依据质参量兼容水平的高低和互补程度，匹配效率更高或者匹配成本更低的候选主体往往是共生关系形成的首选对象。供销社或者信用社在实践中更偏好与那些市场前景好、社会效益大、生产经营实力相对强的专业社合作，而专业社也更倾向于选择那些能够为自身提供实际所需技术和金融支持的服务机构。二是对共生模式的选择：要充分考虑各共生主体的实际情况并依照特定的政治经济条件进行择优，不能脱离共生环境而选择所谓的高级共生模式，要循序渐进，量力而行，切勿认为高级的共生模式总是最优。

第四，“三社”之间存在着一个由关联度和信息丰度两个指标构成的集成临界值。只有关联度和信息丰度都不低于该集成临界值才能具备互补性并有效识别对方以形成共生关系。在满足了临界值条件后，对于一个特定的共生关系而言，还存在一个最适当关联度和信息丰度组成的最优共生模式。共生关系在该最优模式下共生成本最低因而绩效最高。实践中，供销社和信用社通过改革不断增加自身与专业社的关联度，如信用社为专业社进行专门的金融产品创新、供销社为农服务作为业务导向回归合作制等。与此同时，各主体也在不断累积关于对方的信息丰度以达成最优共生模式。

3.3 “三社”共生对农业经济增长影响的相关实证检验

从农业产业链视角上看，农村金融是农产品产销环节中至关重要的一环，无论是在产前、产中还是产后都发挥着极其重要的作用。信用社作为当前我国农村合作金融的主要力量，通过为专业社等农业新型经营主体提供金融服务以及与供销社联合共同搭建为农服务平台等方式，在搞活农村经济、推动农业发展、增加农民就业等方面发挥了重要作用。鉴于全国层面数据的可得性，本书基于信用社支农贷款对农业经济增长影响的视角，从广义上对“三社”共生的经济影响效应进行实证检验。

回顾农村合作金融机构或者信用社与农业经济增长两者间关系的已有文献，从研究方法上看，通常采用 VAR 模型对变量间的长期作用进行分析。吴华增和兰庆高（2017）运用 VAR 模型对农村经济增长与农村财政金融间的关系进行分析后发现，当前农村金融配置效率较低，不足以促进农村经济增长。从研究区域上看，文献中往往选择某一城市或地区进行实证研究（邱桂杰等，2012；曹静等，2017）。从时间维度上看，当前文献采用的研究数据时间跨度较短或较早。而且通过现有文献可知，国内大部分学者认为农村金融对于农民增收、农业经济增长的影响是处于制约状态而不是促进其发展（张乐等，2016；余新平等，2010）。那么，农村合作金融的发展能够推动农业经济的增长吗？影响程度又如何？都是当前我国处于经济转型期农村经济亟待研究的理论问题。本书将时间序列数据进行延展，运用 VEC 模型针对全国层面以信用社为代表的农村合作金融机构对农业经济增长影响进行更加深入的实证分析。

3.3.1 研究设计

（1）指标选择与数据来源。

基于前人研究，本书将时间序列进行延伸，选取 1986~2017 年的信用社全国数据及农业总产值数据，基于 VEC 模型采用协整检验及脉冲函数分析农村合作金融对农业经济增长的长短期影响，从全国水平上检验农村合作金融与农业经济增长的关系。其中，选用信用社贷款余额表示信用社支农贷款（ASL），选用农业国内生产总值（GDP）表示农业经济增长（AGDP），数据均来源于《中国统计年鉴》（1987~2018）和《中国金融年鉴》（1987~2018）。为了消除物价变动的影响，变量均依照指数进行折算。AGDP 指标根据当期的农业 GDP 数据按照 GDP 折算指数转换为 1986 年为基期的不变价农业 GDP，ASL 指标按农产品生产价格指数折算为 1986 年为基期的不变价支农贷款。

（2）计量模型与方法。

本书选择 VEC 模型对两者进行实证分析，主要基于以下原因：一方面，大多数经济变量间是长期作用与短期波动并存的，VAR 模型通常用以探讨变量之间的长期关系而忽视了短期波动，而 VEC 模型中含有的误差修正项在研究变量长期关系过程中还可以探究其短期波动状况，分析变量的短期波动状况与长期均衡态势相偏离的程度；另一方面，采用时间序列数据的变量常常存在不平稳性，在不平稳的变量间若存在长期协整关系，就能够设立 VEC 模型来分析变量的长期稳定情况。基于上述条件，本书建立了 VEC 模型来研究农村合作金融对农业经济的影响方向、时效及程度。

VEC 模型本质上是拥有协整关系的 VAR 模型。通常情况下，对于含有多个变量及协整关系的 VAR 模型可表示为如下形式：

$$\Delta y_t = \alpha \times \delta y_{t-1} + \sum_{i=1}^{q-1} \varphi_i \Delta y_{t-i} + C\mathrm{x}_t + \varepsilon_t \tag{3.1}$$

其中，y_{t-i}是内生变量向量，x_t 是外生变量向量，α 是调整参数矩阵，δ 是协整向量矩阵，q 是滞后阶数，ε_t 是具有平稳性的随机扰动项向量。

式（3.1）经过转化形成 VEC 模型的表达式：

$$\Delta y_t = \alpha \times ecm_{t-1} + \sum_{i=1}^{q-1} \varphi_i \Delta y_{t-i} + C\mathrm{x}_t + \varepsilon_t \tag{3.2}$$

其中，ecm_{t-1}是误差修正项向量。根据式（3.2）可知，VEC 模型可将系统中变量之间的长短期关系进行综合分析，充分利用数据以获取完整信息。

3.3.2 实证检验

（1）农村合作金融与农业经济增长趋势。

首先，本书分析了主要变量 AGDP 与 ASL 1986～2017 年的整体变化趋势，如图 3.1 所示。从整体上看，信用社支农贷款和农业 GDP 呈现共同上升的态势，虽然支农贷款的变化偶有波动，但总体变化状态与农业 GDP 一致。由此，本书假设：这两者之间有一定的线性关系，信用社支农贷款是影响农业 GDP 变化的一个因素，且具有正向影响。

（2）平稳性检验。

为消除时间序列中的异方差现象，对不变价农业 GDP、不变价支农贷款等数据进行对数化处理，得到变量 lnAGDP、lnASL；再对变换后的数据取一阶差分，分别用 ΔlnAGDP 和 ΔlnASL 表示，并采用 Stata14.0 分别对序列 lnAGDP 和 lnASL 进行单位根检验，用以判断两者的稳定性。

从 ADF 检验结果来看，lnAGDP、lnASL 都是一阶单整序列。为了避免运用不平稳序列构建模型时出现伪回归等问题，进一步经过协整检验来确定变量间有无稳定且长期的均衡关系，即协整关系。

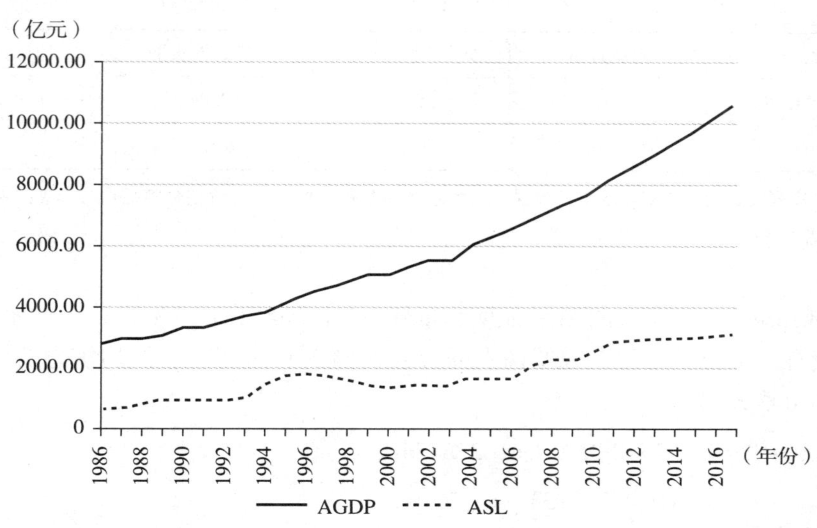

图 3.1 AGDP 与 ASL 的变化趋势

（3）协整检验。

上述 ADF 检验证明 lnAGDP、lnASL 均为同阶单整序列，进而考虑 lnAGDP、lnASL 有无协整关系存在。本书对序列 lnAGDP 和 lnASL 进行 Johansen 协整检验，在分析前以 *LR*、*FPE*、*AIC*、*SBIC*、*HQIC* 5 项评价指标确定滞后期，从结果可知，最优滞后为 2 期，如表 3.2 所示。表 3.3 显示了协整检验的结果。

表 3.2 滞后期评价指标

滞后期	*LR*	*FPE*	*AIC*	*SBIC*	*HQIC*
0	NA	0.003012	−0.12946	−0.034302	−0.100369
1	199.73	3.2e−06	−6.97713	−6.69166	−6.88986
2	28.049*	1.6e−06*	−7.69316*	−7.21738*	−7.54771*
3	4.6935	1.8e−06	−7.57507	−6.90897	−7.37144
4	7.5473	1.9e−06	−7.55891	−6.70249	−7.29709

注：* 表示对应的评价统计量得出的最小滞后期。

表 3.3 lnAGDP 和 lnASL 的 Johansen 协整检验

特征根	迹统计量	5%显著性水平	1%显著性水平	原假设
0.44069	17.5528	15.41	20.04	0 个协整向量
0.00404	0.1214*	3.76	6.65	至多 1 个协整向量

注：序列设定的是协整方程水平数据呈线性趋势和截距的情况；一阶差分滞后阶数是 1；* 表示在 5%的显著性水平下只有一个协整关系。

Johansen 协整检验的结果证明，lnAGDP 和 lnASL 在 5%的显著性水平下，有且仅有 1 个协整方程，说明两者间存在协整关系，拥有长期均衡态势。其所对应的协整方程为：

$$lnAGDP = 0.9927188 lnASL + 1.253474 \qquad (0.0724113) \qquad (3.3)$$

由式（3.3）可得，信用社支农贷款（ASL）和农业 GDP（AGDP）有着长期性的均衡关系。在其他条件不变的情况下，支农贷款每变动 1%，农业 GDP 将平均变动约 0.99%。从长期看，信用社支农贷款对农业 GDP 的增长有正向作用，说明信用社支农贷款额的提高能够提升农业生产总值，促进农业经济的增长。农业贷款增加将有助于农业企业发展以及农民增收，进而增加消费以拉动农业 GDP 的增长，即对于农业经济增长具有积极作用，由此印证了本节前文假设。

（4）格兰杰因果关系检验。

为检验信用社支农贷款与农业 GDP 间的长期均衡关系能否形成因果关系，本书利用 Granger 因果检验对两者进行分析，结果见表 3.4。

表 3.4 格兰杰因果关系检验

零假设	最优滞后期	F 统计量	P 值	结论
lnAGDP 不是 lnASL 的格兰杰原因	2	9.4263	0.009	拒绝
lnASL 不是 lnAGDP 的格兰杰原因	2	19.133	0.000	拒绝

Granger 因果检验的结果表明，lnAGDP 和 lnASL 在 5%的显著性水平下拒绝原假设，农业 GDP 和信用社支农贷款互为格兰杰原因，两者具有双向的因果关

系。这说明在一定程度上，信用社支农贷款能有效地影响农业经济增长，而农业经济的发展也显著影响着信用社支农贷款额，这更加印证了协整检验的结论。信用社支农贷款的增加对于改善农业经济将会有所帮助；反之，若信用社支农贷款不足、发展缓慢，那么很有可能给农业经济带来消极的影响，抑制其增长。

（5）建立 VEC 模型。

基于协整检验的结果，即 lnAGDP 与 lnASL 有长期的均衡关系，建立误差修正模型，该模型可以结合变量的水平值和差分值。短期来看，长期均衡关系与短期波动共同作用造成因变量的变化。长期来看，误差修正项 EC 能够把变量拉回到长期均衡状态。

lnAGDP、lnASL 进行协整检验时假定了序列水平数据是固定的线性状态，且协整方程含截距项，同时一阶差分项滞后一期，故 VEC 模型设定如下：

$D(\ln AGDP)=A(1,1)\times[B(1,1)\times\ln AGDP(-1)+B(1,2)\times\ln ASL(-1)+B(1,3)]+C(1,1)\times D[\ln AGDP(-1)]+C(1,2)\times D[\ln ASL(-1)]+C(1,3)$

$D(lnASL)=A(2,1)\times[B(2,1)\times\ln AGDP(-1)+B(2,2)\times\ln ASL(-1)+B(2,3)]+C(2,1)\times D[\ln AGDP(-1)]+C(2,2)\times D[\ln ASL(-1)]+C(2,3)$

式中，A（a，b）中 a 是指模型的第 a 个方程，b 是指该方程中第 b 个协整方程的调整系数，如：A（1，1）是指模型中第 1 个方程的第 1 个协整方程的系数，即-0. 0610674；而 B（a，b）中 a 代表第 a 个协整方程，b 代表第 b 个变量的系数，如：B（1，1）是指第 1 个协整方程的第 1 个变量的系数，即 1；C（a，b）中 a 指模型的第 a 个方程，b 指该方程中第 b 个一阶差分回归量的系数，如：C（1，1）是指模型的第 1 个方程的第一个一阶差分回归值的系数，即-0. 4058078。

最后得出模型的参数估计值，如表 3. 5 所示，即：

$A=$（-0. 0610674，0. 305454）

$B=$（1-0. 9927188，-1. 253474）

$$C=\begin{pmatrix}-0.4058078, & 0.0560007, & 0.0586407\\ -0.0462047, & 0.6183950, & 0.0117236\end{pmatrix}$$

表 3.5　时间序列误差修正模型（VEC）

方程	回归变量	参数估计量	标准差	Z 统计量
ΔlnAGDP	*EC*1（-1）	-0.0610674	0.0197549	-3.09
	ΔlnAGDP（-1）	-0.4058078	0.1533734	-2.65
	ΔlnASL（-1）	0.0560007	0.0298985	1.87
	*C*1	0.0586407	0.0075838	7.73
	R-Squared=0.9070，F=253.4985			
ΔlnASL	*EC*2（-1）	0.3054540	0.0963760	3.17
	ΔlnAGDP（-1）	-0.0462047	0.7482440	-0.06
	ΔlnASL（-1）	0.6183950	0.1458623	4.24
	*C*2	0.0117236	0.0369984	0.32
	R-Squared=0.5976，F=38.61029			

根据 VEC 模型的估计结果可知，lnAGDP、lnASL 两者会有短期波动，使得长期均衡关系形成了暂时的偏离状态，但协整方程将以 $A=(-0.0610674,$ $0.305454)$ 的比率使其回到长期均衡趋势。

从 lnAGDP 方程中可以看出，VEC 模型的 R^2 达到近 0.91，拟合程度相对较高。误差修正项的系数是-0.06，表明在该模型中，农业 GDP 的变动在协整方程的约束下，对长期均衡关系的偏离可进行反向修正。即若上年农业 GDP 偏低，则本年该项就会相应上升；相反，若上年的农业 GDP 偏高，则本年的农业 GDP 就会降低，以此调整变量间的关系，使之不会发生明显偏离均衡状态的现象。误差修正项的系数值为-0.0610674，说明变量的短期波动只能以较小的力度调整其对长期均衡的偏离，且速度较慢。其余解释变量中，农业 GDP 自身滞后一期的数值对本期有一定的反向作用，为-0.4058078。信用社支农贷款滞后一期的数值对农业 GDP 的影响为 0.0560007，从长期看，信用社支农贷款对农业 GDP 有正向作用。

（6）协整方程的平稳性检验。

拟合 VEC 模型之后，对协整方程进行平稳性检验，结果如图 3.2 所示。图中注脚显示模型有一个特征根为 1，其余特征根均处于单位圆以内且远小于 1，说明该协整方程平稳，可进行 IRF 分析和方差分解模拟。

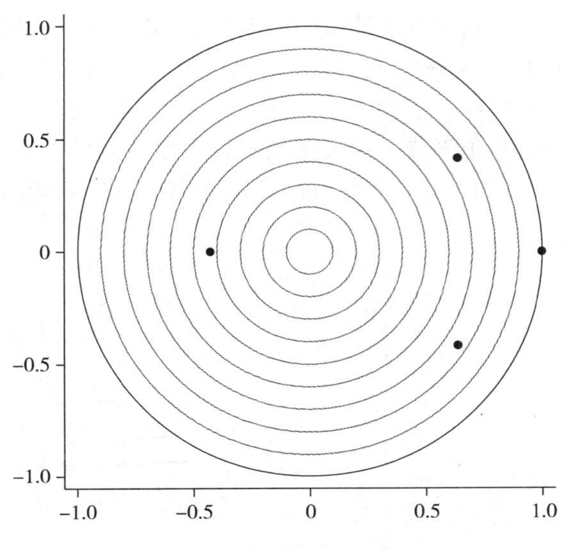

图 3.2 VEC 模型特征根位置

（7）脉冲响应分析和方差分解。

为了准确分析信用社支农贷款对农业 GDP 的影响程度，本书使用脉冲响应函数探究信用社支农贷款的变动对农业 GDP 的冲击及农业 GDP 的变动对支农贷款的冲击，软件生成图像如图 3.3 和图 3.4 所示，图中的三条曲线代表相应的变动区间。

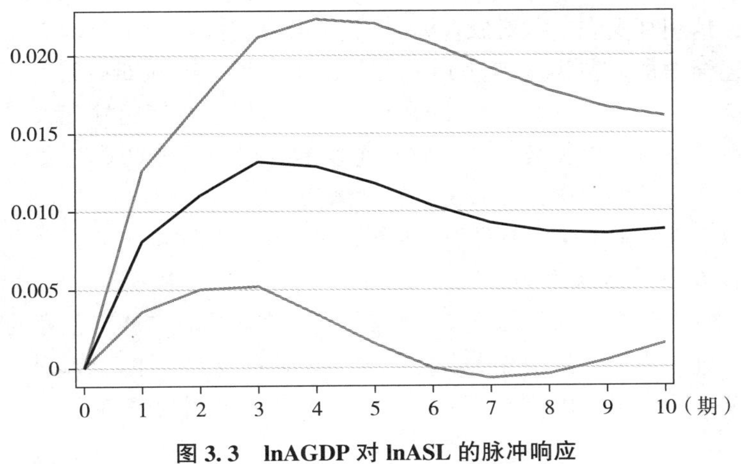

图 3.3 lnAGDP 对 lnASL 的脉冲响应

图 3. 3 为信用社支农贷款的冲击引起的农业 GDP 变动的脉冲响应。从图中可以看出，农业 GDP 对信用社支农贷款的冲击形成连续的正向响应，而且响应强烈。刚开始是正向响应并迅速上升，第 3 期时上升到最大，之后开始缓慢下降，直到第 8 期开始趋于平稳。这表明信用社支农贷款的冲击对农业 GDP 的影响效果立竿见影，对农业 GDP 有持续的拉动作用，虽然后期影响速度会趋于缓慢，但仍形成正向的影响。

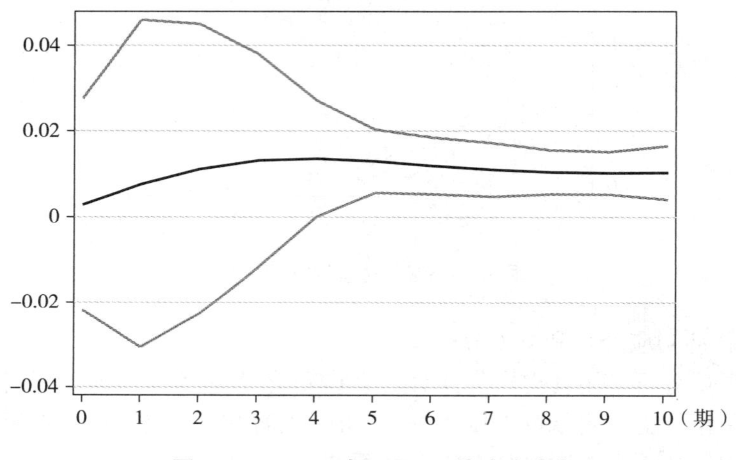

图 3. 4　lnASL 对 lnAGDP 的脉冲响应

图 3. 4 是农业 GDP 的冲击引起的信用社支农贷款变化的脉冲响应。从图中可以看出，信用社支农贷款对农业 GDP 的冲击形成持续的正向响应。一开始为正响应并逐渐增加，在第 4 期达到最大并趋于平缓，第 6 期后稍有下降，第 8 期之后逐渐趋于平稳。这表明农业 GDP 受到冲击后会对信用社支农贷款有一定影响，农业经济有所增长必然推动农业企业的发展及农业产业化发展，进而增加对农村合作金融的需求，支农贷款必然增加。

通过以上对农业 GDP 和信用社支农贷款之间的脉冲响应分析，可以看出这两者之间存在很强的关联性，影响时间长，且具有时滞效应，此结论印证了 VEC 模型的回归结果，说明农业 GDP 与信用社支农贷款之间有紧密的长期均衡关系。为了进一步明确信用社支农贷款的变动对农业 GDP 的影响程度，本书利用方差分解方法分析信用社支农贷款对于农业 GDP 变化的贡献程度。结果如表 3. 6 所示。

表 3.6 农业 GDP 预测误差的方差分解

期	标准误	lnAGDP	lnASL
1	0.000000	100.0000	0.0000
2	0.104969	80.0532	19.9468
3	0.138815	66.9189	33.0811
4	0.166700	56.8411	43.1589
5	0.183088	52.6835	47.3165
6	0.196238	51.1171	48.8829
7	0.205957	51.1473	48.8527
8	0.212871	51.7698	48.2302
9	0.217214	52.5456	47.4544
10	0.219610	53.2078	46.7922

根据表 3.6 显示，在第 1 期，农业 GDP 自身的贡献率达到了 100%，不存在其他变量的贡献率。第 2 期，农业 GDP 自身的贡献率为 80%，信用社支农贷款的贡献率为 20%左右，而在第 3 期，农业 GDP 自身贡献率大约为 67%，信用社支农贷款的贡献率约为 33%，由此可见，信用社支农贷款对农业 GDP 的影响存在一定的时滞性。从第 4 期开始，农业 GDP 自身的贡献率逐步降低到 51%~56%，而信用社支农贷款的贡献率不断增加，由约 43%上升至 49%左右。到第 7 期之后，支农贷款的贡献率增速开始变得缓慢，基本趋于平稳。从长期看，信用社支农贷款的冲击对农业 GDP 变动的解释度为 47%左右，支农贷款对农业 GDP 的增长占据较大的贡献率。这表明在长期均衡中，信用社支农贷款的冲击对农业 GDP 有一定程度的影响，支农贷款对农业 GDP 有较强的拉动作用，说明信用社支农贷款对于农业经济增长有持续且较强烈的推动作用。

3.3.3 结论与建议

本节基于 VEC 模型对 1986~2017 年全国经济发展水平上的农村合作金融与农业经济增长之间的长期均衡关系进行实证检验。结果表明，信用社支农贷款与农业 GDP 间具有长期均衡的关系，而且互为格兰杰因果。信用社支农贷款与农业经济增长之间有较强的关联性，支农贷款对于农业经济增长具有正向的影响，虽然具有一定的时滞性，但对农业经济的拉动作用比较强烈且持久。此外，信用社支农贷款的变动会迅速引起农业 GDP 较大幅度的变化，并且有较长时间的持续性起伏。这说明我国农业经济增长水平随信用社支农贷款变化的波动性较大，也就是说，农村合作金融体系的变动会对农业经济产生一个很大的冲击，它是影响农业经济发展水平的强有力因素。

针对以上实证检验结果，首先，信用社支农贷款作为长期影响农业经济增长的重要因素，这提示政府部门首先应当引入民间资本以及实施惠农的税收扶持政策等方式从资金上推动信用社的深层次发展。其次，加强宏观金融引导作用，侧重于农村合作金融的监管体系建设，敦促信用社开展更多能够满足农民需求的支农服务及金融产品。再次，积极投身于城乡一体化建设，避免农村合作金融资源流向非农地区或非农企业，造成城乡差距越来越大的现象。最后，减少政府的行政干预，引入市场竞争机制，营造一个竞争与监管兼具的农村合作金融环境。

就信用社而言，首先，信用社支农贷款对农业经济增长的影响具有时滞性，说明信用社促进农业经济增长的效果不能立竿见影，处于农村合作金融垄断地位的信用社不能充分满足农村的金融服务要求，开展更丰富的金融业务才能促使其更好地发展。其次，要深刻认识到立足服务“三农”的宗旨，将解决“三农”问题作为最具挑战性的任务。在基础设施方面，扩大县及以下营业网点，增加电子设备，以此满足农民的日常金融服务需要；在人才建设方面，以高福利等方式吸引金融人才进入农村合作金融机构，为更好地开展农村合作金融服务献计献策；在金融产品方面，创新支农金融产品，为广大的农民群众提供适宜的金融服务，扩大农民增收途径，进而促进农业经济增长。

由此我们发现，“三社”作为上述实证分析中两个关键变量的重要组成内容，“三社”共生发展既有农业生产主体又有服务主体的一体化效应，既有政府背景又有市场机制的调节效应，既有纵向产业链又具有横向产业链的扩散效应，这些效应及其加总可以从政府层面和信用社层面更好地促进上述政策建议有效实施，从而侧面地佐证了“三社”共生发展可以有效促进农业经济增长的论点。

第 4 章 “三社”共生系统的理论框架构建

在分析了“三社”共生的理论条件和经验分析的基础上，作为研究“三社”共生关系的核心概念，进一步提出“三社”共生系统的理论分析框架，既可以从宏观层面把握“三社”合作的顶层设计理念和合作环境，也可以从微观层面通过共生理论中的相关内容对“三社”合作进行更为细致的描述和刻画。

4.1 “三社”共生系统概述

在我国特定的国情、农情和社情背景下，将共生的理论和方法引入“三社”合作关系中，可以从微观主体间关系及其优化的层面进行更加深入的分析和论述，从而形成对“三社”共生关系进行研究的一个新的理论分析框架——“三社”共生系统。下文从其概念、基本要素体系、性质和共生界面等方面对“三社”共生系统进行相应的理论阐释。

4.1.1 “三社”共生系统的概念

共生组织模式和共生行为模式的组合共同决定了其系统状态。共生系统也因此具有了多层次性、复杂性的结构特点，这也符合“三社”间的合作关系现状以及自身具有的产业性、网络性和层次性特征。作为研究“三社”共生关系的核心概念，“三社”共生系统是指作为共生单元的专业社、供销社和信用社，在一定的共生环境中通过多种共生模式在所依赖的多个共生界面上进行农产品的生产、流通、金融及科技等多种共生活动而形成的共生关系的总和。具体而言，“三社”共生系统就是在市场经济条件下，受政府的有效引导，“三社”在生产、流通、金融及科技等合作环节中以资本有效运作、人才和技术合作、设施和信息充分共享为基础，追求农业合作经济组织在经济、环境、社会效益最大化为目标而形成的共生关系的总和。

与通常理解的“系统”概念不同，在共生理论假说中，共生系统是由共生单元按照某种共生模式构成的共生关系的集合。本书的“系统”是指“三社”共生关系的集合概念，而不是一般性系统论中认为的系统是由相互作用、相互依赖的若干组成部分结合而成的具有特定功能的有机整体。从这个意义上说，本书的“系统”概念从内涵上看小于系统论中关于系统的界定；从性质上看，更强调共生关系的总和性而不是系统论中强调各组成部分的结构性；从功能上看，更强调共生关系形成的一个封闭的集合体系，而不是系统论中着眼于其各组成部分形成的新陈代谢的过程。

4.1.2 “三社”共生系统的基本要素

（1）共生单元分析。

在“三社”共生系统中，共生单元有专业社、供销社和信用社。但从当前有关三方甚至多方共生的研究现状看，通常做法是通过分类降维后进行分析。根据 Cartwright 和 Harary（1977）的观点，任何一个复杂的社会结构都是由简单结构组成的。系统中任何存在的多大或多复杂的平衡图，都可以分为令人感兴趣的两个子图。从理论上看，虽然供销社和信用社在业务范围、经营范围以及发展状态等方面均存在一定差异，然而，同为农业社会化服务体系的重要组成部分以及合作制农业产业化的中坚力量，两社组织性质上均挂有“合作组织”头衔，业务领域也都致力于面向“为农服务”，两社在为专业社提供服务过程中表现出相似的特点。无论从国家政策支持导向还是谋求自身发展上也有回归“合作制”的价值取向（李涛和张富春，2016）。从实践来看，两社因历史原因又同隶属于省（本）级政府管辖，具有类似的官方背景。同时，在当前“三位一体”背景下，浙江、云南、广西等地都先后在省级或市级层面签订了供销社和信用社的战略合作协议，共同致力于服务农业发展。

基于上述原因，本书将供销社和信用社一并视为同类共生单元，作为“服务型农业合作经济组织”（以下简称“服务组织”）。相对而言，专业社作为生产性农业合作经济组织（以下简称“生产组织”）。服务组织与生产组织无论从产业划分的视角，还是从最终产品的形态来看，均属于异类共生单元。本书假设系统的全部运行都发生在这两类共生单元之间，既包含了所有三个共生单元，同时也有助于更清晰地看出“三社”共生系统运转的本质。

假设：“三社”共生系统内两类共生单元组织间的质参量兼容可以由一组投入产出的关键指标进行衡量，如第 s 个服务组织共生单元的质参量可表达为：

$$Q_s = (Z_{t1}, Z_{t2}, \cdots, Z_{tn}; Z_{c1}, Z_{c2}, \cdots, Z_{cm}) \tag{4.1}$$

第 r 个专业社共生单元的质参量表达为：

$$Yr = (Z'_{t1}, Z'_{t2}, \cdots, Z'_{tn}; Z'_{c1}, Z'_{c2}, \cdots, Z'_{cm}) \tag{4.2}$$

其中，t 表示投入情况，c 表示产出情况。则在 Qs 的产出结构中，至少存在着某一个产出可以由 Yr 中的某一项投入来表示，即：

$$Ztp=\varphi(Z'_{cq}) \quad 或 \quad Z'_{tc}=\eta(Z_{cd}) \tag{4.3}$$

其中，p，q，c，d 均取任意值。假设作为服务组织的供销社和信用社的投入为劳动力、资金、服务网络、人才等，产出有声誉、服务规模和质量等，如表 4.1 所示。

表 4.1 服务组织共生单元的质参量

服务组织质参量	投入				产出		
	Z'_{t1}	Z'_{t2}	Z'_{t3}	Z'_{t4}	Z'_{c1}	Z'_{c2}	Z'_{c3}
	劳动力	资金	服务网络	人才	服务规模	服务质量	声誉

注：Z'_{c1} 中的服务规模主要由供销社和信用社两系统的服务总量构成，主要指供销社当年对农资产品供应及农产品的流通量和信用社当年的支农信贷量等。

生产组织的质参量可用一系列生产活动基本要素来表示。参照梁剑峰（2014）对生产组织的主要质参量分析，本书根据专业社投入产出中的关键指标，构建生产组织的质参量。专业社的投入为劳动力、资金、人才、精深加工技术等，产出有产值、利润、品牌等，如表 4.2 所示。

表 4.2 生产组织共生单元的质参量

生产组织质参量	投入				产出		
	Z_{t1}	Z_{t2}	Z_{t3}	Z_{t4}	Z_{c1}	Z_{c2}	Z_{c3}
	劳动力	资金	人才	技术	产值	利润	品牌

注：Z_{t4} 中的技术只要指对农产品进行精深加工的技术，而不是泛指基本的耕种技术。

由表 4.1 和表 4.2 可以看出，专业社投入中的资金、人才以及技术这几项质参量与服务组织产出中的服务规模和质量之间具有较强关系，意味着专业社以参与社会化服务等多种形式可从服务组织的各项涉农服务中获取其投入所需。例如，专业社投入中的资金与服务组织产出中的支农信贷量（如每年的信用社支农惠农贷款、供销社每年的农业支持款项及项目等）之间也存在质参量关联；此外，专业社产出中的“产值”和“品牌”与服务组织投入中的“服务网络”和“声誉”具备兼容性，意味着服务组织凭借自身所特有的“服务网络”和“声誉”等有形和无形资产可为专业社获取更大的产值并带来品牌效应。与此同时，专业社获取的更大产值也会进一步促进服务组织无形资产的扩大，并与服务组织在业务联系的深度和广度上有更大提高。再者，从供销社的角度，培训农业经营和管理人才是供销社所承担的为农服务功能之一，通过每年不断地为专业社理事及其成员农户提供农业技术指导和培训，构成专业社的生产投入结构中人才来源的一个渠道。专业社也可以通过提出建议和意见等反馈方式，为供销社和信用社在服务质量方面提供来自农业生产一线的需求，以更有效地实现服务产出。图 4.1 表示了专业社和服务组织之间的质参量兼容特征。

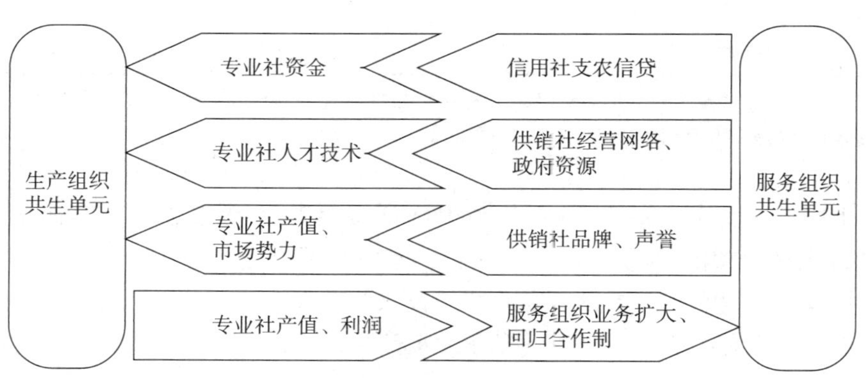

图 4.1 “三社”共生系统中共生单元质参量兼容

如图 4.1 所示，共生单元中的专业社和服务组织存在着至少一组质参量兼容的特性，不仅提供了共生关系形成的基础使得共生关系得到确立和巩固，同时也揭示了“三社”共生系统的形成机理。但有两点需要说明：一是共生单元之间一组相兼容的质参量并非只受彼此影响，还可能受到其他质参量影响。如信用社支农信贷在满足了专业社运营资金需求的同时，信用社还组织农技培训提高社员农业技术从而使农产品产值增加。可见其众多兼容的质参量之间是相互影响，而非一对一影响。二是投入产出结构反映了“三社”共生系统中各单元主体间自变量和因变量之间相互影响、相互补充的关系，这种双向以投入产出为媒介的质参量兼容特征生动地刻画了“三社”共生系统的本质，如图 4.2 所示。

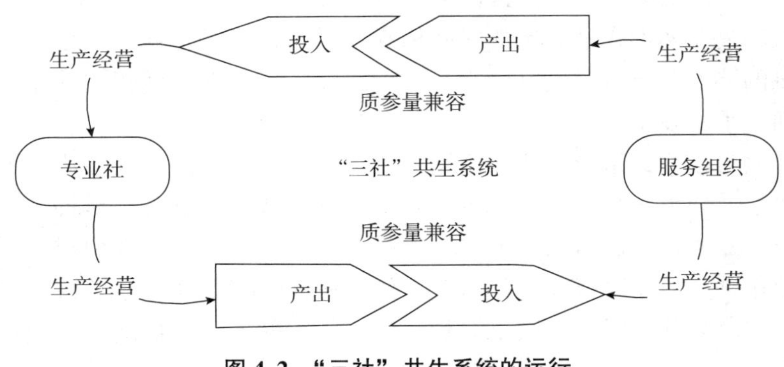

图 4.2 “三社”共生系统的运行

（2）共生模式分析。

“三社”共生系统的共生模式由共生行为模式和共生组织模式共生构成，两者在某一时刻的组合决定了共生系统的整体状态。系统形成的动力基础是共生能量的产生，故其共生行为模式包括偏利共生、非对称互利共生和对称互利共生三种而没有寄生模式。共生行为模式是共生单元相互作用的形态类型，反映了共生单元之间的能量和分配关系，它深刻地揭示了不同共生行为存在和发展的条件和特征。由于在随后的“三社”共生系统稳定性中会对共生行为模式加以详细分析，故本书主要以共生组织模式为代表对系统进行模式分析。

“三社”共生系统其共生组织模式与普遍性共生理论中的相关形式一致，包含了点共生、间歇共生、连续共生和一体化共生，它反映的是“三社”主体间业务关系的紧密程度。因前文对“三社”共生系统中的共生行为模式已经从稳定性条件进行了详细分析，故本节主要对系统内部的共生组织模式进行分析。

从共生组织模式来看，点共生模式是指仅当时间 $t=t_0$ 的情况下，专业社和供销社或信用社进行共生活动；而当共生活动结束后，共生关系随即终止。典型的形式如一次性业务合作等，如供销社向专业社出售农业生产资料，或者信用社贷款给专业社等一次性市场交易行为。通过一次性提供业务服务给专业社使用，两者业务终止时随机共生的活动不再存在。

间歇共生模式则是在不连续的时间段 t_1，t_2，…，t_n 内，专业社共生单元和供销社或信用社共生单元间存在共生关系；而在其余时间，共生关系则处于断开的状态。典型的共生形式供销社负责培训农民、信用社发放惠农信贷时期等。在一段时间内，两者在不确定的时间内存在需求沟通的接触，以便供销社和信用社提供的涉农服务可以更好地满足专业社需求，而两者间任何共生关系在非接触时间几乎不发生。

连续共生模式是指专业社和供销社或信用社在连续的时间段内，始终存在着共生关系。如供销社领（合）办专业社发展模式就是这种连续性共生模式的典型例子。专业社和供销社为了实现优势互补，一段连续时期内成立一个新专业社，合作进行农业生产和经营活动。新专业社存续期间共生关系一直连续存在。若两方因某种原因一方撤出导致合作终止，共生关系也随两共生单元的解散而终止。

一体化共生模式表示专业社与供销社、专业社与信用社甚至专业社与供销社和信用社三者相互融合，各自独立的功能和性质都将消失，而都成为共生体的一个组成部分，承担着组成部分相对应的新的功能和性质。根据主导单元不同，一体化共生模式可以分为供销社主导、信用社主导和专业社主导三种类型。一体化共生模式的典型代表是共建经济实体。经济实体的合作形式有股份制公司、有限责任公司以及专业社等。在股份制公司形式中，任意两社或“三社”均持有该经济实体的一部分股份，在产权清晰的前提下实行企业化运作经营。例如，温州市瓯海区率先成立了全国首家“三位一体”实体公司——瓯海农合实业发展有限公司。这是一家由“三位一体”合作组织投资的股份公司，瓯海农商行董事长兼任公司董事长。这种共生模式使得“三社”间质参量的兼容性更加提高，稳定性相对更强，能量生成和能量分配实现了一体化。此外，还有其他一体化共生形式，如浙江组建成立了省市县乡涵盖四级的农民合作经济组织联合会（以下简称农合联）等非政府组织机构等。

本书将四种“三社”共生组织模式的特点绘制在表 4.3 中，其中黑色圆形代表专业社，白色圆形代表供销社和（或）信用社。

表 4.3 “三社”共生组织模式的基本特点

共生组织模式	不同时刻模式示意图	关系说明
点共生模式	t_0 时刻： t_0 时刻外：	仅在 t_0 时刻具有共生关系，t_0 时刻以外时间不存在共生关系
间歇共生模式	t_0 时刻： $t_0 \sim t_1$ 时段内： t_1 时刻： $t_1 \sim t_2$ 时段内： ……	在不连续的时刻内，如 t_0，t_1，t_2…具有共生关系，而其他时段不存在共生关系
连续共生模式	在较长的时间段 t 内：	在连续时间段 t 内具有共生关系
一体化共生模式	在无限期的时间段 t 内：	互为共生体的组成部分

实践中，专业社因各自规模、从事行业具有异质性。为了防范金融风险，信用社需要制定不同的信贷政策。供销社和信用社更偏好与规模大、处于行业重点或者具有示范社称号的专业社之间建立稳定的合作关系。这些专业社得到政策支持的机会多，具有一定的闲散资金，抗风险能力和经营实力都比中小型专业社强，与供销社和信用社的共生匹配度更高。通常“三社”间合作多介于间歇共生与连续共生组织模式之间，而趋近于连续共生。但如果其中某一共生单元如信用社管理层或专业社经营状况发生变动，使得共生界面发生变动，将会打破这种连续共生的趋向，造成共生关系的不稳定状态。共生关系会随着共生界面的必然性和随机性处于交替变化中，共生模式也随之交替变化。

相对于规模大型的专业社，中小型专业社在经营实力、资信状况、市场风险等方面具有劣势而面临更大的倒闭风险。以信用社为规避风险选择适合的贷款对象为例，考虑到其贷款风险及利润预期，通常只会贷款给专业社一次而形成很不稳定的点共生模式关系。如果前期合作效果良好，信用社会逐渐增加对中小型专业社贷款的额度和次数，进一步走向间歇性共生模式。但总体而言，双方的共生匹配度水平低，共生界面阻力较大，体现出间歇共生模式的特点。“三社”共生组织模式如表 4.4 所示。

表 4.4 “三社”共生组织模式比较

共生组织模式	表现形式	共生界面特点	共生状态
点共生	多发生于“三社”间偶发性的一次性业务合作	阻力很明显，介质单一	极不稳定
间歇共生	多发生于“三社”间有少量几次合作，如供销社定期组织培训负责人或者入社农民、信用社发放惠农信贷	阻力较明显，少数介质	不稳定
连续共生	“三社”间是合作关伙伴系，如供销社领（合）办专业社、供销社与信用社签订战略合作协议	阻力作用小，介质多样化	较稳定
一体化共生	专业社与信用社融合发展，如共建经济实体、联合成立非政府组织等	阻力作用最小，介质多样化且成互补态势	稳定

（3）共生环境分析。

在多主体建构、多阶段协同、多要素耦合的“三社”共生系统中，各类共生单元间不仅存在复杂的物质和价值交换、多方利益的博弈与冲突，还受到技术、市场、制度、社会和环境等外生不确定性因素对共生环境的影响和制约，这些干扰容易造成系统动荡、萎缩乃至崩溃、瓦解。“三社”共生系统中，外生的共生环境从作用方向看可分为正向、中性和反向三种类型，只有正向的共生环境才会对系统功能起到推动和促进的作用，中性和反向的共生环境不能推动甚至可能会使系统运转受到限制。同时，共生环境也会与共生单元之间产生物质、信息和能量的交换。共生环境还会影响系统结构。某个共生单元在不同的共生环境里处于整个系统结构的主导地位，其他共生单元则处于从属地位。当然，共生环境和“三社”共生系统之间的关系也并非一成不变，两者在时空变化下也在相互适应并发生改变，从而形成新的关系组合。“三社”共生系统的共生环境有：

1）政策环境。政策环境是指政府为了鼓励“三社”共生而制定的各种相关政策。“三社”作为农业合作经济组织体系和合作制农业产业化的重要组成部分，同时也是农村社会经济系统的重要组成部分，不可能脱离“三农”政策环境而独立发展。因此，促进农业合作经济组织间共生合作的政策环境是构建与优化“三社”共生系统的重要内容。关于合作社与政府之间的关系，西方合作学者 A. F. Laidlaw 认为这是一个很复杂的社会经济问题。理由是：第一，两者关系是合作社内部争议最大的问题；第二，两者关系在各国差异很大，没有一个世界公认的统一标准；第三，两者关系在同一国家的不同地区、不同合作社类型以及不同时代条件下都存在相当大的影响差异。然而，由于合作社在获取和占有诸如物质、技术和制度等资源方面均处于相对劣势地位，无论哪个国家的政府都会不同程度地参与作为弱势群体联合的合作社事务。政府参与合作社事务主要体现为四种方式：一是政府不参与合作社的特别管制和运营；二是政府对合作社只有一般的关心，如劝告、教育、调查研究等；三是政府出面成立合作社并予以管制，如合作社的登记注册和财务监督等均由政府完成操作；四是政府全面支援和利用合作社，如给予合作社补助金、政府选派合作社领导人以及为达到政策目的而利用合作社。此时的合作社已不是合作社事业，而成为有一定政治性的合作社运动了。斯大林时期的集体农庄和我国的人民公社时期就属于最后一种关系模式。我国政府对合作社积极扶持和引导，主要体现在使用财政、税收、金融和产业政策工具等促进合作社的内部经营环境和外部市场环境的改善和优化，同时对其运营进行必要的管制和约束。从我国当前合作社与政府之间的关系来看，应属于第三种方式，也比较符合当前我国“三农”发展的实际情况。

2）经济环境。经济环境是指“三社”共生系统所处的外部社会经济条件，主要有所处地区的社会经济体制、经济发展水平、市场规模、产业结构、农业劳动力数量与结构和城市化程度等多种因素。经济环境是由多种因素的共同作用造就的结果，与“三社”共生系统的发展关系十分紧密。通常，“三社”共生系统的稳定性和效率在经济环境优越的区域也较好，即共生作用效果也越明显，反之则不然。“三社”共生系统本质上是一个经济系统，优化经济环境将会对“三社”共生系统提供直接的促进和支持作用。

3）信息环境。信息环境是指“三社”共生系统中的共生单元接触可能的信息和传播活动的总和构成的环境，主要有农业市场信息、技术信息、农产品信息以及金融信息等因素，这些信息不仅是知识，更是特定的观念和价值的集合。农业市场信息主要指系统中所涉及农产品的供求状况和价格等。技术信息指系统中所涉及的技术在专业程度和应用推广可行性上的情况。农产品信息是系统中农产品本身的性质、功能以及加工配送等一系列信息。金融信息则是国家金融支持政策和利率政策等。共生发生的充分条件之一即为共生单元累积对方的信息丰度达到某一临界值，足以可见信息对共生作用影响之大。系统中

“三社”各方在外部信息环境较好的条件下，其他方的信息量也更容易被捕获并不断积累，快速而高效地促进共生关系形成。

4）空间环境。空间环境是指在“三社”共生系统中共生单元的数量、密度和关系的结构分布在一定区域内所呈现出的空间特征。通常，在单位区域内系统共生单元的数量是共生关系形成的组织基础，共生单元的密度和共生关系的结构分布对共生关系的形成能力密切相关，一般表现为正相关关系。与产业集聚效应相类似，如果单位区域内的共生单元密度稀疏，则共生关系也较难形成。优良的单元分布特征造就了良好的空间环境，有利于具有良性循环局面的共生系统形成和发展。

5）社会环境。社会环境是指“三社”共生系统中共生单元的关系网络、信用状况、信任状况、合作制文化氛围以及相关的法律规范等因素。共生单元自身所具有的关系网络与系统的发展息息相关，是系统稳定性和效率的正向作用力。内部各单元的自身信用状况越高、相互信任度越强，则违约的风险越低，社会规范程度越高。外部良好的合作制文化氛围和法律制度有助于共生主体间建立更加完善、彼此信任的高信用共生关系，同时，内部社会环境因素对外部氛围和法制的规范起到内因的作用，两者相辅相成。“三社”共生系统环境如图 4.3 所示。

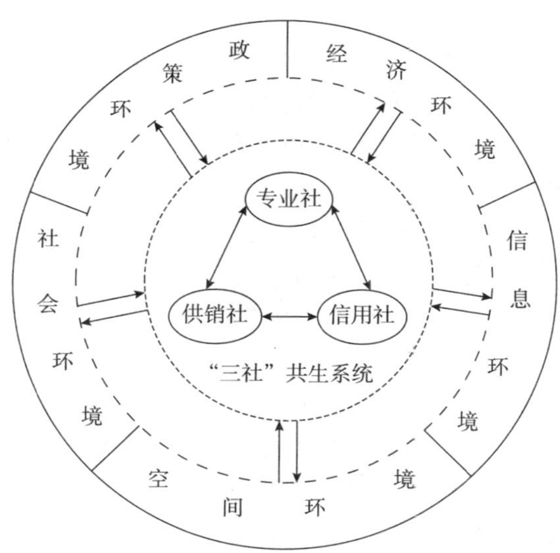

图 4.3 “三社”共生系统的环境

4.1.3 “三社”共生系统的性质

作为隶属于生态系统的一个组成部分，“三社”共生系统在具备生态系统的共性特征外还至少包含如下四个基本性质：

（1）融合性。

融合是在产业共生框架下共生存在的前提，即融合性是“三社”共生系统的首要特性。“三社”共生系统是由不同领域的不同合作经济主体构成一个共生系统，在开展涉农业务活动中以相互融合为基础，并相互交叉、相互渗透，逐渐融为一体。在涉农政策执行、业务合作和工程项目建设等相关的活动过程中可以超越组织间的边界，实现资源互补和增值。

（2）互动性。

共生的基本特征是物质、信息和能量在各主体间不断交换。“三社”共生系统各共生单元间关系的维系、促进是物质、信息和能量不断交换的互动基础，也是“三社”实现交往并互相学习的重要保障。由此，互动性是系统产生共生行为的主体体现。在共生系统的整体框架下，各主体通过契约作为约束条件，以互利作为连接机制和目标，通过互动给系统带来优良效益。

（3）协调性。

这一特性包含数量协调和质量协调两方面。数量协调是通过数理关系的推导得出系统各阶段的最优组合方式。而质量协调看重“三社”间相互协调发展的效率。如在“三社”共生系统中各共生单元之间通过融合和互动，如何能通过较少的投入实现专业社产出、专业社数量以及入社农户数量等较多的产出，这些是“三社”共生系统运行过程中不得不考虑的效率问题。数量协调和质量协调都存在于“三社”共生系统运行的每一个环节中，且在不同实践条件下两者也会相互转化。

（4）价值性。

“三社”共生系统具有价值性，共生关系包括促进农产品规模化生产、提高农产品流通效率、实现供销社和信用社回归为农服务等各种类型，但共生的根本目的是要实现小农户或者组成起来的小农户和现代农业发展的有机衔接。

上述四个性质之间并非孤立存在，而是相互依存、相互辅助的。其中融合性是“三社”共生系统存在的基础，互动性和协调性是系统运行的途径，价值性是系统运行的最终目标。

4.1.4 “三社”共生系统的共生界面

（1）“三社”共生系统中共生界面的内涵。

共生界面指主要是为物质流、信息流和能量流的传递与交换提供通道和媒介。“三社”共生系统具有依赖特征，即其形成、运行及其演化并非是孤立存在的，必须要依托特定的共生界面，即共生界面是共生能量生成的基础平台和传输通道。“三社”共生系统中，收益是共生界面的动力，成本是阻力。它一般由一组具有不同媒介功能的共生介质组成，与共生环境相统一，主要涉及经济、法律和制度等方面。“三社”共生系统是个复杂的经济系统，涉及多种多样的共生介质组成的内容广泛的共生界面，深刻影响着“三社”共生系统的形成和运转。

（2）“三社”共生系统中共生界面的分类。

从是否有具体表现形式来看，“三社”共生界面分为有形和无形两种类型。在“三社”共生活动中货币、互联网就属于有形共生界面，经济政策、制度、信息以及信用等就属于较为典型的无形共生界面；从是否有媒介来看，“三社”共生界面分为有介质和无介质两种类型。在“三社”共生系统中，中介机构和合作协议是较为典型的有介质共生界面。专业社与供销社或信用社的合作有时是通过政府，政府担任着中介机构的职责和属性。双方或者三方直接合作，需签订各种契约或者合作协议等；从共生界质数量来看，“三社”共生界面是一个以多重介质共生界面相互间作用的复杂经济系统，而非单一介质；从共生界面的形成原理来看，“三社”共生界面有内生和外生共生界面两种类型。“三社”共生系统中，各组织即会根据实际情况而调整自身产品或者标准、制度等以形成内生共生界面，同时政府的支持和引导会促进形成外生共生界面。

（3）“三社”共生系统中共生界面的功能。

前文已对共生界面进行了概念界定，即共生界面指主要是为物质流、信息流和能量流的传递与交换提供通道和媒介，故共生界面的主要功能是促进“三流”的交换。第一，共生界面具备着物质流的交换功能。例如，在鱼菜共生系统中，鱼类的排泄物主要成分是氨氮，氨氮为微生物提供了食物，同时微生物将氨氮分解成硝酸盐，硝酸盐可以直接被植物作为营养吸收利用，成为水培蔬菜的肥料，三者之间通过物质传递形成共生。在“三社”共生系统中，服务组织和专业社基于产业链的不同环节同样存在物质的交换，如农产品、农资及农机设备等。有序传递这些产品只有依赖运载工具和农业技术等共生界面才能实现。第二，共生界面具备着信息流的传递功能。在“三社”共生系统中，一些政府、农合联等中介机构、政策以及互联网等无形或者有形共生界面实质即为信息传递的架桥者和基础平台。信息流通过共生界面源源不断地传递给各共生单元，为“三社”共生能量的产生创造了条件。第三，共生界面具有能量流的传导功能。共生能量的产生是共生合作得以维系的基础和前提。共生能量的传导过程即为共生单元之间按照一定的规则进行分配的过程。在“三社”共生系统中，共生能量即为产生的价值，这种价值包括有形价值和无形价值两种。其中，货币作为典型的有形共生界面，可用来衡量和结算有形价值，货币结算的过程即为能量流的传导过程。无形价值有时候也可用价值来衡量，但需要高度健全的市场体系和配套服务。无形价值的影响是深远的，可能不是暂时性获利，但是长期获利的资本和保障。第四，共生界面促使共生序的建立功能。共生序是约束和规范共生关系有序开展的一种规则和尺度。例如，信用、货币及合作协议等作为“三社”共生系统的共生界面，信用提供了共生前提。“三社”共生系统中，共生关系得以形成缘于供销社、信用社所提供的服务正是专业社进行生产所需要的。有效的服务与最终农产品产值之间存在正相关关系，这种正相关关系的成立需要有个前提，即存在一个规范问题。这一规范或是国家政策、签订的合作框架（协议）及国际惯例等，构成了“三社”共生界面之一。各方均受共生界面约束，也为其各项功能的发挥提供了保障与监督，从而有效保证了共生方的兼容和共生关系的持续运转。第五，共生界面为共生关系提供中介作用。由于物质、能量及信息在现代经济活动中交流迅速，共生界面的中介作用越来越显著。在“三社”共生系统中，农合联组织、政府机构、农业协会及合作社联合社等构成了具有中介作用的共生界面，各方的共生需求汇集于共生界面上进行匹配。为了使“三社”间结合更具便捷性和匹配性，多种内生的或外生的中介组织发挥着重要作用，帮助“三社”实现更大的市场利润和社会价值。综上，共生界面通过这五种功能体现并发挥着重要的介质和通道作用，同时也构成了“三社”共生系统运作的重要媒介基础，如图 4.4 所示。

其中需要说明三点，首先，上述“三社”共生界面的五大功能并不是孤立存在的，相互之间也是存在着功能的传递或者循环过程的，其功能并不总是同时起作用，而且功能作用也并非总为互补，有时候可能会有矛盾和冲突而抵消掉一部分作用。其次，五大功能发挥作用也是有层次的。“三流”交换功能作为共生界面存在的根本目的，是直接功能，中介功能和促进共生序的建立是为

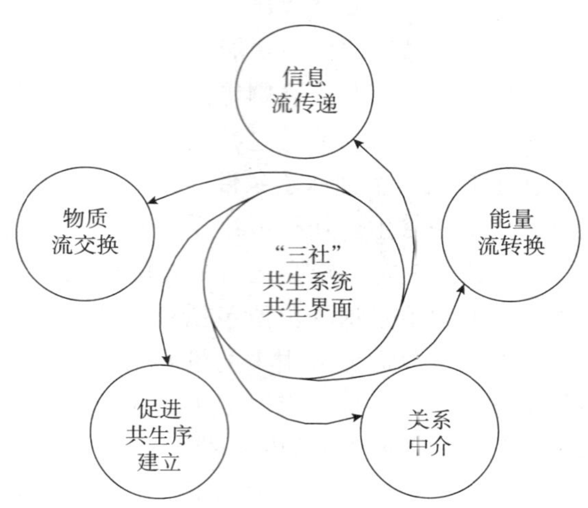

图 4.4 “三社”共生界面的功能

促进“三流”交换服务的，是间接功能。最后，从广义上说，“三社”共生系统本身就拥有着共生界面的内涵，自身就是一个复杂的共生界面，其中的各种有形的或无形的介质呈网络状、立体状、多层次状。所以，对“三社”共生界面的内涵、分类即功能都要把握一个系统的整体理解。

4.2 “三社”共生系统的稳定性分析

4.2.1 Logistic 模型假设

Logistic 模型最早由 Verhulst 于 1938 年提出后，作为一种主要用来描述和分析生态学领域种群规律的方法，常用来刻画种群之间的共生关系。从生态学视角，服务组织和生产组织的种群密度受很多因素的制约，如资源、技术、制度及其他因素等，“三社”种群密度的演化也适用于 Logistic 增长模型来描述。所以，本书借助 Logistic 增长模型从共生能量的生成和分配两方面来研究“三社”共生系统的稳定性条件特征。由于“三社”主体在共生关系中会获取共生能量，故将“三社”视为在 Logistic 模型中的能量主体。

研究假设 1：在一个简单经济系统里，只有一个服务组织部门和一个专业社生产部门，共生关系就发生在服务组织与专业社两部门之间，系统中任一能量主体存在会推动系统能量的增长。原因在于规模效益、外部效益、专业化分工与协作等可以通过降低交易成本、改善创新条件、积累名声等集体财富以及创造信息和专业化制度等方式有效提高系统效率，从而提高系统内能量产出水平。

研究假设 2：设共生系统中专业社为 z，而服务组织为 f，假设在 t 时刻专业社和服务组织的实际能量分别为 $S_z(t)$ 和 $S_f(t)$。这里的自变量 t 除了表示时间以外，还表示其他所有影响实际能量水平要素变化的含义，如信息、技术、专业化、分工和交易成本等，因为这些要素都可以简化为时间 t 的函数，故时间 t 表示更为宽泛的含义，也更符合实际。并且，由于共生机制和环境作用，自变量 t 对能量产出的影响是非线性的。

研究假设 3：在一定的时段内，假设某一空间范围内各能量主体的各种要素禀赋既定，各种生产要素有效组合形成了资源充分利用的最高能量状态。当专业社与服务组织各自独立时的最高能量分别为 N_z 和 N_f，因为 N_z 和 N_f 取决于专业社和服务组织的自身特征，故为既定的。这里暗含的另一假定为：各主体的能量增长率都随能量水平的提高而呈边际下降趋势。

研究假设 4：$\frac{S}{N}$表示能量主体的自然增长饱和度，自然增长饱和度阻碍了主体产量的增长。当前约束条件下，$\left(1-\frac{S}{N}\right)$表示共生单元未能实现的能量占比，即自然增长饱和度对能量增长的阻力作用。于是$\frac{S_z(t)}{N_z}$和$\frac{S_f(t)}{N_f}$表示 t 时刻参与共生关系的专业社和服务组织的自然增长饱和度，故$\left(1-\frac{S_z(t)}{N_z}\right)$和$\left(1-\frac{S_f(t)}{N_f}\right)$则表示某时刻两者未能实现的能量占比。专业社的自然增长饱和度对于服务组织能量增长的贡献程度用 G_f 表示，反之为 G_z。若双方存在共生关系则通常 $G_z>0$，$G_f>0$。若设定专业社对自身增长的阻力作用为 D_z，则当 $G_z>D_z$ 时，表示服务组织对于专业社能量增长的促进作用大于专业社自身的自然增长阻力作用；同理，当 $G_f>D_f$ 时，表示专业社对服务组织能量增长的促进作用大于其自身的自然增长阻力作用。在独立状态下，专业社与服务组织各自的能量增长服从 Logistic 模型，确定值 r_z 和 r_f 分别设定为其平均自然增长率。

由上述设定，可以得出专业社 z 和服务组织 f 在未参与“三社”共生系统时的能量增长模型。专业社 z 在独立条件下的能量增长模型为：

$$\frac{dS_z(t)}{dt}=r_zS_z\left(1-\frac{S_z}{N_z}\right) \tag{4.4}$$

同理，服务组织 f 在独立条件下的能量增长模型为：

$$\frac{dS_f(t)}{dt}=r_fS_f\left(1-\frac{S_f}{N_f}\right) \tag{4.5}$$

得到专业社和服务组织分别在独立条件下的能量增长模型后，这时将共生关系引入，随即分析“三社”主体参与不同类型共生关系的稳定性条件特征。

4.2.2 不同类型共生关系稳定性条件分析

由于寄生失去了经济学意义上共生关于互利合作的内涵，于是将其排除，故本节主要基于另外三种行为模式类型对“三社”共生稳定性条件展开分析。

（1）偏利共生模式。

专业社和服务组织之间形成一种偏利共生模式中，顾名思义，并非所有共生单元都能从共生活动中获得共生能量，而是一方获得全部共生能量，另一方毫无所得，但不会是负数，即另一方原有利益不会遭受损失。参与共生后与独立存在时的能量增长完全等同。该模式反映出毫无所得的一方必定具有某种程度上的利他性，这种利他性既可能是自主的，也可能是非自主的，且这种利他性并不会影响其自身的生存与发展。这一共生过程可以用图 4.5 来表示。

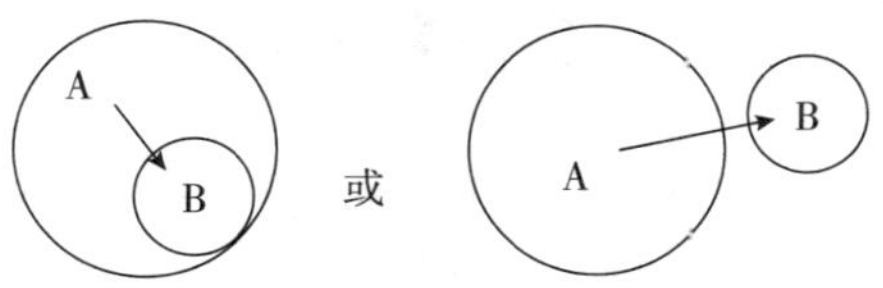

图 4.5 专业社和服务组织偏利共生关系

我国在合作经济发展方面特殊的国情，造就了供销社和信用社特殊的社情。在涉农服务业务的具体实践过程中，两社兼具服务职能和经营职能两项业务范围。从服务职能来看，因为两社合作组织属性使其兼具不以营利为目的的公益性质，故在专业社和服务组织共生活动中，假设专业社获得全部共生能量，而服务组织在处于偏利共生关系下与独立状态时的能量增长方程一样，即：

$$\frac{dS_f(t)}{dt}=r_fS_f(1-S_f/N_f) \tag{4.6}$$

专业社在偏利共生关系中是获利的一方，其能量增长方程可以表示为：

$$\frac{dS_z(t)}{dt}=r_zS_z(1-\frac{S_z}{N_z}+G_z\frac{S_f}{N_f}) \tag{4.7}$$

而两者形成偏利共生关系时的能量增长方程为：

$$\begin{cases}\dfrac{dS_z(t)}{dt}=r_zS_z(1-\dfrac{S_z}{N_z}+G_z\dfrac{S_f}{N_f})\\ \dfrac{dS_f(t)}{dt}=r_fS_f(1-\dfrac{S_f}{N_f})\end{cases} \tag{4.8}$$

式（4. 8）为非线性方程组，需将其先化为线性方程，然后对方程组求稳定解。

假设有函数 $g(S_z,S_f)=0$，$h(S_z,S_f)=0$，将其代入，得到：

$$\begin{cases}g(S_z,S_f)=\dfrac{dS_z(t)}{dt}=r_zS_z(1-\dfrac{S_z}{N_z}+G_z\dfrac{S_f}{N_f})=0\\ h(S_z,S_f)=\dfrac{dS_f(t)}{dt}=r_fS_f(1-\dfrac{S_f}{N_f})=0\end{cases} \tag{4.9}$$

推导后得到方程的解为：$P_1=(N_z(1+G_z),N_f)$，$P_2=(0,0)$，也为式（4. 8）的平衡点。

对式（4. 8）在给定点 $Q(S_z^0,S_f^0)$ 泰勒展开，保留常数项和一次项后有：

$$\begin{cases}\dfrac{dS_z(t)}{dt}=r_z(1-\dfrac{2S_z}{N_z}+G_z\dfrac{S_f}{N_f})(S_z-S_z^0)+r_zG_z\dfrac{S_z}{N_f}(S_f-S_f^0)\\ \dfrac{dS_f(t)}{dt}=r_f(1-\dfrac{2S_f}{N_f})(S_f-S_f^0)\end{cases} \tag{4.10}$$

列出其系数矩阵为：

$$K=\begin{vmatrix} r_z\left(1-\frac{2S_z}{N_z}+G_z\frac{S_f}{N_f}\right), & r_zG_z\frac{S_z}{N_f} \\ r_f\left(1-\frac{2S_f}{N_f}\right), & 0 \end{vmatrix} \tag{4.11}$$

将两个平衡点解代入系数矩阵 K，由微分方程稳定性定理可知 $P_2=(0,\ 0)$ 不构成方程的稳定解，应舍去。而 $G_z>0$，$G_f=0$ 是点 $P_1=(N_z(1+G_z),\ N_f)$ 作为方程稳定解的充要条件。

当专业社和服务组织达到偏利共生稳定状态时，双方的实际能量解为：

$$N_z^0=N_z(1+G_z),\ N_f^0=N_f \tag{4.12}$$

由 $N_z^0>N_z$ 可见，专业社一方获取全部共生能量，即只要偏利共生关系必须对服务组织一方不造成能量损失，且这两个条件都满足的情况下则偏利共生关系可稳定存在，服务组织和专业社在共生关系中的稳定能量状态分别为 $N_z(1+G_z)$ 和 N_f，服务组织等于单独运转时的能量，而专业社的能量则比独立运转时要大。

（2）非对称互利共生模式。

与上述偏利共生模式相对应的是互利共生模式，“互利”是指共生单元各方均受益。虽然是共同受益，但各方受益的均等程度可能有所不同，故又可细分为非对称和对称互利共生两种模式。该模式形成的原因是两者在共生关系中处于一种不平衡的地位，造成各自获取的能量值是不相等的，即一方较多而另一方较少。处于主导地位的共生单元一方对于能量的分配比例具有更强的操控性，因此这种共生模式也是一种依托型的共生模式。相应地，处于从属地位的共生单元方在能量分配比例上的话语权较弱，所以获取的能量相对较少。但只要加入共生关系，无论处于从属还是主导地位都会获得比自己独立运作更多的共生能量。图 4.6 表示了这种非对称互利共生模式能量的传递。

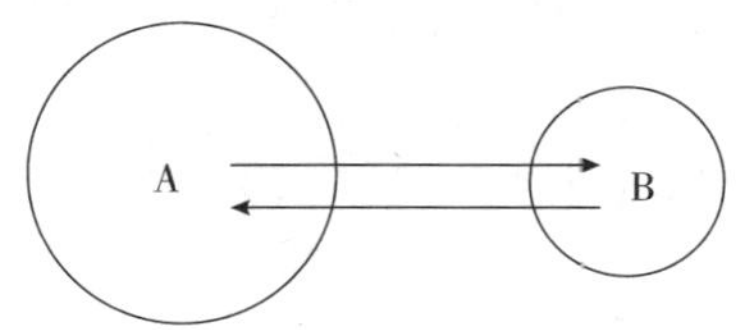

图 4.6　专业社和服务组织非对称互利共生模式

理论上讲，处于主导地位的共生单元既可能是服务组织，也可能是专业社。然而因我国供销社和信用社具有半官方性质，相对于专业社发展具有一定的主导优势，如现实中存在的供销社领（合）办型专业社，就是以供销社为依托的专业社发展模式。信用社也因其具有正规性农村合作金融机构的身份以及其所拥有的金融资源而在与专业社的合作中表现出相对强势地位。鉴于实际情况，假设当共生关系一旦确立，即使服务组织作为共生关系的主导方，专业社的能量增长也会提升服务组织的能量增长，于是有：

$$\frac{dS_f(t)}{dt}=r_fS_f\left(1-\frac{S_f}{N_f}+G_f\frac{S_e}{N_e}\right) \tag{4.13}$$

实际上，随着专业社农产品利润额增加或专业社数量的增长，服务组织市场服务对象的数量和范围也会相应得到广化，从产业组织学 SCP 理论视角看，服务组织市场结构优化必将对其市场行为和市场绩效产生正向影响。

对于专业社而言，由于其资金缺乏、市场信息获取不及时和流通渠道不畅等多方面原因，导致其对服务组织具有一定程度的依赖性。专业社若未参与到共生活动中，其独立状态下能量水平会降低趋近于 0，故其独立状态下能量增长方程为：

$$\frac{dS_z(t)}{dt}=-r_zS_z \tag{4.14}$$

专业社参与到共生活动中后，服务组织为专业社提供稀缺要素，有效促进了专业社发展。此外，考虑到专业社还有自身增长的阻力作用等情况，其与处于主导地位的服务组织共生过程中的能量增长模型为：

$$\frac{dS_z(t)}{dt}=r_zS_z\left(-1-\frac{S_z}{N_z}+G_z\frac{S_f}{N_f}\right) \tag{4.15}$$

将式（4.13）和式（4.15）组成的方程组线性化，可得到非对称互利共生模式下的平衡点解，即：$P_1\left(\frac{N_z(-1+G_z)}{1-G_zG_f}, \frac{N_f(1-G_f)}{1-G_zG_f}\right)$，$P_2(0, 0)$。

并将上述方程组在点 $Q(S_f^0, S_z^0)$ 处进行泰勒展开，并保留一次项和常数项，则：

$$\begin{cases}\frac{dS_z(t)}{dt}=r_z\left(-1-\frac{2S_z}{N_z}+G_z\frac{S_f}{N_f}\right)(S_z-S_z^0)+r_zG_z\frac{S_z}{N_f}\right)(S_f-S_f^0)\\ \frac{dS_f(t)}{dt}=r_f\left(1-\frac{2S_f}{N_f}+G_f\frac{S_z}{N_z}\right)(S_f-S_f^0)+r_fG_f\frac{S_f}{N_z}(S_z-S_z^0)\end{cases} \tag{4.16}$$

同理，点 $P_2=(0,0)$ 是非稳定解应舍去，而 P_1 成为稳定解的充要条件是同时保证 $G_z>1$，$G_f<1$，$G_zG_f<1$。此时两者的能量状态为：

$$\frac{N_z(-1+G_z)}{1-G_zG_f}>N_z,\quad \frac{N_f(1-G_f)}{1-G_zG_f}>N_f \tag{4.17}$$

可以看出，且有 $N_z^0>N_z$，$N_f^0>N_f$，即两者在稳定状态下参与非对称互利共生活动的能量增长比独立运转时的状态高。当然在现实中，也有很多经营效益良好的专业社在与服务组织的共生关系中也可能处于主导地位，同理也可证明，当专业社作为处于主导地位共生单元时，两者能量状态为：

$$\frac{N_z(1-G_z)}{1-G_zG_f}>N_z,\quad \frac{N_f(-1+G_f)}{1-G_zG_f}>N_f \tag{4.18}$$

（3）对称互利共生模式。

作为最有效率和稳定性的共生形态，该模式下，专业社与服务组织在共生关系中都可获取大体相当的能量。两者的对称互利共生模式合作关系如图 4.7 所示。

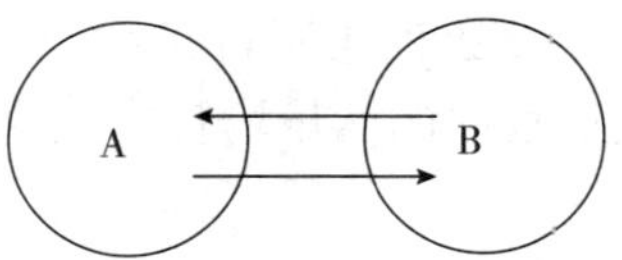

图 4.7　专业社和服务组织对称互利共生模式

对称互利共生条件下，由于两者体量差别不大，每个共生单元加入一个附加项 $G\frac{S}{N}$ 到自然增长阻力程度 $\left(1-\frac{S}{N}\right)$ 中，则两者增长模型可表示为：

$$\begin{cases}\dfrac{dS_z(t)}{dt}=r_zS_z\left(1-\dfrac{S_z}{N_z}+G_z\dfrac{S_f}{N_f}\right)\\ \dfrac{dS_f(t)}{dt}=r_fS_f\left(1-\dfrac{S_f}{N_f}+G_f\dfrac{S_z}{N_z}\right)\end{cases} \tag{4.19}$$

与前文同理，通过假设函数为 0 可以得到线性的方程组增长模型，经过推导和计算可以得到，$P_1\left(\dfrac{N_z(1+G_z)}{1-G_zG_f}, \dfrac{N_f(1+G_f)}{1-G_zG_f}\right)$，$P_2$（0，0）为模型 4.19 的平衡点解。

同理，可以将模型在点 $Q(S_z^0, S_f^0)$ 处进行泰勒展开，并且仅保留常数项和一次项，同理 P_2（0，0）应舍去。$G_zG_f<1$ 构成 $P_1\left(\dfrac{N_z(1+G_z)}{1-G_zG_f}, \dfrac{N_f(1+G_f)}{1-G_zG_f}\right)$ 作为对称互利共生关系稳定解的条件。由对称互利共生的特征可知，$G_z<1$，$G_f<1$。因此，当专业社和服务组织的稳定状态达到时，两者的实际能量解分别为：

$$N_z^0=\frac{(1+G_z)}{1-G_zG_f}N_z,\quad N_f^0=\frac{1+G_f}{1-G_zG_f}N_f$$

即专业社和服务组织参与共生状态下的能量水平高于其独立运转时的能量水平，各自都获得了共生能量。

4.2.3 结论与启示

行为模式的划分是基于利益的产生及分配为出发点的，由于寄生模式缺乏经济学研究意义故将其排除。表 4.5 为其余三种典型的“三社”共生关系达到稳定状态的条件和能量状态，可以为实践中“三社”共生单元的决策活动提供一些理论依据和指导。

表 4.5 “三社”共生系统稳定性条件和能量状态

共生关系类型	条件	能量状态
偏利共生	$G_z>0$，$G_f=0$	$N_z^0>N_z$，$N_f^0=N_f$
	$G_z=0$，$G_f>0$	$N_z^0=N_z$，$N_f^0>N_f$

续表

共生关系类型	条件	能量状态
非对称互利共生	$G_z>1$，$G_f<1$，$G_zG_f<1$	$N_z^0>N_z$，$N_f^0>N_f$
	$G_z<1$，$G_f>1$，$G_zG_f<1$	$N_z^0>N_z$，$N_f^0>N_f$
对称互利共生	$G_z<1$，$G_f<1$	$N_z^0>N_z$，$N_f^0>N_f$

综上所述，偏利共生模式在理论上并没有实现共赢目的，因此，在现实中也仅在供销社和信用社为农服务的职能定位中体现。从经济学意义上，如果排除了政府行为，偏利共生模式或者不存在，或者只是暂时现象，作为向互利共生演化发展的过渡形态模式。即便是兼有政府赋予的为农服务职能的服务型合作组织，自身同时在进行企业化运作，也需要在完成自身经营职能的前提条件下，才能有效执行服务职能。所以偏利共生模式作为一种政府对“三农”的扶持手段之一，得以在现实中存在。但是需要指出的是，在政府赋予供销社和信用社服务“三农”的职能中，因为处于偏利的状态，所以在具体履行过程中可能有所变形，无论是服务范围、深度还是最终结果都有很多不尽如人意之处，甚至有些地方出现了“挣农民的钱”而不是“服务农民”的价值扭曲现象。所以，即便存在政府赋予的服务职能，各方也需要逐渐向互利共生模式转化方能以实现双赢的形式促进共生的稳定性。

对于互利共生模式，如果共生双方在体量规模和辐射能力上差异较大，则可能存在以某一共生单元为依托或主导，适合采用非对称互利共生模式。随着共生单元获取能量的不断增加，在共生环境的不断作用下，各单元的体量和影响力会有两个不同的发展结果。一种可能是共生单元的体量会趋于均衡，由此逐步演化到对称互利模式；另一种可能是各单元体量和影响力会逐步拉大距离，结果是维持非对称互利模式甚至退回到偏利共生模式中。非对称互利模式对双方来讲并非是有利的经济选择，偏利共生模式更是对政府职能的过度依赖。可见，共生单元协同发展是“三社”共生系统能量分配的重要来源和演化的组织基础。

4.3 “三社”共生系统的运行机制

“三社”共生系统运行的本质是基于共生单元之间质参量兼容的投入产出

过程，该投入产出过程的运行主要是通过服务型涉农要素从服务组织向生产组织的转移，生产组织利用这些要素从事有效的生产经营活动，从而使农产品产量增加，同时也使作为市场主体的生产组织数量增加，为服务组织带来更多的市场业务对象和更广阔的市场服务范围。而这一基于投入产出的共生过程，从外部看离不开市场、政策等环境因素带来的诱导机制，从内部看又是共生动力机制和共生阻力机制相互作用的结果。故本书将从环境诱导机制、共生动力机制和共生阻尼机制去研究“三社”共生系统的运行机制问题。

4.3.1 环境诱导机制

环境总是处于不断变化中，“三社”共生系统作为一个开放系统必然会受到内外部环境的影响。在“三社”共生系统中，广义层面的共生环境是指包括共生界面和共生环境两部分在内的除共生单元以外的一切内、外部环境的总和。而狭义的共生环境仅包括外部环境的总和。这里所研究的共生环境是指狭义层面含义，所以共生环境因素指的是与“三社”共生合作有关的所有外部环境所表现出来的特征因素。市场和政府作为调节资源配置的两种基本手段，两者也构成了“三社”共生系统运行重要的环境条件，所以主要从市场和政府两方面对环境诱导机制进行分析。

（1）市场环境诱导机制。

市场环境诱导机制主要通过专业社需要规避农业弱质性风险，而国家要确保粮食蔬菜产量必须借助供销社和信用社去化解风险来运行。农业具有天然的弱质性，使得我国小农经济与大市场的矛盾日益显现。实践中，当专业社面对来自市场的诸如资金、流通渠道、价格等各种市场风险以及自然风险时，仍然不能有效抵御，故不利于农产品产量的稳定，也不利于农民增收，更不能使专业社专注于自身擅长的农业生产。虽然市场上也有很多类型的农业保险公司可使专业社通过购买商业保险的方式转嫁一部分风险，但多数保险公司是以营利为主要目的，保险费用高，理赔手续繁杂，专业社在这方面缺乏应对能力。而如果不购买保险，所有的风险都将由专业社来承担。一旦亏损，势必会打击农户的生产积极性。而粮食等农产品生产又是一个国家的根基，对于国计民生的影响至关重要，国家对粮食产量又有硬性的数量规定。如何有效激励专业社愿意生产并专注于生产，就需要作为服务组织的供销社和信用社对专业社提供包括风险规避在内的各种农业社会化服务支持，这是市场的选择，也是市场诱导机制的作用过程。只有三方共同协调发展，才能直接使小农经济与大市场有效对接，才能有效解决农业弱质性及确保农产品产量之间的矛盾。

（2）政策环境引导。

合作社本身是弱势者的联合，政府的支持引导对帮助“三社”共生系统的运行至关重要。在各级政府的政策指引下，新时期“三社”合作从瑞安农协的起步期已进入了顶层设计的发展期，辐射范围已从地方走向中央，未来将会从中央走向全国。本书梳理了2006~2019年中共中央、国务院每年公布的中央一号文件中有关推动“三社”共生的政策内容，政策环境对“三社”共生系统的引导机制可见一斑，如表4.6所示。

表4.6 历年中央一号文件中有关推动“三社”共生的政策内容

年份	政策栏目	政策内容	政策目标
2007	积极发展多元化市场流通主体	供销社要推进开放办社，发展联合与合作，提高经营活力和市场竞争力	进一步推进供销社与专业社的开放融合
2008	加强农村市场体系建设	建立健全适应现代农业发展要求的大市场、大流通……供销社要加快组织和经营创新，推进新网工程建设	文件对供销社在未来大力发展与专业社的合作进行体制创新的要求
2013	大力支持发展多种形式的新型农民合作组织	引导专业社以产品和产业为纽带开展合作与联合，积极探索合作社联合社登记管理条例。研究修订专业社法	为我国进行合作组织间合作与联合提供了政策指导和依据，弥补了《中华人民共和国专业合作社法》的缺陷和不足
2016	完善农业产业链与农民的利益联结机制	支持供销社创（领）办农民合作社，引领农民参与农村产业融合发展、分享产业链收益	巩固供销社与专业社的合作模式成果，并为两社进一步合作创造宽松的政策环境
2017	积极发展适度规模经营	加强专业社规范化建设，积极发展“三位一体”综合合作……支持供销系统发挥为农服务综合平台作用和向综合服务商转型	为我国进一步构建多层次、全方位、宽领域的农业综合服务体系进行了顶层设计

续表

年份	政策栏目	政策内容	政策目标
2018	促进小农户和现代农业发展有机衔接	发展多样化的联合与合作，提升小农户组织化程度	进一步明确 2017 年中央一号文件中“三位一体”综合合作的政策体系，使得合作经济的政策环境更加宽松
2019	大力发展现代农产品加工业和乡村新型服务业	支持发展适合专业社经营的农产品初加工，支持供销社、专业社等开展农业生产性服务，推进信用社回归本源	对在乡村振兴中专业社的生产地位以及供销社、信用社系统的生产性服务作用进一步肯定

4.3.2 共生动力机制

如前文所述，“三社”合作本质上是在追求一种共生关系，共生系统稳定的首要条件是共生能量的产生。共生能量是系统运转的额外物质和效益产出的总和，是“三社”共生系统得以存在的重要基础和本质特征。共生能量的生成通常指系统内共生维度和共生密度两者增容。前者表现为“三社”各自经济效益的提高、经营规模或者经营范围的扩大等，后者表现为合作组织数量的扩张。共生维度体现了合作组织的生存能力，共生密度体现了其增殖能力。两者相互影响，互利互补。共生维度决定了共生密度，共生密度又进一步强化共生维度。两者之间的这种特殊作用，是共生能量形成机制的关键。

假设“三社”共生系统 S，包括 $m(m\geqslant 2)$ 个共生单元，质参量为 Z_s，且 $Z_s = f(Z_1, Z_2, \cdots, Z_i, \cdots, Z_m)$，$\lambda$ 为系统共生界面特征系数，δ_s 为系统全要素共生度，则：

$$\delta_s = \frac{1}{\lambda}\sum_{i=1}^{m}\delta_{si} \tag{4.20}$$

如果满足 $\delta_s>0$，则系统就会产生共生能量，反之则不然。“三社”共生系统本身就是一个广义的共生界面，“三社”共生系统的共生能量产出受其自身影响。对“三社”共生系统共生界面进行优化，实际上就是对其本身特征的改善。δ_s 反映了共生界面的所有特征，而共生能量的产生还受共生密度 ρ_s 和共生维度 η_s 两个变量的影响，于是有：

$$Eg=f(\delta_s, \rho_s, \eta_s) \tag{4.21}$$

将式（4.20）代入式（4.21），可知：

$$Eg=f(\frac{1}{\lambda}\sum_{i=1}^{m}\delta_{si}, \rho_s, \eta_s) \tag{4.22}$$

因此，要想使共生能量生成，则需从优化函数的三个自变量入手，即改变共生界面的特征、共生密度与维度。这三个变量反映了共生单元与系统之间以及共生单元之间存在的内在联系和本质特征，其中的核心变量是共生界面特征的改变。通过共生系统内资源优势互补、规模经济和范围经济、降低交易成本等方面产生共生能量，从而产生收益。在一定的共生界面下，共生密度和共生维度也会对共生能量生成起关键作用。需要注意的是，并非共生密度和共生维度越高越好，而是各具相应的阈值，如何达到并维持阈值成为生成更多共生能量的可行路径之一。具体来说，“三社”共生系统能量产生的动力主要通过如下三个机制运行产生。

（1）共享机制。

在“三社”共生系统内，通过团购农资或者统一销售以建立共享机制，可为专业社节约交易成本。这一点可以通过一个简单的数理模型加以证明。假设共有 α 个专业社，分别要到 β 个市场购买一次农资产品或销售农产品，那么专业社的交易次数可表示为：

$$N_1=F_1(\alpha, \beta)=\alpha\beta \tag{4.23}$$

而通过加入“三社”共生系统，由系统内的供销社为专业社团购农资或统一联系农产品销售市场，那么供销社首先与 α 个专业社进行 α 次交易，随后供销社再到 β 个市场进行 β 次交易，则供销社的交易次数可表示为：

$$N_2=F_2(\alpha, \beta)=\alpha+\beta \tag{4.24}$$

又因为交易次数 N_i 与交易费用 C_i 成正比，所以可用 C_i 代表式（4.23）和式（4.24）中的 N_i，同时设供销社的相对效率为 $F(a, b)$，则有：

$$F(a, b)=\frac{C_1}{C_2}=\frac{F_1(a, b)}{F_2(a, b)}=\frac{ab}{a+b} \tag{4.25}$$

由式（4.25）可知，当 $\alpha>2$，$\beta>2$ 时，$F(a, b)>1$。说明在“三社”共生系统内，专业社通过供销社进行购销活动具有效率。随着系统内部专业社会员数量的增加，α 和 β 的数值逐渐增大，则 $F(a, b)$ 的值会越大，说明供销社的相对效率越大，农协交易费用的节约效果越好。这也同时说明系统内部专业社共生密度的增加会使交易费用减少得越多。同时，交易成本降低也反映出专业社通过在系统内联合对外经营中议价能力的提升。随着共生密度的增加，供销社可通过统一购买（租赁）先进的储藏设备、交通工具以及农机设施等，或者聘请专业人士对农产品市场信息进行调查预测，便于从整体把握瞬息万变的市场信息，规避农业生产周期带来的产品滞后性风险。同时，还可以通过价格信号协调买卖双方交易，使交易不确定性减少，降低交易成本。还可同理证明系统在拓展农产品销售市场，降低专业社经营成本方面同样具有优势。

（2）担保机制。

专业社、供销社及信用社可以建立“三社”共生系统的担保机制。作为融资模式的主要成员，三方可通过签订协议或合同的方式确立担保关系。专业社可根据自身的资信状况向供销社以及信用社提供贷款担保申请。供销社在受理申请之后，经过多环节审查并落实反担保措施等流程确认担保状况，并向其收取低于商业性担保机构的担保费用。信用社在审查担保的基础上向专业社发放贷款，供销社进行保后监管。可以看出，供销社承担了担保责任，也反映出“三社”共生系统对专业社的金融风险起到重要的抵御作用。担保贷款融资设计流程如图 4.8 所示。

（3）协同发展机制。

首先是要素协同。“三社”共生系统的形成与稳定需要各种要素在共生系统内部达到资源的最优配置才能得以实现。“三社”共生系统要素协同的关键影响因素包括市场信息和渠道、资金、组织网络和人才等。“三社”共生发展过程中专业社要获取市场信息和资金进行具有针对性的规模化生产，而农业规模化生产需要有技术和经营能力的人才来实施完成，完成过程中涉及农业产前、中、后的各项社会化服务，又需要供销社、信用社服务组织提供的经营网点提供。在上述要素资源的一系列的配合下，农产品顺利进入市场并获得预期收益。“三社”在要素和产品资源之间协同配合，协同效应在共生系统内发挥作用。

其次是环节协同。“三社”共生是农业合作经济组织在农产品关键产业链环节上的业务合作。农产品产业链包含农产品从原料、生产、加工、储存、运输及销售等多项关联环节，是一条从农产品生产到消费的完整的产业链。各个环节紧密联系、环环相扣。“三社”作为主体共生单元，不仅要建立在农资供应、农业生产、农产品市场等各环节的协同，还要对产业链上其他利益相关参与者的协同进行协调、疏导和调节。只有做到“三社”共生系统内在各环节协调才能促进农业产业链上、中、下游相关主题协同发展。

最后是利益协同。共生单元之间以优势互补、资源共享为原则实现“多利

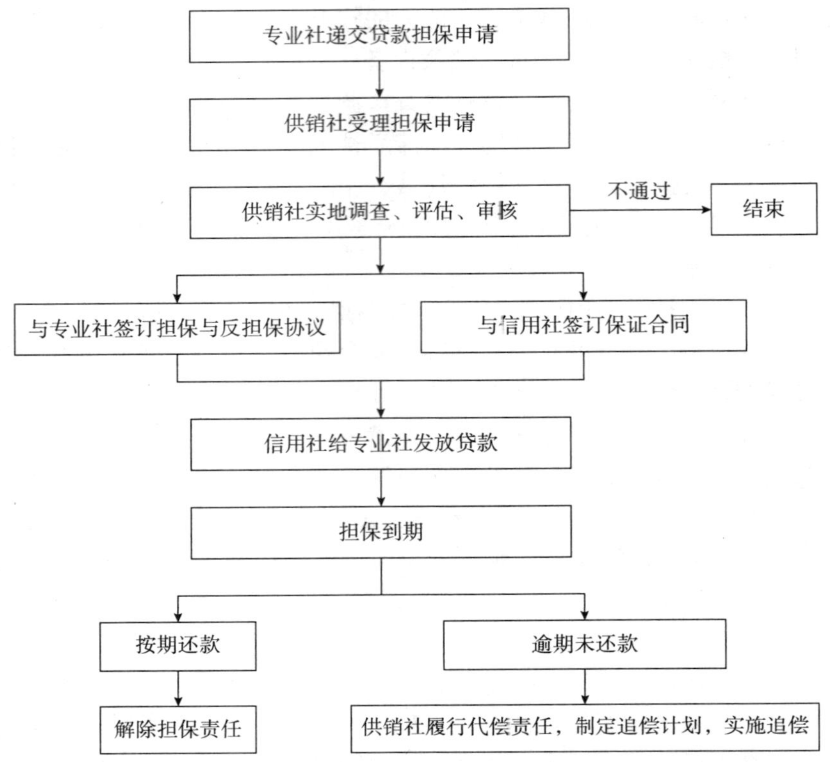

图 4.8　担保贷款融资业务具体流程

共赢”的协同格局是共生思想的本质和核心。因此，利益协同机制也是“三社”共生系统形成和稳定的核心思想。没有产生利益的增量无法使共生维系，而在存在利益增量的条件下，如果利益分配不当会导致利益协同机制被破坏，而当这重要的一环机制发生故障将会对其他协同机制的运行效率造成致命的直接冲击，最终使“三社”共生发生危机甚至系统崩溃。因此，“三社”共生稳定性的关键机制是为环节协同、要素协同提供共生驱动力的利益协同机制，从物质上保障“三社”共生系统的稳定性。

4.3.3　共生阻尼机制

（1）体制阻碍机制。

体制阻碍会造成作为重要共生界面之一的政府作为不当，进而使“三社”

共生系统运行不良。“三社”共生系统的运行基础是共生单元在一定共生环境下的活动关系。其前提就是共生单元作为独立存在的经济个体与共生环境发生作用。但如果共生单元与共生环境之间关系不清或者无法区分，就会造成各单元的属性不清、作用不明，于是共生系统存在的前提条件如质参量兼容等发生改变，对“三社”共生系统的运行造成阻力甚至导致系统崩溃。现阶段，对该系统运行产生很大阻力作用的是体制问题。体制是指管理制度形置于外的具体表现形式和实施形式，是一种规范体系。我国农业合作经济组织体制环境对“三社”共生系统的影响是重大且深远的。我国“三社”自成立之初就受到政府的体制影响。与很多国家“自下而上”成立合作社不同，我国的“三社”基本都是“自上而下”受政府之力作用而成立的，受体制影响程度较深。我国“三社”合作在 20 世纪 60 年代走了弯路，表明当时的经济体制对其具有阻碍作用。政府行为的越位、缺位对供销社和信用社的发展造成了很大影响。供销社虽然已退出政府之列，但在很多领域仍旧执行政府职能，发挥政府作用，导致供销社脱离了农民主体，脱离了农村这块生存之地，变成了“为农服务”中的“四不像”。信用社更是历经数次变革之后，商业化倾向严重，与供销社一样在回归“合作制”的道路上艰难前行。所以，如果不能从体制上对供销社和信用社进行准确界定，很难理顺“三社”共生关系，“三社”共生系统的良性运行难以确保。

（2）合作社文化阻碍机制。

良好的合作社文化会影响农民的合作制理念，反之则阻碍合作经济的发展。除了上面强调的独立存在的共生单元之外，“三社”共生系统良性运行的主体基础还需要各单元自身是个具有旺盛生命力的经济体，这就对共生单元加强自身治理提出了要求。而系统中的“三社”共生单元自身建设方面都有不可克服的问题，从而对“三社”共生系统的运行造成阻碍。从现实来看，我国合作经济发展尚处于初级阶段，部分专业社从成立动机到内部治理都缺乏对合作社的质的理解和贯彻，合作社欺骗农民利益、自身艰难维持运营、很难长期存在等现象时有发生，使得当前很多农民不愿加入专业社进行组织化生产。供销社经历“三合三分”的历史变迁，反复地进行体制调整，结果使供销社背离了合作社原则。信用社与供销社的发展情况如出一辙。长时间以来，由于历史因素造成了农民对合作制的信心不强，合作社文化并没有进入当代农民意识中。不少农民始终认为与供销社和信用社打交道是与政府打交道，手续烦琐、交易成本，打消了农民入社的积极性。所以，加强专业社的内部治理机制建设，捋顺与农民之间的利益关系，不断加强深化供销社和信用社改革，树立以合作社文化为理念的办社原则，唯有如此，才能使各共生单元主体在“三社”共生系统中以及在合作社理念下赢得共生收益。

（3）市场替代阻碍机制。

“三社”共生系统的外部环境发生变化，会对共生单元有所冲击。外部市场环境中如果出现了新的可交易对象，且对某个共生单元具有一定的替代作用，那么，它的出现将会对“三社”共生系统良性运行造成市场替代阻碍的作用。随着我国农业市场经济的繁荣发展，以及国际农产品的激烈竞争，必然会出现更多更细的分工，从而出现新的市场主体。新的市场主体及其新产品对以往旧的交易对象和产品的替代能力越强，对“三社”共生系统中各单元的冲击也就越大，对系统运行机制的影响也就越大；反之则影响越小。

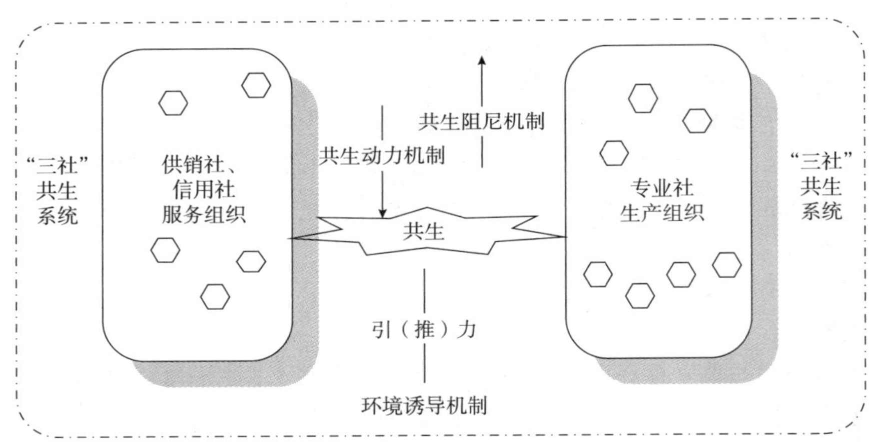

图 4.9 “三社”共生系统的运行机制

综上所述，“三社”共生系统的运行机制就是内外部各种机制相互影响、互联互动的结果。从我国当前市场环境和政策环境情况来看，环境诱导机制其实是起一种引力或是推力的作用，共生动力和共生阻力两种相反力量相互作用，整个系统的运行也成为各种力之间的较量过程，“三社”共生系统的运行机制及其过程可以由图 4.9 直观呈现。

第 5 章

“三社”共生系统的稳定性影响因素分析

运用共生理论搭建了“三社”共生系统的经济学分析框架，只是从理论上阐释了“三社”共生关系得以形成的条件，实践中“三社”共生系统运行的稳定性还受到很多影响因素的制约。本章将进一步对系统保持稳定运行的影响因素进行分析，提出系统稳定性影响的指标体系，并通过相应的实证分析进行检验。

5.1 “三社”共生系统稳定性影响因素的理论建模

前一节运用 Logistic 模型从行为视角对“三社”共生关系的不同类型进行了推导，说明“三社”之间由于存在业务链接、技术关联、供求关系等彼此间相互需求，形成共生关系对各自发展是有利可图的。即模型表现为共生后各自产出均大于独立运营产出，这是共生关系得以形成和维系的基础，也是“三社”共生和组织稳定的前提。全局稳定和动态稳定是“三社”共生系统稳定性的基本特征。

为了保证共生关系稳定持续运作，还需对“三社”共生系统稳定性的影响因素进一步深入研究。通常，生产成本和交易成本两部分组成了企业的成本，其中交易成本所占比重越来越大（张五常，1999）。专业社也是一种企业，由于其合作对象在专用性资产上具有机会主义行为的倾向，于是会产生很高的交易成本。所以通常专业社对交易成本的防范与控制多采用契约、产权、一体化（内部化）或信誉等机制。专业社获得所需生产性服务的交易成本和生产成本决定了专业社所需生产性服务是由自身进行纵向一体化提供，还是选择与供销社与信用社合作从外部购入以及以何种方式购入。因此，在一定程度上交易成本和生产成本反映了“三社”共生关系的单元特征、模式特征和环境特征。本书借鉴已有文献同时结合共生理论，从共生三要素方面探讨“三社”共生系统稳定性的影响因素。

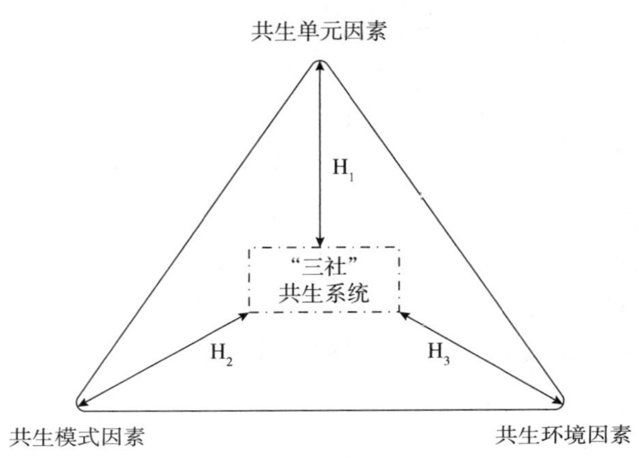

图 5.1　共生三要素对系统稳定性的影响

如图 5.1 所示，三角形的三个顶点分别代表共生三要素的影响因素。每个要素对“三社”共生关系作用力大小可能是不等的，但某个要素都有可能是决定性的。三要素不同程度地对“三社”共生系统产生直接影响，或者通过其他要素产生间接影响。例如，共生环境因素的变化导致某一个或所有共生单元的性质或状态发生了变化，进而使得共生单元因素变化对“三社”共生稳定性造成了影响或改变。诚然，从理论来说，这种稳定性影响是双向的，“三社”共生系统也会对共生三要素因素产生影响反馈。如果双方都处在良性互动运行轨道区间，这是最佳的共生状态。为进一步甄别影响“三社”共生系统稳定性的因素提供量化依据。故提出以下三个假设：

假设 1：共生单元因素对“三社”共生系统的稳定性具有显著影响。

假设 2：共生模式因素对“三社”共生系统的稳定性具有显著影响。

假设 3：共生环境因素对“三社”共生系统的稳定性具有显著影响。

以上基于共生三要素对“三社”共生系统的影响因素进行了分析，由此得到一个可用于评价“三社”共生系统稳定性的影响因素模型，模型由 3 个部分构成，其中“三社”共生系统稳定性为目标层，共生单元因素、共生模式因素、共生环境因素为准则层，三要素各自的扩展因素为变量层。如图 5.2 所示。

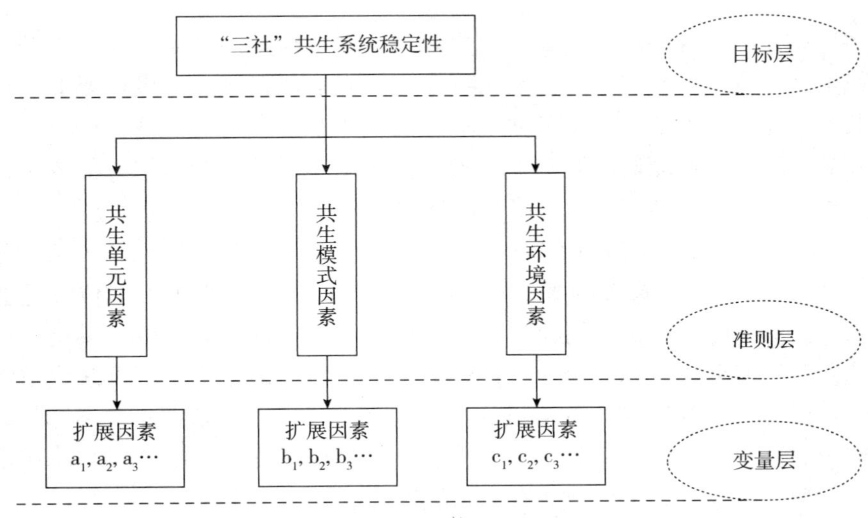

图 5.2 “三社”共生系统稳定性的理论模型

5.2 “三社”共生系统稳定性影响因素的分析

根据上述共生模型中提出的三个假设，首先需要明确共生三要素及其相应的扩展因素有哪些内容并进行理论分析，为随后对影响因素检验的实证研究做准备。就目前“三社”共生的现状来看，具体合作形式主要表现为契约型、联盟型和一体化三种。关于“三社”共生的稳定性目前鲜有研究，但很多学者运用共生理论从三要素视角对产业链合作的稳定性以及企业战略联盟的稳定性进行了相关研究，而“三社”共生系统与企业产业链合作和战略联盟等形式构建的合作系统有相似之处。因此，本书结合上节构建的“三社”共生系统影响因素的理论模型，参考于成学、武春友（2013）关于生态产业链多元稳定性影响因素以及宋纪宁、于成学（2014）基于共生理论对银保战略联盟影响因素的相关研究，对“三社”共生系统稳定性的影响因素进行了分析。

5.2.1 共生单元影响因素

共生单元的自身特点及其发展变化是共生系统组成的基础主体，对共生系统的稳定性起直接的影响作用，是系统变化与发展的内因。共生单元的特征组成了共生单元影响因素，主要指共生单元的主体状态，指与自身生产及运营状况相关的对稳定性可能造成影响的因素，如共生单元的主导作用、信誉和财务状况、市场实力、产品多样性及服务质量和水平等。

（1）共生单元的主导作用。

“三社”作为共生系统的基本单元，每一个成员在系统中的地位都是非常重要的。没有了专业社，供销社和信用社缺少了服务对象。缺少了供销社或者信用社，系统就会缺失一部分功能，稳定运行就会受到干扰。所以共生单元的完整性是保持“三社”共生的前提条件。然而“三社”在系统中并不总是起到同等作用的，在某一特定条件下，“三社”因其在系统中所起的核心作用形成一个主导型共生单元。主导型共生单元是指可以统领“三社”共生全局并推动全局发展的组成单位。从实践来看，在“三社”共生系统中，占据主导地位的共生单元通常是供销社或信用社。如浙江农合联是以供销社作为执行委员会的非政府组织，实际运作中供销社起主导推动作用。再如供销社以担保形式介入到专业社和信用社合作模式中，那么供销社将起到联结两者重要的桥梁和保证作用，这时的供销社在共生系统中起到重要作用而成为核心共生单元。同样地，如果信用社对促进供销社和专业社的合作起到主导作用，那么信用社将成为系统中的核心共生单元。如瓯海农合实业公司是以信用社为大股东并由其委任董事长，表明信用社在其中起主导作用。然而，某些情形下，农民专业合作社也会起到主导作用，如对于某些专业社中的示范社，其市场实力较大、生产经营状况较好，获得政府财政支持或者项目支持的力度大、资源多，在与供销社、信用社的合作中表现出一定的优势，故也能起到推动“三社”共生稳定的主导作用。

（2）共生单元的财务和信誉状况。

“三社”作为市场经济主体，基于合作组织对外营利、对内服务的经营原则，我国现有经济环境下“三社”还是要以对外营利为第一目标的。财务状况和商业信誉既反映了合作组织经营业绩的好坏，也反映出未来的市场潜力。拥有良好的财务状况和信誉不仅会促进“三社”共生系统的建立，更重要的是使系统平稳运行的保证。但是如果专业社经营不善，将会加大系统运行风险，甚至使系统稳定性遭到破坏。这里共生单元财务状况和信誉主要是指专业社的资信情况。

（3）共生单元的市场实力。

共生单元的市场实力主要指专业社的市场实力。由于专业社运营风险的存在，供销社和信用社作为市场主体在规避风险的同时要扩大营利。经营良好的专业社发展前景广阔，或者在行业中成为示范社等，更能吸引供销社和信用社与之合作。如专业社获得供销社的人才、技术等要素支持或者项目资助，与信用社签订长期贷款的合作协议等。实践中也证明了供销社和信用社更倾向与具有市场实力的专业社进行长期合作。

（4）共生单元服务产品多样性。

共生单元服务产品多样性更多的是指供销社和信用社等服务组织所提供的涉农产品和服务的多样性。如信用社提供多样化的金融产品供专业社选择，或者为专业社、供销社设计具有针对性的金融产品创新等。“三社”共生系统中，各服务组织所能提供的服务产品种类越多，产品多样性就越高，对于专业社来说可选择范围越广，对服务组织的依附性就越强，使得共生系统越稳定。试想单一的服务产品难以维持系统的存在，更无法谈及稳定了。

（5）共生单元服务价格和质量水平。

现实中，很多农户或者专业社不愿与信用社或者供销社进行交易，是因为与它们打交道手续繁杂麻烦等导致的交易成本更高，而且未必能获得质量更好的涉农商品或者服务。在要素产品和商品产品价格都由市场机制确定的情况下，双方谈判、磋商及履约等程序带来的交易成本越低，服务产品和农产品价格越显优势。只有在较为完善的农产品市场竞争体系中，交易具有价格优势和服务优势的产品对象才能真正实现“三社”共生系统的稳定发展。

5.2.2 共生模式影响因素

共生模式即共生关系，共生模式因素主要指影响主体间共生关系的有关因素。从结构上看，“三社”共生系统的稳定性可划分为纵向发展程度和横向发展程度，主要包括主体之间的相互信任因素、相互协同因素、信息共享因素、业务互补程度及沟通顺畅因素等。

（1）相互信任程度。

共生单元之间存在信任风险。共生系统形成后，涉农要素及农产品在单元主体间的物质转移，也存在着信息和能量的转移，这个过程也是共生能量即利润形成的过程。彼此之间的信任是互利互惠的基础，同是也成为“三社”共生系统长期稳定发展的前提。丹麦卡伦堡案例表明，共生系统中大多数成员来自当地，彼此之间具有较高信任度的企业管理者，一定程度上造就了其共生产业园区的成功。因此，建立良好的信任机制对“三社”共生系统的稳定性作用影响很大。

实践中的供销社和信用社被贴上“异化”的标签，逐渐失去了农民的信任；由于信息不对称，两社对专业社缺乏了解并不信任，再加上专业社自身诚信问题，使得各方对合作都心存芥蒂。契约因其具有强制执行性约束手段的效果，在“三社”共生系统形成的初始阶段，共生单元之间签订合作协议是克服共生单元间合作性较弱弊端的占优选择。由此，在共生合作初期需建立信用惩罚机制，如专业社与服务组织双方对农产品的质量和数量应当签订合同，并严格按照合同执行等来培养合作组织间的合作信任。

共生系统在持续运行过程中，“三社”间要加强沟通、提出诉求、共商对策，逐步增加彼此行动透明度。如专业社要积极配合服务组织的信用评级工作，按时向有关部门申报专业社经营情况等。“三社”间对于有利的信任给予激励，并逐步降低对于合作细节的标准要求，这样通过减少履约成本等总交易成本，使“三社”共生系统运作效率显著提升，以维护和促进“三社”共生关系的稳定。信任在初级阶段需要契约、规则的约束，而更深层次需要的是道德的束缚和文化的深入渗透。因此，建立共生单元之间的“信任机制”以规避机会主义行为弊端等是共生界面的核心。

（2）相互协同程度。

从广义产业链视角来看，“三社”是处于农业产业链上不同环节的合作经济组织。与上下游企业间的合作效应相一致，“三社”之间相互合作同样会产生“1+1>2”的协同效应。如果说相互信任程度是系统保持稳定的前提条件，那么协同效应是“三社”共生保持稳定的物质利益条件。

（3）信息共享程度。

搭建信息共享平台作为“三社”共生基础，一方面打通现有“三社”共生中阻碍信息共享的通道，另一方面更主要的是以信息共享基础孵化出新的共生模式。如图 5. 3 所示。

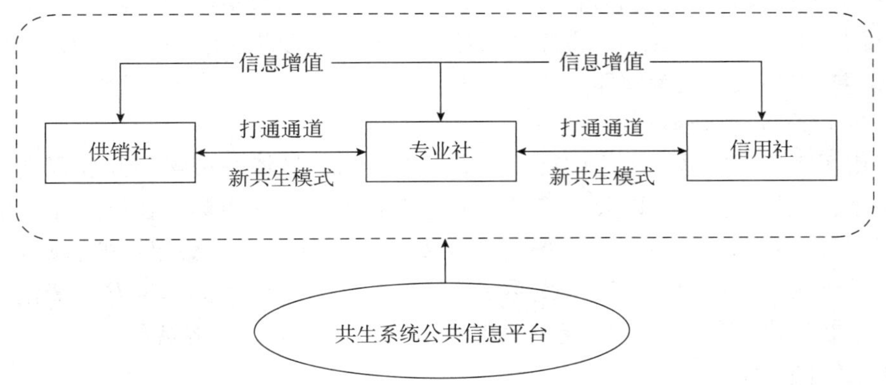

图 5.3 “三社”共生系统的信息共享

信息共享程度指有关农产品市场需求、金融信息、生产加工、流通及技术等数据信息能够在各共生单元间借助信息系统等工具实现共享的程度。如果“三社”共生系统内信息共享程度很高，那么即便某个环节出现问题，主体间及时有效的信息共享与沟通会促进“三社”共生其他环节的不稳定做出预防，有效防止其他严重危机的产生。

（4）业务互补程度。

业务互补因素是指“三社”共生系统中各共生单元之间基于业务关系相互依赖的因素。在业务互补程度很高的系统中，如果某一个合作组织或者环节发生故障，则整个系统将会遭遇停产甚至系统瓦解的不稳定风险，致使“三社”共生系统的稳定性受到影响。

（5）沟通顺畅程度。

网络机制因素包括硬件基础设施和软件基础设施两大类因素，前者如信息网、物流网、交通网等市场化或社会化网络，后者如适应市场化、社会化网络的制度、规章、习俗等。硬件网络机制的关键作用是要确保共生单元之间物质、能量、信息交流通道的通畅；软件则是要形成以社会网络为主体的信任机制以及对话机制等。

5.2.3 共生环境影响因素

本书认为，“三社”共生环境主要扩展为社会信用程度、政府干预程度、公众（主要是农户）支持程度、法律、制度规范度以及地域经济发展水平等几个方面。不论哪部分发生变化都可能对整个共生系统的稳定性产生很大的影响，使其不断出现波动或者破坏。

（1）市场完善程度。

市场完善程度是一个很广泛的概念，主要指区域统一市场的开放程度、要素市场建设的健全程度以及价格形成的完善程度等多项指标。在市场经济条件下运行“三社”共生系统，市场完善程度对“三社”共生稳定性的影响重大。不管是供给方面的“三社”共生系统物质流、信息流以及能量流发生变化，还是“三社”共生产品的需求产生超出预期的改变，均将影响甚至冲击“三社”共生系统的正常运营。

（2）地区经济发展程度。

地区经济发展程度是指“三社”共生所处的区域经济发展水平对其稳定性的影响力。地区经济发展水平与“三社”共生系统稳定呈正相关关系。经济环境较好、资金充足、配套设置相对完整较高的区域，有利于形成稳定的“三社”共生系统；反之，则影响“三社”共生系统稳定的时长和运作效果等。

（3）政府支持程度。

政府支持程度指的是政府支持“三社”共生稳定运营活动的程度。所以政府支持程度又可以细分为体制影响程度和政策影响程度。“三社”合作的理论与实践自中华人民共和国成立前以毛泽东为代表的老一辈无产阶级革命家就已经在湖南、延安等地总结并开展起来。20 世纪五六十年代的“新仓经验”是“三社”共生合作的雏形。但由于多种原因，此后的很长一段时间里“三社”合作一度中断。直到 2006 年瑞安“三位一体”农协的成立使得“三社”合作再次进入人们视野。“三位一体”综合合作在 2017 年进入中央一号文件，预示着我国即将迎来合作组织间合作理论和实践的新时期。这期间，尽管没有出台明确的法律，但在政府的政策引领下，供销社和信用社在支持农民专业社发展中都发挥了积极作用。随着政府政策支持力度增大，“三社”合作有了一定程度的发展，尤其是浙江作为试点省份进行的“三位一体”改革成效显著，反映在供销社领（合）办的专业社数量大增，效益也得到了农民的认可。信用社信贷支农的力度也在逐年加大，瓯海农合实业有限公司已进入“三社”股份化经营实体的良性运作期。然而，客观地说，无论从现实来看，还是对比国际社会，我国的“三社”共生发展仍处于合作的起步阶段，仍需政府等各方力量积极互动，推进其进入深化期。然而，在“三社”共生稳定运营后，政府应更多支持而不是过多干预，否则不利于“三社”共生系统的稳定。

（4）法律、制度规范程度。

促进“三社”共生系统稳定运行离不开良好的法律、制度环境作为重要保障。在《中华人民共和国农民专业合作社法》颁布之后的十多年里，针对随着农业分工深化以及专业社发展过程中出现的一些新情况和新问题，2017 年底全国人大对该法进行了修订。修订后的法律适应了当前的“三农”情型，但仍旧有一点遗憾：对于我国农民专业合作社之外的信用合作社、供销合作社等仍冠以“合作社”名称的其他类型的合作经济组织，该法仍旧丝毫未触及。由此，供销社和信用社仍无法明确法律性质，组织定位也没有列入法律保障范围，这是造成其产权模糊等一系列问题的根源之一。在激烈的市场环境中，供销社和信用社的“异化”也是其自身无奈的选择，对“三社”之间的合作也更无法律保障可言。综观世界发达农业国家，无论是欧美的美国、德国，还是东亚的韩国、日本，无一例外都制定了《合作组织法》，或者更为细化的《合作金融法》等，对合作组织之间的合作与联合发展提供了法律保障，这些法律有效推动了这些国家的农业快速发展。我国截至目前只有《中华人民共和国农民专业合作社法》这一部关于合作组织的法律，从法律种类、颁布时间和内容上已经与国际发达农业国家拉开了距离。因此，为了确保“三社”共生合作的良好运行，政府在营造良好的法律环境方面应大展拳脚。

（5）农民支持程度。

合作制的组织基础是农民，只有农民的广泛参与才能使作为合作制表现形式的合作社或者合作组织发挥优势并发展壮大。我国正在通过逐步规范专业社发展、促进和深化供销社和信用社改革来争取广大农民的支持和参与，尤其是对专业社给予补贴和减免税收等优惠的财税和金融政策，激发农户加入专业社的动力，使专业社这一新型农业经营主体能够通过组织化来使农户分享到更多的农产品利润。

综上所述，影响“三社”共生系统稳定性的主要是共生三要素特征，三个基本构成又由不同的扩展特征组成，共同组成了影响“三社”共生系统稳定性的因素。基于已有文献的相关研究，本书构建了“三社”共生系统的稳定性影响因素理论模型，如图 5.4 所示。因此，“三社”共生系统稳定性影响因素模型完全符合经济领域共生理论要求，能够作为实践中指导“三社”共生系统稳定运行的理论依据。

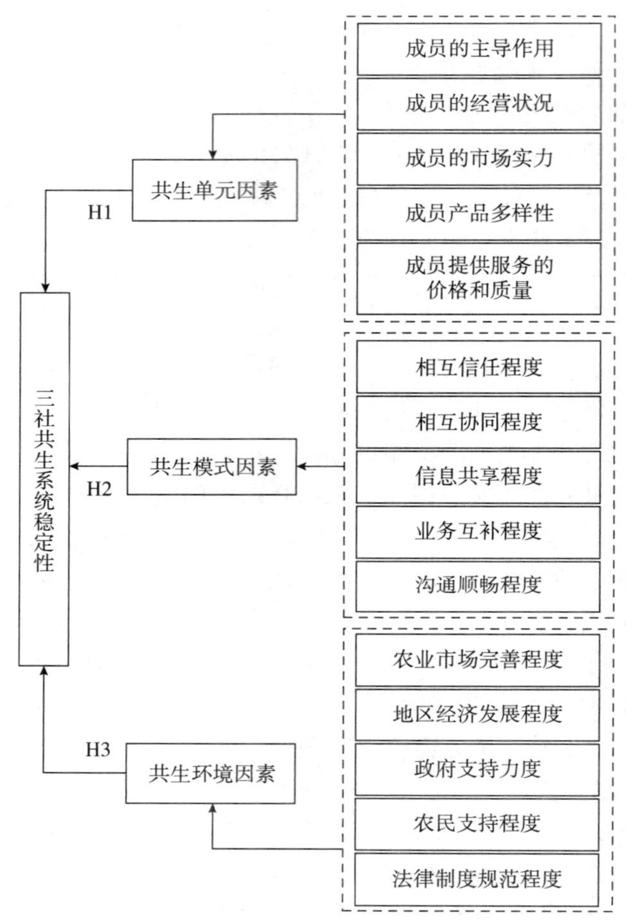

图 5.4 “三社”共生系统稳定性的影响因素

5.3 “三社”共生系统稳定性影响因素的检验

构建了理论模型后，还需开发“三社”共生系统稳定性影响因素量表，然后以此为基础通过问卷调查以及因子分析对系统稳定性的影响因素进行实证检验。

5.3.1 量表开发与问卷调查

(1) 量表开发。

由前文中共生三要素及其扩展因素构建的理论模型以及对“三社”共生系统稳定性的影响因素分析，由此构建了“三社”共生系统稳定性影响因素的量表，如表 5.1 所示。

表 5.1 “三社”共生系统稳定性影响因素

指标层	变量层
共生单元因素	服务组织的主导作用
	专业社的生产经营状况
	专业社市场实力
	服务组织的产品多样性
	服务组织的产品价格和质量
共生模式因素	相互信任程度
	相互协同程度
	信息共享程度
	业务互补程度
	沟通顺畅程度
共生环境因素	市场完善程度
	地区经济发展程度
	政府支持力度
	农民支持程度
	法律制度规范程度

(2) 问卷设计与调查。

调查问卷采用李克特 5 分量表进行设计，从 5 到 1 依次代表某变量对“三社”共生系统稳定性的影响程度非常大、大、一般、小和非常小。调查问卷的设计主要经历了三个阶段：

第一阶段：借鉴已有文献并结合前述“三社”共生系统稳定性的理论模型，以共生单元、共生模式、共生环境三方面因素作为准则层，在此基础上设计了 15 个变量，构建“三社”共生系统稳定性影响因素量表。

第二阶段：邀请笔者就读的山西财经大学和山西农业大学合作经济研究领域的教授、副教授及博士生等 8 人组成专家组，对专家组成员进行访谈，征询被访谈者对初始量表的意见，以确定量表中变量的设计及表述的合理性。

第三阶段：对 12 位来自山西省太原市的专业社、供销社以及信用社的相关负责人进行预测试，对量表所对应答题的语言表达进一步斟酌，形成调查问卷终稿，由“问卷网” APP 制作完成电子问卷。

问卷调研的过程分为发放、回收、检查三步进行。首先，问卷的发放对象由两部分人员构成：第一部分是分别参加 2017 年 6 月在浙江杭州和 2018 年 8 月在贵州贵阳举办的“三位一体”会议的来自全国各地的供销社、专业社以及信用社的与会人员微信群成员，共计 199 人（实际填写问卷 176 人）。第二部分是通过添加微信好友，采用点对点单独发送给合作经济专家、“三社”业务骨干以及农业经济管理专业在读博士，共计 59 人。其次，通过“问卷网” APP 在截止日下载回收，经整理共回收调查问卷 235 份。最后，检查所有回收的 235 份问卷中答题内容的有效性，删除无效问卷 6 份，最后得到 229 份有效问卷，有效率 97.45%，达到利用 SPSS 方法对问卷进行统计分析的基本要求，随即对有效问卷展开相关统计分析。需要说明的是，因为考虑到被调查人便于理解问题并做出如实回答，尽可能采用熟知内容进行表述，故问卷中以“合作”一词代表“共生”。

5.3.2 问卷实证分析

通常，对问卷进行统计分析之前需要对量表进行信度和效度检验，以检验量表的内部一致性、稳定性以及测量结果的有效性与否。

（1）信度检验。

信度分析的原理简单来讲就是对于问卷来说，如果认为两道题目都测的是被调查者的同一个特征，那么被试者在这两个题目上的得分应当具有一致性。针对各变量所对应的问卷题项，本书利用 SPSS12.0 软件以选择阿尔法信度系数对问卷的可靠性进行检验。

表 5.2 信度检验

Cronbach's α	项数
0.908	16

表 5.2 中结果显示，Cronbach's α 为 0.908，说明该问卷具有很高的内在一致性，所以可靠性较强，无须调整或修订。

（2）效度检验。

因子分析中的 KMO 检验和 Bartlett 球度检验是一种简单的检验效度的方法，可以使用 KMO 值表示效度。对所有变量做检验，结果如表 5.3 所示：

表 5.3 KMO 检验和 Bartlett 球度检验

KMO 检验	统计量	0.904
	近似卡方值	1.963E+03
Bartlett 球度检验	自由度	105
	显著	0.000

表 5.3 的检验结果显示，KMO 检验的值为 0.904，Bartlett 球度检验具有显著性，比较适合做因子分析，即通过这些调查数据能够较好地分析当前“三社”合作的稳定性影响因素。

（3）描述性统计分析。

被调查人的基本情况做简单分析，主要包括对参与调查人群的性别、学历分布情况以及其所属单位等进行分析。该分析有助于了解被调查人背景，进而体现其所填的问卷是否能够较为真实地反映实际情况。

首先，对本次被调查者的性别进行频数分析，得到如下结果：

表 5.4 被调查者的性别频数

性别	频数	百分比（%）	累积百分比（%）
男	87	38.0	38.0
女	142	62.0	100
合计	229	100	—

由表5.4可知，在参与调查的229人中，有87位男士，142位女士，分别占38.0%和62.0%。

其次，对被调查者的学历分布进行频数分析，得到如下结果：

表5.5　被调查者学历分布情况

学历	频数	百分比（%）	累计百分比（%）
专科以下	10	4.37	4.37
专科	25	10.91	15.28
本科	154	67.25	82.53
硕士	29	12.66	95.19
博士	11	4.81	100.00
合计	229	100.00	—

从表5.5可以看出，在所有被调查者中，本科人数最多，达到了67.25%，专科及以下学历占15.28%，而硕士和博士学历也分别占到了12.66%和4.81%，整体学历结构合理。

再次，对被调查者的所属单位分布进行频数分析，得到如下结果：

表5.6　被调查者所属单位情况

来源	频数	百分比（%）	累计百分比（%）
供销社	70	30.57	30.57
信用社	66	28.82	59.39
专业社	53	23.14	82.53
其他	40	17.47	100.00
合计	229	100.00	—

从表5.6中的数据可以看出，四类调查人群中30.57%属于供销社，28.82%来自信用社，23.14%供职于农民专业合作社，还有17.47%的人员来自其他单位。从问卷所填写的情况看，在其他单位的人员中，大部分来自高校、其他事业单位以及部分农业经济管理专业的在读博士。由此可知，该问卷的调查范围合理，被调查人对于问卷所研究的内容较为熟悉，能够有效反映“三

社”共生稳定性的相关情况。

最后，对不同所属单位人员对同一问题的不同回答进行分析，得到如下结果：

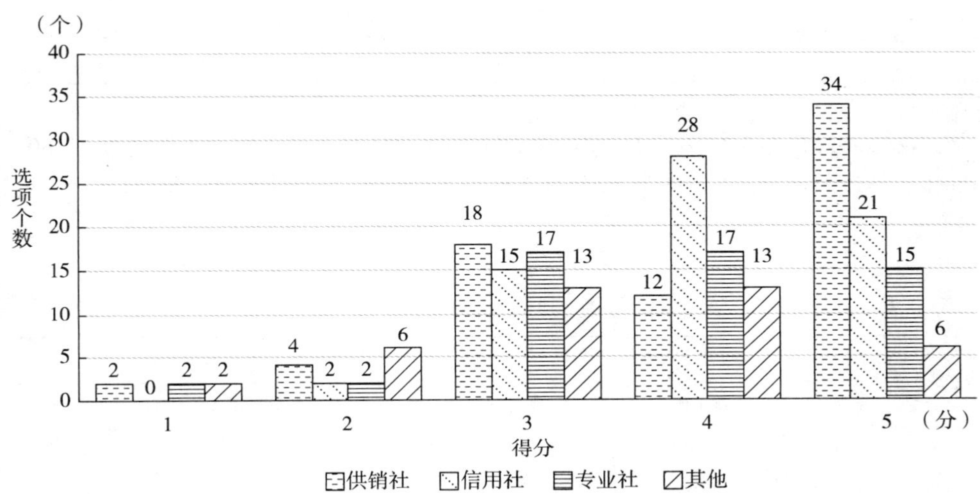

图 5.5 不同类别人员的问卷得分和选项个数

从图 5.5 可以看出，对于 Q5～Q19 一共 15 道打分题，从四类被调查人对同一个问题认识的答案分别进行考察，总体上各类别人员的打分情况集中在 3～5 分，并逐渐向 5 分（满分）的方向发展。这说明各类人员对于各题项认可符合程度具有统一共识并趋于升高趋势①。

（4）因子分析。

因子分析法便于把“三社”共生系统稳定性影响因素用提炼出的少数几个因子来代表。首先要进行 KMO 检验和 Bartlett 球度检验以确定各指标层的潜在影响因素是否适合因子分析。通过分析数据以及问卷后，本书从调查问卷的三个主要内容分别进行因子分析。

1）合作主体概况对“三社”合作稳定性影响的因子分析。对合作主体情况的几个因素进行因子分析，首先进行 KMO 检验和 Bartlett 球度检验，进而求解其特征根和累计贡献率，最终提取公因子，并分析结果。

① 四类人员针对同一问题的不同回答详情见附录 3。

表 5.7 KMO 检验和 Bartlett 球度检验

KMO 检验	统计量	0.786
Bartlett 球度检验	近似卡方值	435.051
	自由度	10
	显著	0.000

表 5.7 为合作主体方面指标的因子分析检验结果，其 KMO 统计量为 0.786，Bartlett 球度检验的显著性概率为 0.000，表明该角度的指标所作的因子分析有效。

表 5.8 方差贡献率

主成分	初始特征值			提取的因子载荷矩阵		
	合计	方差贡献率	累计方差贡献率	特征根	方差贡献率	累计方差贡献率
1	2.947	58.944	58.944	2.947	58.944	58.944
2	0.883	17.656	76.599	0.883	17.656	76.599
3	0.469	9.376	85.975	—	—	—
4	0.404	8.075	94.050	—	—	—
5	0.297	5.950	100.000	—	—	—

从表 5.8 可以看出，采用主成分分析法提取公因子，提取的两个公因子其累计方差贡献率能够解释 76.599，图 5.6 呈现出前两个特征值下降比较快，因此，提取这两个特征值代表的两个公共因子。

表 5.9 因子得分系数矩阵

合作主体变量	因子 1	因子 2
服务组织的主导作用	0.483	−0.211
服务组织产品和服务多样性	0.396	−0.050
服务组织产品和服务价格与质量	0.424	−0.087
专业社生产经营概况	−0.208	0.654
专业社市场实力	−0.150	0.595

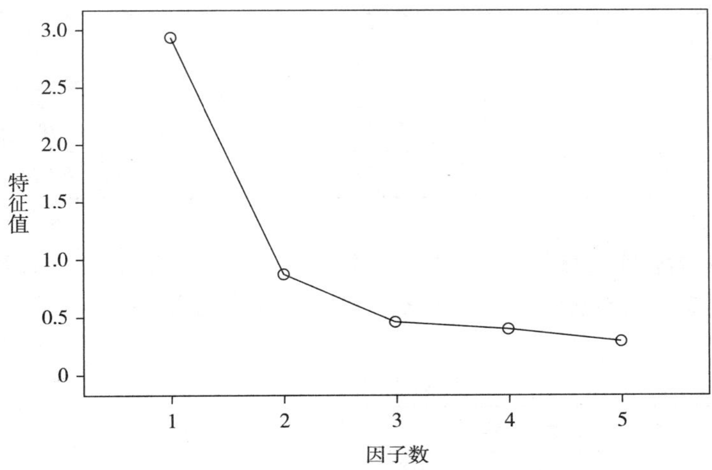

图 5.6 合作主体指标层的碎石图

由表 5.9 的因子得分系数矩阵可知，服务组织的主导作用、服务组织产品和服务多样性及服务组织产品和服务价格与质量这三个变量可以共同提取一个公因子 1，根据其特征可将其命名为服务组织服务水平因子维度。专业社生产经营概况及专业社市场实力这两个变量则可以提取另一个公因子 2，将其命名为专业社态势因子维度。

综上，在合作主体对“三社”合作稳定性分析中，可以提取服务组织服务水平因子维度两个公共因子和专业社态势因子来对其进行解释。主体层面分为生产层和服务层，只有两层面主体都积极面向合作而不断调整自身生产经营状况，才能使“三社”共生系统稳定运行。实践中也证明了这一点，经营良好的专业社更易于获取来自供销社和信用社的各项支持，如专业社示范社得到的政府财税支持和项目支持会更多，供销社和信用社也更愿意与经营良好的专业社开展业务合作。

2）合作关系情况对“三社”合作稳定性影响的因子分析。对合作关系情况的几个因素进行因子分析，同样也是先对其进行 KMO 和 Bartlett 球度检验，再求解其特征根和累计贡献率，最终提取公因子，并分析结果。

表 5.10　KMO 检验和 Bartlett 球度检验

KMO 检验	统计量	0.843
	近似卡方值	595.261
Bartlett 球度检验	自由度	10
	显著	0.000

表 5.10 为合作关系方面指标的因子分析检验结果，其 KMO 统计量为 0.843，Bartlett 球度检验的显著性概率为 0.000，表明该角度的指标所作因子分析有效。

表 5.11　方差贡献率

主成分	初始特征值			提取的因子载荷矩阵		
	合计	方差贡献率	累计方差贡献率	特征根	方差贡献率	累计方差贡献率
1	3.413	68.268	68.268	3.413	68.268	68.268
2	0.548	10.958	79.226	0.548	10.958	79.226
3	0.425	8.501	87.727	—	—	—
4	0.364	7.285	95.011	—	—	—
5	0.249	4.989	100.000	—	—	—

从表 5.11 可以看出，采用主成分分析法提取公因子，提取的两个公因子其累计方差贡献率能够解释 79.226，图 5.7 呈现出后三个特征值变动比较平稳，因此，提取前两个特征值。

表 5.12　因子得分系数矩阵

	因子 1	因子 2
相互信任程度	−0.402	0.836
相互协同程度	−0.174	0.589
信息共享程度	0.513	−0.235
业务互补程度	0.428	−0.121
沟通顺畅程度	0.542	−0.266

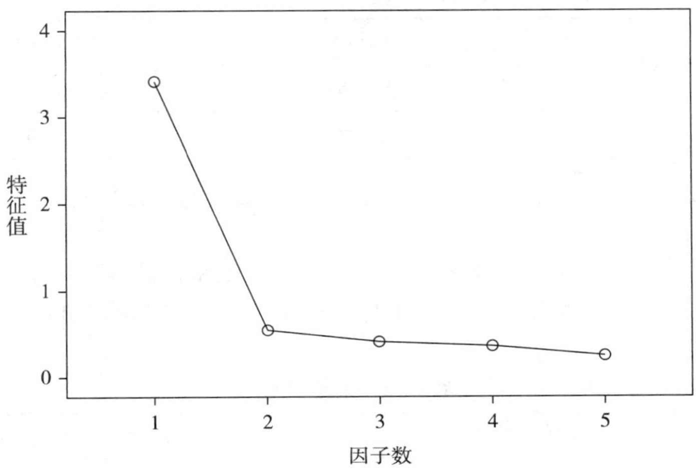

图 5.7 合作关系指标层的碎石图

从表 5.12 的因子得分系数矩阵可知，相互信任程度和相互协同程度这两个变量可以共同提取一个公因子 1，根据其特征可将其命名为理念融合匹配因子，信息共享程度、业务互补程度和沟通顺畅程度变量则可以提取另一个公因子 2，将其命名为业务融合匹配因子。

综上，在合作关系对“三社”稳定性分析中，可以提取理念融合匹配因子和业务融合匹配因子这两个公共因子对其进行解释。两个公因子从不同视角对“三社”合作关系进行了说明。理念融合匹配因子从宏观合作制理念或指导思想上，即彼此增加信任度并不断提高相互协同发展的程度对“三社”合作稳定性进行了因素分析；而业务融合匹配因子则是从微观业务上，即从信息共享、增加业务互补性及通过顺利沟通以降低交易成本对合作主体间关系进行了影响因素的分析。

3）合作环境概况对“三社”合作稳定性影响的因子分析。对合作环境情况的五个因素进行因子分析，首先对其进行 KMO 和 Bartlett 球度检验，进而求解其特征根和累计贡献率，最终提取公因子，并分析结果。

表 5.13　KMO 检验和 Bartlett 球度检验

KMO 检验	统计量	0.859
	近似卡方值	488.794
Bartlett 球度检验	自由度	10
	显著	0.000

表 5.13 为合作环境方面指标的因子分析检验结果，其 KMO 统计量为 0.859，Bartlett 球度检验的显著性概率为 0.000，表明该角度的指标所作的因子分析有效。

表 5.14　方差贡献率

主成分	初始特征值			提取的因子载荷矩阵		
	合计	方差贡献率	累计方差贡献率	特征根	方差贡献率	累计方差贡献率
1	3.237	64.746	64.746	3.237	64.746	64.746
2	0.551	11.029	75.775	0.551	11.029	75.775
3	0.453	9.052	84.827	—	—	—
4	0.409	8.178	93.005	—	—	—
5	0.350	6.995	100.000	—	—	—

从表 5.14 可以看出，采用主成分分析法提取公因子后提取的两个公因子其累计方差贡献率能够解释 75.775，图 5.8 后三个特征值变动不大，因此，提取前两个公共因子。

表 5.15　因子得分系数矩阵

	因子 1	因子 2
政府支持力度	0.710	0.438
法律、制度规范程度	0.856	0.235
农民支持程度	0.760	0.372
农产品市场体系完善度	0.337	0.818
地区经济发展程度	0.316	0.840

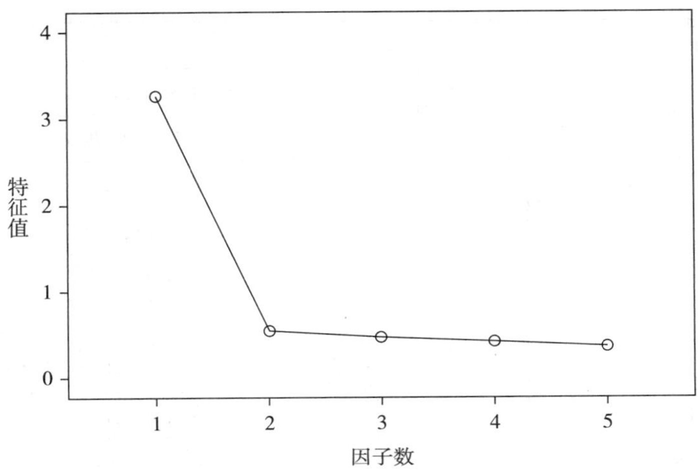

图 5.8 合作环境指标层的碎石图

由表 5.15 的因子得分系数矩阵可知，政府支持力度以及法律、制度规范程度和农民支持程度这三个变量可以共同提取一个公因子 1，根据其特征可将其命名为社会环境因子，农产品市场体系完善程度和地区经济发展程度变量则可以提取另一个公因子 2，将其命名为市场环境因子。因此，在合作环境对“三社”共生稳定性分析中，可提取社会环境因子和市场环境因子两个公共因子对其进行解释。

综上，本书将影响“三社”共生系统稳定性的 15 个因素通过因子分析后归纳为 6 个因子维度、15 个变量的影响因素集，如表 5.16 所示。

表 5.16 “三社”共生系统稳定性影响因素集

指标层	维度	变量
共生单元因素	服务组织服务水平	服务组织的主导作用
		服务组织产品和服务多样性
		服务组织产品和服务价格质量
	专业社发展态势	专业社生产经营状况
		专业社市场实力

续表

指标层	维度	变量
共生模式因素	理念融合匹配	相互信任程度
		相互协同程度
	业务融合匹配	信息共享程度
		业务互补程度
		沟通顺畅程度
共生环境因素	社会支持环境	政府支持力度
		法律、制度规范程度
		农民支持程度
	市场支持环境	农产品市场体系完善程度
		地区经济发展程度

（5）其他类多选题分析。

表 5.17 “三位一体”背景下“三社”合作主要影响因素

影响因素内容	频数	百分比
体制因素	172	75.11
市场因素	142	62.01
专业社内部治理因素	148	64.63
合作制度的设计因素	159	69.43
激励政策因素	152	66.38
其他因素	2	0.87
合计	172	—

将表 5.17 中的数据绘制成条形图后可以更加直观地观察到各主要因素的影响效果。

将我国“三位一体”背景下“三社”合作实践的影响因素进行总括性表述，从表 5.17 可以看出，体制因素频数占比 75.11，位居第一，其次是合作制

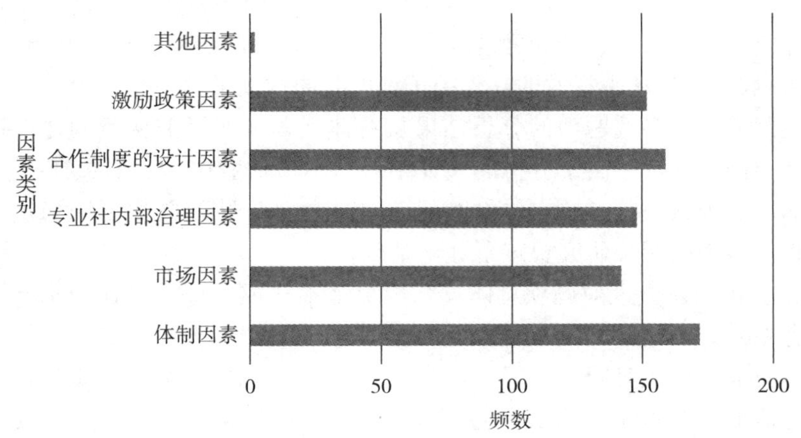

图 5.9 “三位一体”背景下“三社”共生实践的影响因素

度设计因素占比 69.43、激励政策因素占比 66.38、专业社内部治理因素占比 64.63、市场因素占比 62.01 和其他因素占比 0.87。进一步分析可以看出，前五个因素的选择频数占比均超过 60，说明所列因素的影响力度相对均衡，这些因素均涉及前文所搭建“三社”共生系统稳定性理论模型中共生三要素的各方面，如专业社内部治理因素是作为共生主体的内因部分，合作制度的设计因素和体制因素不仅与共生主体的供销社和信用社深化改革有关，也是共生模式中的重要组成部分。激励政策因素和市场因素又成为共生环境中社会环境维度和市场环境维度的集中体现。因此，多选题的分析结果是对前文所涉及因素指标的归纳总结和综合检验。

5.3.3 实证结论

（1）15 个影响因素与从中提取的 6 个因子维度共同构成了“三社”共生系统稳定性的影响因素集。

本节以共生三要素为理论视角，设计了“三社”共生系统稳定性的影响因素模型。在理论模型基础上结合已有文献成果和访谈内容，提出了“三社”共生系统稳定性的 15 个影响因素。然后，根据上述理论内容，通过问卷设计与调查等阶段，运用 SPSS12.1 统计软件对调查问卷进行了信度和效度检验。影响因素个数多且可能彼此之间存在较强的相关关系，于是进一步运用因子分析方法对 15 个影响因素进行检验并归纳出其包含的 6 个因子维度，分别是专业社态势、服务组织服务水平、理念融合匹配、业务融合匹配、社会环境和市场环境。这 15 个影响因素与从中提取的 6 个因子维度共同构成了“三社”共生系统稳定性的影响因素集。多选题项的分析结果从总体视角证明了前文所构建理论模型的正确性，同时验证了因子分析的实证结果。本节对我国“三社”共生系统稳定发展的影响因素进行了全方位的阐释，同时为“三社”共生系统稳定性运行机制和管理体制的相关研究奠定了理论基础。

（2）四类被调查人对题项总体符合情况基本达成共识，只在个别问题的打分上略有差异。

从四类被调查人对同一个问题认识的答案分别进行考察，总体上各类别人员的打分情况集中于 3~5 分，并逐渐向 5 分（满分）的方向发展。这说明各类人员对于各题项认可符合程度具有统一共识并趋于升高趋势。从细节上看，打 5 分的人员类别中供销社最高，其次是信用社、专业社以及其他；打 4 分的人员类别中信用社最高，专业社其次；打 3 分的人员类别中供销社和专业社基本持平。从中可以看出，供销社人员对于各题项的认可符合程度总体上高于来自信用社、专业社以及其他人员，一定程度上显示了供销社人员对促进“三社”合作主导作用的信心高于同为服务型合作组织的信用社，也高于作为生产性服务组织的专业社。“三社”以外的人员打 5 分的最少，说明社外人员对于题项的认可符合程度最低，显示出社外人员对促进“三社”共生发展的前景不是很乐观或者预期其发展是个艰难又复杂的过程

5.3.4 对于实证结论的进一步分析

（1）各因子维度之间存在相互影响、相互交融的有机联系。

从 6 个因子维度来看，专业社发展态势和服务组织水平分别指提高自身经营绩效，而将两者组合起来分析则体现的是共生单元之间的质参量兼容度问题。换句话说，只有在提高共生单元组织运营效率的基础上，才能使各方的质参量更加兼容，才能使共生关系更加紧密。理念融合主要指合作经济的理念和原则等不仅体现在政府政策中，更要深入农户心里，而前提就是要规范办社。让农民了解专业社的优势，让农民乐意加入专业社，更加信任供销社和信用社，“三社”从组织基础上要做到以农民为主体，以农民的利益为核心，才能真正打通“三社”共生系统界面上的各个涉农要素通道。只有打通要素通道后，才能实

现业务融合。在业务融合的基础上才能促进产生更适合的共生模式及其进化。然而，合作社是属于弱势的社会经济企业，“三社”各自的发展以及共生关系维系都离不开共生环境的支持。无论是政策的、法制的还是市场的、产业的，多层面环境因素都会对“三社”共生系统的稳定性造成影响，这些环境因素概括起来无非就是两大类：社会环境和市场环境。这两类影响有时正向，有时负向，各种方向的影响纵横交错，形成了复杂的共生系统环境，并深刻影响着共生单元和共生模式。

（2）“三社”共生模式的演化方向和发展路径是最终形成对称互利的一体化共生模式。

对称互利共生是共生系统进化的一致方向，是共生系统进化的根本法则。任何其他共生模式都是“三社”共生进化的一个阶段和路径。从行为模式看，双方不是共同地、平等地享有收益的共生模式都是非均衡的，“三社”必然要由当前的偏利共生和非对称互利共生向对称互利共生模式转变；从组织模式看，因为“三社”共生系统是一个互补型的社会共生系统，共生单元的结构能构成稳定的物质、信息和能量的生产交换关系，决定了这一共生系统往往容易形成纵向的、一体化的共生模式。随着系统内共生三要素在不同时空演变的发展，“三社”将由当前的间歇共生和连续共生向一体化共生转变，最终形成对称互利的一体化共生模式。然而，最终模式的形成过程中可能会出现阶段性的中间共生模式，如战略同盟等，要在尊重规律的前提下循序渐进。

第6章
“三社”共生系统的运行效率评价

对于“三社”共生系统而言，效率是其存在的基础和要件。只有在效率的基础上才有共生能量的产生，才能使系统持续稳定发展。对其共生组织模式和行为模式开展优化以实现其良好的共生微观效益，就必须要对当前“三社”共生系统发展的效率状况进行评价。

6.1 “三社”共生系统运行效率评价模型的结构与原则

在对“三社”共生系统的运行效率进行评价之前，需要对其建立评价模型。而模型的结构和构建原则对模型选择及其效率评价的结果具有较大影响，故首先对评价模型的结构和构建原则分别进行解释说明。

6.1.1 评价模型的结构

目前，如果直接对共生系统的运行效率进行评价，在方法上还存在一定困难，因此本书仍将共生系统简化处理成服务系统和生产系统之间的共生关系，原因前文已从理论和实践两方面进行了论证。当系统内的所有共生单元被视为两个子系统，于是对“三社”共生系统运行效率的评价就简化为对服务系统与生产系统两个子系统之间共生效率的评价问题。简化后的模型将所有共生单元都纳入了考虑之中，既蕴含了共生的内涵，同时也便于借鉴已有方法，采用宏观数据对两个子系统之间共生关系发展状况进行衡量和评价。简化后的模型如

图 6.1 所示。

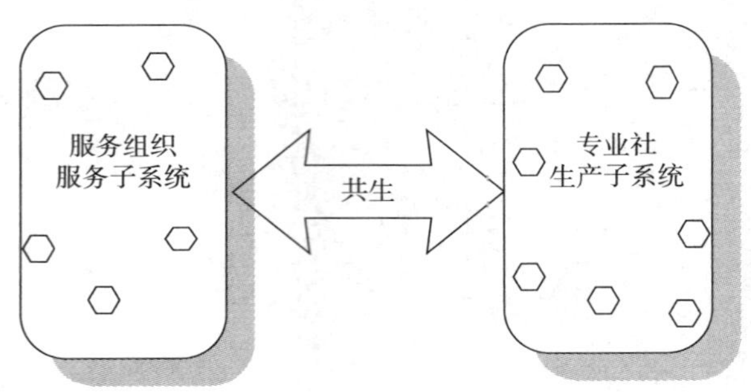

图 6.1 “三社”共生系统中的两个子系统

6.1.2 评价模型的构建原则

对于“三社”共生系统效率评价，本书借鉴徐旭初（2009）对于农民专业合作社绩效评价的基本原则和思路，效率评价注重把握全面性和可操作性相结合、经济绩效和社会绩效相结合、考察产出与考察行为相结合、定量评价和定性评价相结合的四个原则。根据德·尔菲 Delphi 方法的应用要求，本书在前期设计了有关“三社”共生系统效率评价问题的调查表，向来自学界和政界的 10 位专家（其中 6 位是“三社”的业务骨干，另外 4 位是合作经济研究领域的高校教授）发送意见征询调查表的电子邮件。专家意见反馈回来后，通过统计分析对调查表中存在的问题及时处理。随后，再次将修缮后的调查表电子邮件发送给前述专家进行第二轮意见征询，这一次取得了较统一的意见。

据此，本书认为，合作社作为兼具企业和公益组织两种属性的社会经济企业，对“三社”共生系统效率的评价须从行为性绩效和产出性绩效两方面加以考察。其行为性绩效指标应反映其组织建设方面的状态或成果，其产出性绩效指标应体现在农业总产值上。组织建设有内部组织建设和外部组织建设之分，内部组织建设侧重于从微观组织视角评价合作社内部的组织情况，而外部组织建设侧重于从宏观产业的视角考察合作社的数量。从本书研究目的来看，更为关注后者。具体而言，合作社数量的增加反映其行为性绩效的外部组织建设结果，而农业总产值的增加反映其产出性绩效的结果。

6.2 “三社”共生系统的运行效率评价模型构建

6.2.1 评价建模的步骤

评价模型的建立分为两步进行：

第一步，基于两阶段链视角对“三社”共生系统评价进行建模。参考仲深等（2014）研究信用社支农效率的投入产出模型，将信用社支农系统分为两个子系统后进行两阶段链式评价。第一阶段是信用社通过资本和劳动力等生产要素投入实现自身运营阶段，存款和贷款可以看作子系统的产出；第二阶段是信用社投入资金服务“三农”阶段，贷款和额外投入的土地资源是投入，农业产值和农民收入则是子系统的产出。于是，对“三社”共生系统效率的评价分为两阶段进行：第一阶段是供销社和信用社的各自投入生产要素实现自身运营阶段，服务产出可以看作子系统的产出。第二阶段是供销社和信用社对支持专业社运营阶段，第一阶段的服务产出作为第二阶段的投入，生产系统的产出变量是农产品产值。

第二步，考虑共生过程的“三社”共生系统评价研究。鉴于两阶段链视角下的“三社”共生系统评价建模并未打开共生“黑箱”，即共生过程中服务型生产要素的转移（以下简称“服务要素”）缺乏深入分析。故还应将共生过程考虑在内进行更加完整深入的共生评价研究。

6.2.2 两阶段链视角下的“三社”共生系统

在我国农业产业化进程中，专业社作为新型农业经营主体的重要组成部分，其在农业生产经营中面临着生产资金短缺、农产品流通不畅以及科技创新不足等问题。以专业社资金短缺情况为例，据宋洪远和吴比（2018）对河南、浙江和黑龙江三地的调查显示，专业社的资金缺口在 0~500 万元的各额度区间分布相对平均，缺口均值为 249.26 万元。与此同时，以供销社和信用社为代表的“为农服务”型合作组织等正积极参与农业产业化生产与经营，而“三农”正是这两类合作组织生存发展离不开的土壤和生命线。在“三社”共生系统中，最重要的就是涉农资金和农资产品等服务型生产要素的转移与利用，这其中蕴含着涉农服务型生产要素或资源的流动并转移的过程，进而实现农业总产值提高或者专业社作为市场经济主体在数量上的明显增多，此过程实质上就是一种共生过程。鉴于此，将“三社”共生系统的运转过程表现为一个由两个子系统之间存在服务型生产要素转移从事共生活动的两阶段链式经济模型。因此，本书构建了一个两阶段链视角下的“三社”共生系统评价模型。

在网络 DEA 方法的基础上，发展起用于评价有链式网络结构决策单元的整体有效性和各阶段有效性的链式网络 DEA 模型（Seiford L. and Thrall，1990）。如图 6.2 所示，该模型有两个子决策单元 A 和 B，T_a 和 C_a 分别是子决策单元 A 的输入向量和输出向量，且有 $T_a \subset ETA$，$C_a \subset ECA$。C_a 作为中间向量又是子决策单元 B 的输入向量。T_b 和 C_b 是子决策单元 B 的输入向量和输出变量，且有 $T_b \subset ETB$，$C_b \subset ECB$。A 在等产出前沿面上的锥性投入投影和 B 在等投入前沿面上的锥性产出投影可以构成一个虚拟的链型系统。假设每个子决策单元在链式系统内均满足规模报酬不变条件，则每个子决策单元的效率可用 CCR 模型进行评价。

具体来说，将“三社”共生运转过程视为一个过程，并将此过程进行简化。前文已将所有专业社视为生产子系统，所有服务性合作组织视为服务子系统，则该共生系统的投入最开始是服务系统的投入。第一阶段，服务系统首先将农业生产所需的产前资金、农业生产资料等生产要素提供给生产系统，由此通过共生活动和共生关系转移农业服务要素；第二阶段，生产系统利用从服务系统提供的要素服务进行农业生产经营，由此将涉农服务要素转移到“三社”共生系统的专业社生产子系统中。据此构造出“三社”共生服务要素的投入产出两阶段链模型，如图 6.2 所示。

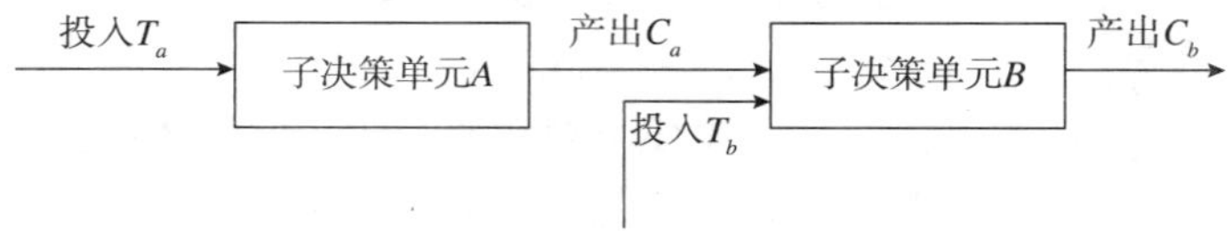

图 6.2　两阶段链式网络 DEA 系统模型

图 6.3 表明，第一阶段信用社和供销社分别进行资产投入和人员投入等。信用社产出为农户贷款数额，供销社通常为农资销售（供应）金额或者数量

等。第二阶段除将第一阶段的农户贷款和农资销售（供应）量直接作为投入外，专业社还有如农机、水、电使用费等其他生产性投入。专业社生产经营后获得的产出为农业总产值，它反映的是“三社”链式共生的市场经营结果。然而，综观整个“三社”共生服务要素的投入产出链，其输出还可能有一个：服务组织涉农要素不断通过链条进行输入、优化，会有更多的农村精英有动力成立新的专业社，或者供销社领（合）办专业社数量持续增加，于是会促进作为市场主体的专业社的数量增加，这也反映了“三社”链式共生的市场主体结果。

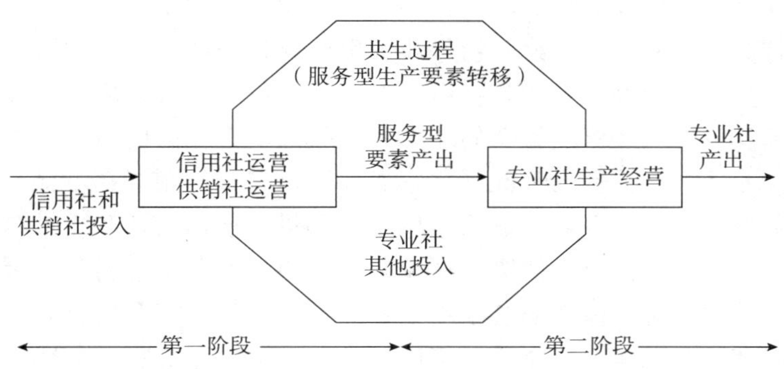

图6.3 两阶段涉农服务型生产要素投入产出链

6.2.3 考虑共生过程的“三社”共生系统效率评价建模

上述“三社”共生系统评价的两阶段链式模型让我们对“三社”共生系统有了一个直观的理解，然而，链式模型虽然已将“三社”之间的共生过程考虑在内，但是以服务系统的资金和农资服务要素的转移过程代替了共生过程，即只考虑到资金和农资等服务要素在系统中的流动，而没有考虑到专业社从系统中在得到共生收益后的回馈问题。显然，构建一个更加合理的“三社”共生系统评价模型非常必要。本书认为，“三社”合作过程实质上是在追求一种共生状态，就需要比前文模型更完善地考虑“三社”合作的共生过程，运用共生的一般理论“打开黑箱”，构建“三社”共生系统效率评价模型，并运用省域“三社”共生系统的宏观数据进行实证分析。

如前文所述，质参量兼容是形成“三社”共生系统的第一必要条件，共生单元间质参量可以用“三社”相关的投入产出指标相互表达，以反映其共生合作活动。“三社”间或两两间因彼此有很强的行为或资源互补性，存在资金、人才和技术等要素的流动，因此满足质参量相容的前提条件。作为一个社会经济组织，专业社和企业一样，资金、技术、人才等构成其主要投入，农产品产值和利润作为其产出，上述有形的和无形的物质同时也体现和构成了专业社的质参量；现有文献通常对供销社和信用社的效率评价采用资产法确定指标，即投入采用资产总量、网点人员数、经营网点数等资产类指标，其产出表现为农户贷款、农资供给和农产品收购、农业人才及技术支持等，这些投入产出指标体现了专业社的物质和能量，同时也构成了信用社和供销社的质参量。可以看出，信用社和供销社是人、财、物等涉农生产要素的产出者，而这些恰好又是专业社进行生产经营的投入要素；由于专业社获得贷款等金融支持以及农业新技术和高素质人才，经营和管理的能力得到很大提升，由此得到更大的产出和营利能力。专业社在获利的情况下，一方面可以增加信用社存款额，另一方面客观上也促进成立更多专业社成为市场主体数量，使信用社和供销社在合作中通过涉农要素输出获得更多的服务对象来源和市场业务的支持，发展空间变得广大。这与共生系统所体现的共生单元各方互惠互利、相互促进和共同发展的本质相同。基于此，本书构建了“三社”共生系统评价模型，如图 6.4 所示。

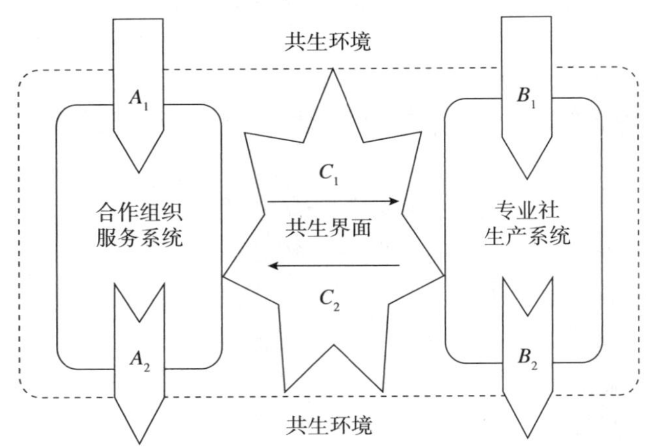

图 6.4 “三社”共生系统运行效率评价模型

从图 6.4 可以看出，共生关系存在于“三社”共生系统中的服务系统和生产系统之间。服务系统从外部环境中获得的投入为 A_1，其对外部环境的各种服

务要素产出等为 A_2；生产系统从外部环境中获得的投入为 B_1，其对外部环境的产出是 B_2。与此同时，服务系统和生产系统通过共生界面还进行着相互之间内部的物质和能量交换，其中 C_1 代表服务系统向生产系统输出的人才、资金、技术等要素，而 C_2 代表生产系统向服务系统输出的农业市场经营主体数量规模和加工收购的农产品等要素。

6.3 我国省域“三社”共生系统效率评价的实证分析

6.3.1 RS-DEA 模型的选择

1978 年，数据包络分析（DEA）方法由美国运筹学家查尔斯和库普首先提出，随后其发展极为迅速。DEA 作为一种数学规划方法，在评价一组同质决策单元（DMU）之间相对效率时使用非常广泛。从本书建立的“三社”共生理论构架来看，其明显特点是多投入、多产出，无论是从投入方还是产出方都不是单一的。DEA 方法可以有效解决该问题，尤其是多产出的困扰。从“三社”的本质属性和组织定位来看，供销社和信用社都试图在实现经营职能的同时完成其服务职能，仅仅依靠发放贷款额或营业利润等普通绩效指标不能准确地反映出两社的要素资源配置效率，而专业社在对外追求市场利益的同时还需对内提高服务组织成员的能力和水平。此外，DEA 方法无须构建生产前沿函数以及各个指标统一量纲等优势，也更有利于得出后续准确的实证研究结果。然而，经典的 DEA 法有其固有缺陷：指标选取具有主观性、属性冗余现象等。粗糙集（RS）理论模型使用一张二维决策表来描述对象和属性，能在保持分类能力不变的条件下，通过约简属性表获得条件属性和决策属性间的最简关系（董威，2014）。因此本书参考王天擎等（2018）将 DEA 方法和 RS 模型相结合的做法，将其运用于我国“三社”共生系统评价中。

确定了研究方法后，就需要对具体的模型进行斟酌选择。目前鲜有文献对“三社”间合作效率进行评价，而从对供销社、信用社或者专业社各自的效率评价研究中，CCR 模型和 BCC 模型在 DEA 方法中均较为常用。本书采用对技术有效和规模有效两者都可进行评估的 CCR 模型，是基于“三社”共生不仅关注产出，同时也要评估区域“三社”共生规模效率的考虑。而网络 DEA 方法可以对每个内部环节对效率的影响进行探究，打开了传统 DEA 操作模式的“黑匣”，因而对“三社”共生系统的评价分析更为适合。即首先将服务系统和生产系统作为独立的共生单元子系统分别进行评价，其次考虑服务系统与生产系统共生过程中的物质和能量流动，进而对共生系统效率进行评价。

假设：共有 n 个 DMU，每个 DMU 的投入数和产出数分别为 m 和 s，共生过程的产出数用 d 表示。DMU_j 的第 i 类输入的投入值为 a_{1i}^j，b_{1i}^j；DMU_j 第 r 类输出的产出值为 a_{2r}^j，b_{2r}^j；DMU_j 中的服务系统和生产系统第 f 种输出的产出值为 c_{1f}^j，c_{2f}^j。各项输入值、输出值及共生过程输出的权重分别设为 v_{1i}，v_{2i}，u_{1r}，u_{2r}，w_{1f}，w_{2f}。上述假设中，$i=1, \cdots, m$；$j=1, \cdots, n$；$r=1, \cdots, s$；$f=1, \cdots, d$。模型图 6.4 中，各投入产出指标的向量形式分别表示为 A_1，A_2，B_1，B_2，C_1，C_2，并用 V_1，V_2，U_1，U_2，W_1，W_2 表示与以上各指标相对应的权重。根据模型图 6.3，式（6.1）和式（6.2）分别对“三社”共生关系中的服务系统和生产系统列出其分式规划，并通过 DEA 变化后得到其线性规划。

$$\begin{aligned}
&\max\ E_1=U_1^T A_2^0+W_2^T C_2^0\\
&s.t.\ \ V_1^T A_1^0+W_1^T C_1^0=1\\
&(U_1^T A_2^j+W_2^T C_2^j)-(V_1^T A_2^j+W_1^T C_1^j)\leqslant 0, j=1,\cdots,n\\
&U_1\geqslant 0, V_1\geqslant 0, W_1\geqslant 0, W_2\geqslant 0
\end{aligned} \tag{6.1}$$

$$\begin{aligned}
&\max\ E_2=U_2^T B_2^0+W_1^T C_1^0\\
&s.t.\ \ V_2^T B_1^0+W_2^T C_2^0=1\\
&(U_2^T B_2^j+W_1^T C_1^j)-(V_2^T B_1^j+W_2^T C_2^j)\leqslant 0, j=1,\cdots,n\\
&U_2\geqslant 0, V_2\geqslant 0, W_1\geqslant 0, W_2\geqslant 0
\end{aligned} \tag{6.2}$$

于是可得到“三社”共生系统的 DEA 效率评价模型，如式（6.3）所示。

$$\begin{aligned}
&\max\ E_3=U_1^T A_2^0+U_2^T B_2^0\\
&s.t.\ \ V_1^T A_1^0+V_2^T B_1^0=1\\
&(U_1^T A_2^j+U_2^T B_2^j)-(V_1^T A_1^j+V_2^T B_1^j)\leqslant 0,\ j=1,\cdots,n\\
&(U_1^T A_2^j+W_2^T C_2^j)-(V_1^T A_1^j+W_1^T C_1^j)\leqslant 0,\ j=1,\cdots,n\\
&(U_2^T B_2^j+W_1^T C_1^j)-(V_2^T B_1^j+W_2^T C_2^j)\leqslant 0,\ j=1,\cdots,n\\
&U_1\geqslant 0, U_2\geqslant 0, V_1\geqslant 0, V_2\geqslant 0, W_1\geqslant 0, W_2\geqslant 0
\end{aligned} \tag{6.3}$$

在构建了 DEA“三社”共生投入产出指标体系后，首先计算其评价效率，然后对所得数据进行离散得到适合粗糙集处理的决策表，再利用粗糙集挖掘影响投入产出效率的关键属性并推导出规则集，最后调整并完善非有效的 DEA 指标。

6.3.2　指标体系的构建

（1）构建评价指标。

指标变量的合理选择和定义对效率估计结果具有重要影响。能够衡量合作组织服务型生产要素投入产出的指标众多，供销社和信用社各自的投入产出指标尽管相似但也不同。在服务“三农”领域，张大海（2012）认为，供销社有资产总额、负债总额以及财政扶持等八个投入指标，将投入指标要素的本质进行概括后可归纳为资金、人才、经营网络等。关于信用社，孟晓霞（2016）等对信用社效率的研究选取存款总额、营业网点数、员工人数作为投入指标，选取涉农贷款（指标为农村企业贷款和农村各类组织贷款）作为产出。从本质上看，信用社的投入要素有资金、人才和经营网络等，产出要素有利润或涉农贷款等。

结合“三社”投入产出指标的已有文献，并根据服务系统和生产系统之间存在的共生关系理论模型，本书构建了“三社”共生系统运行效率评价指标体系。其中，资金用信用社农户贷款中农业企业和其他组织贷款额指标来衡量，技术和人才用供销社当年农资销售额指标来衡量；生产系统的共生产出主要为信用社存款量、专业社数量以及农产品产值，同时也是服务系统的共生投入。考虑到模型特性，分别用信用社次年存款增额、供销社领（合）办专业社次年新增数量以及供销社当年农产品购进额来衡量。两子系统分别与外界以及两子系统之间进行投入产出的相关活动，如表 6.1 所示。服务系统与生产系统之间物质和能量的交换也是基于前文两子系统的投入产出关系，体现出了“三社”共生系统最重要的共生特点。

在服务系统与生产系统的共生过程中，基于数据的可得性，选取信用社当年农户贷款中农业企业和其他组织部分（I_1）作为资金投入的代表，供销社当年农资销售额（I_2）作为技术和人才投入的代表。考虑到系统的产出指标必须满足“三社”共生单元的各方需求，故采用能反映农产品产值的供销社当年农产品购进额（O_1）、反映专业社数量增量的供销社领（合）办专业社次年新增数（O_2）和信用社存款量的信用社次年存款增额（O_3）三个系统产出指标来代表。

表 6.1 “三社”共生系统评价模型指标

共生活动	投入产出模型	一级指标	二级指标
服务系统与共生环境交换物质和能量	服务系统外部投入 A_1	净资产总额	信用社当年资产总额（亿元）
			供销社当年资产总额（亿元）
		网点数	信用社当年机构网点数量（个）
			供销社当年基层社经营网点数（个）
		从业人员数	供销社当年从业人员（人）
			信用社当年从业人员（人）
	服务系统外部产出 A_2	存贷款量	信用社当年存贷款总额（亿元）
		购销总量	供销社当年购销总额（亿元）
生产系统与共生环境交换物质和能量	生产系统外部投入 B_1	资产及人员	专业社当年数量（个）
		资金	专业社当年出资总额（亿元）
	生产系统外部产出 B_2	农业产值	当年农业总产值（亿元）
服务系统与生产系统交换物质和能量	服务系统向生产系统输出 C_1	资金	信用社当年农户贷款中农业企业和其他组织部分 I_1（亿元）
		技术和人才	供销社当年农资销售额 I_2（亿元）
	生产系统向服务系统输出 C_2	农产品产值	供销社当年农产品购进额 O_1（万元）
		专业社数量	供销社领（合）办专业社次年新增数 O_2（个）
		信用社存款量	信用社次年存款增额 O_3（万元）

注：上述指标均指一定地域范围内的供销社全系统和信用社全系统。

（2）数据来源及说明。

根据农业周期性的生产特点，投入与产出存在一般为 1 年左右的滞后期。因此本书信用社和供销社涉农服务要素投入数据采用第 t 年，服务要素产出也用当年即第 t 年，专业社产出结果采用次年即 $t+1$ 年。即服务投入和产出采用 2015 年数据，专业社的生产经营产出采用 2016 年数据。由于 4 个直辖市没有信用社故不在讨论范围，西藏数据不全，本书最终选取了全国 26 个省（区）作为研究对象，数据选自 2016 年和 2017 年的《中国供销合作社年鉴》、中国供销合作网及各省份供销合作网、《中国农业年鉴》、农业部官网、《中国金融年鉴》、

Wind 数据库以及《2016 年中国县（市）社会经济统计年鉴》等。由于自 2008 年后信用社系统改制原因以及研究目的需要，信用社数据由省份信用社系统中农村合作银行的相关数据汇总而成。

6.3.3 实证结果与分析

（1）实证结果。

依据式（6.3）中所建模型，本书采用 DEAP 2.1 软件计算了我国 26 个省份范围“三社”共生系统的运行效率值，并采用 CCR 模型计算出了服务系统和生产系统两个子系统的各自效率以及传统 DEA 效率，以便可以对比考虑“共生过程”后的“三社”共生系统效率，计算结果如表 6.2 所示。

表 6.2 “三社”共生系统和共生单元子系统运行效率值

省份	共生系统	整体效率	服务系统效率	生产系统效率	DEA 有效
浙江	1	1	0.7570	0.7510	有效
河北	1	1	0.9970	0.4100	有效
内蒙古	1	1	0.7050	0.4200	有效
辽宁	1	1	0.6570	0.4440	有效
新疆	1	1	0.9460	1	有效
山东	0.9500	1	1	0.5610	弱有效
广西	0.9010	1	1	1	弱有效
江苏	0.8720	1	0.7580	0.7480	弱有效
云南	0.8690	1	1	0.7520	弱有效
广东	0.8640	1	0.7450	0.7030	弱有效
黑龙江	0.8400	1	1	0.7040	弱有效
湖北	0.8250	1	0.7340	0.4390	弱有效
海南	0.7850	1	0.6410	0.3150	弱有效
福建	0.7170	0.7330	0.6770	0.5990	无效
吉林	0.7010	0.8310	0.4570	0.5210	无效

续表

省份	共生系统	整体效率	服务系统效率	生产系统效率	DEA 有效
陕西	0.7000	0.8390	0.7980	0.6560	无效
河南	0.6900	0.6950	1	0.4970	弱有效
湖南	0.6620	0.8020	0.6720	0.7850	无效
贵州	0.6460	0.9240	0.7150	0.7160	无效
四川	0.6210	1	0.7100	0.5630	弱有效
山西	0.5860	1	0.5180	0.3220	弱有效
宁夏	0.5780	1	1	0.5050	弱有效
青海	0.5310	0.6110	0.4210	0.5760	无效
江西	0.5280	0.5830	0.9200	0.3520	无效
甘肃	0.5000	0.7440	0.8250	0.4510	无效
安徽	0.4010	0.4420	0.6785	0.3240	无效

为了更清楚地看出我国省域范围内共生系统差异以及与子系统的关系，将上述“三社”共生系统以及各共生单元子系统的效率值绘制于折线图中以便进行更加直观的展示，如图 6.5 所示。

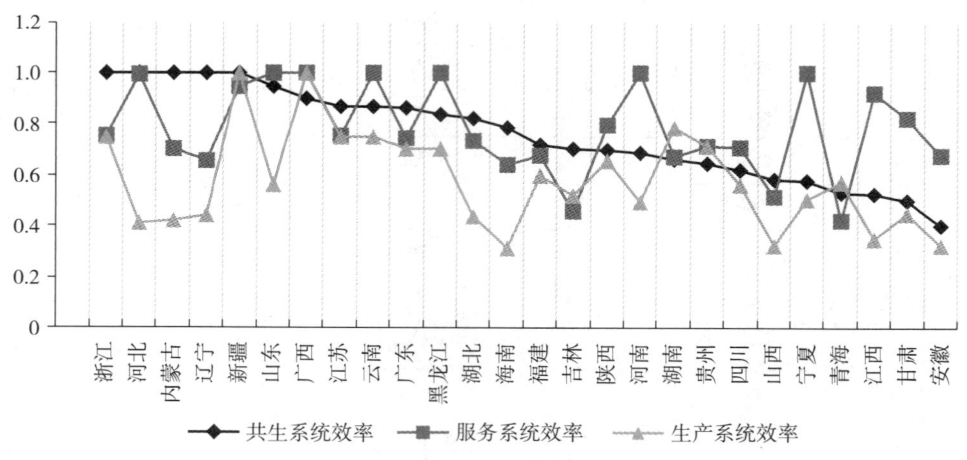

图 6.5　我国省域范围内共生系统运行效率差异

从表 6.2 来看，采用 DEA 方法所计算的“三社”合作效率都大于或等于“三社”共生的效率值，在一定程度上表明所建模型将服务系统和生产系统之间的共生过程考虑在内后，“消耗”了部分效率值。

得到 DEA 评价“三社”共生系统的结果后，继续采用 RS 法将模型中的投入指标作为条件属性，决策属性由表 6.2 中各省域共生系统值表示。A 代表 DEA 相对“有效”，B 代表 DEA“弱有效”，C 代表 DEA“无效”。并通过粗糙集中的等频率离散法将各指标数据由高到低进行离散化为 a~d 四个区域，得出基于 RS 的评价决策表，见表 6.3。

表 6.3 “三社”共生系统运行效率评价

省份	I_1	I_2	O_1	O_2	O_3	ρ	省份	I_1	I_2	O_1	O_2	O_3	ρ
浙江	a	a	a	a	b	A	福建	c	c	b	d	c	C
河北	a	b	a	a	b	A	吉林	c	d	b	d	c	C
内蒙古	a	b	b	a	b	A	陕西	b	c	c	c	d	C
辽宁	b	a	b	a	a	A	河南	c	d	b	c	b	B
新疆	a	b	b	a	b	A	湖南	b	c	d	c	c	C
山东	b	b	b	b	c	B	贵州	b	d	d	d	d	C
广西	b	c	c	b	c	B	四川	b	b	c	c	c	B
江苏	b	c	b	c	b	B	山西	b	b	c	c	b	B
云南	c	d	b	c	b	B	宁夏	b	b	b	b	b	B
广东	b	b	b	b	c	B	青海	c	c	b	d	c	C
黑龙江	b	b	c	c	c	B	江西	c	d	b	d	c	C
湖北	b	b	b	c	d	B	甘肃	b	c	c	c	d	C
海南	c	d	b	b	c	B	安徽	c	c	b	b	b	C

然后，要得到有意义的最终约简集合需要同时含有“三社”共生投入及产出指标，采用遗传约简算法对“三社”共生系统评价决策表进行属性约简，计算的最终结果有 2 个约简集：$\{I_1, O_1, O_2\}$，$\{I_1, O_2, O_3\}$。可以看出，信用社当年农户贷款中农业企业和其他组织部分（I_1）和供销社领（合）办专业社次年新增数量（O_2）为决策表的核属性，说明信用社对专业社贷款量以及供销

社领（合）办专业社数量对于提高省域和区域“三社”共生系统具有十分重要的意义和作用。

从省域来看，结合表 6.3 和我国“三社”共生现状进行分析可以发现：

①对于“三社”共生 DEA 有效（$\rho = A$）的地区，有浙江、河北、内蒙古、辽宁、新疆 5 个省份，将之称为“共生有效省”。从合作组织间合作的视角可以看出其涉农资源的配置比较合理，避免了资源的过度投入而带来的浪费。

②对于“三社”共生弱 DEA 有效（$\rho = B$）的地区，如山东、广西、江苏、云南以及广东等省份，它们有的是服务系统相对有效，有的是生产系统相对有效。代表其“三社”共生中的投入产出规模配置有趋向合理的势头，拟达到 DEA 有效需对系统进行微量调整。

③而以安徽、甘肃、江西、青海为代表的省份“三社”共生系统 DEA 无效（$\rho = C$），这些“共生惰性省”其系统的主要特征表现为“高投入、低产出”。这些地区要找到自身原因，积极向 DEA 有效地区学习经验，结合自身实际拓展“三社”合作的规模，优化涉农资源的投入产出配置效率。

从区域来看，对我国八大区域内“三社”共生系统效率进行分析对比，结果如表 6.4 所示。

表 6.4　我国八大区域“三社”共生系统运行效率值

区域	包括省份（以 26 个省份为研究对象）	“三社”共生系统效率	
		效率均值	标准差
北部沿海区域	河北、山东	0.9750	0.035355
南部沿海区域	海南、广东、福建	0.7887	0.073569
东部沿海区域	浙江、江苏	0.9360	0.090510
东北区域	辽宁、吉林、黑龙江	0.8470	0.149623
长江中游区域	湖北、湖南、江西、安徽	0.6040	0.181833
黄河中游区域	陕西、山西、河南、内蒙古	0.7440	0.178281
大西南区域	云南、贵州、四川、广西	0.7593	0.146147
大西北区域	甘肃、青海、宁夏、新疆	0.6523	0.234040

我国八大区域“三社”共生系统效率分布情况如图 6.6 所示，通过图 6.6

可以对各区域的效率值进行直观的对比。

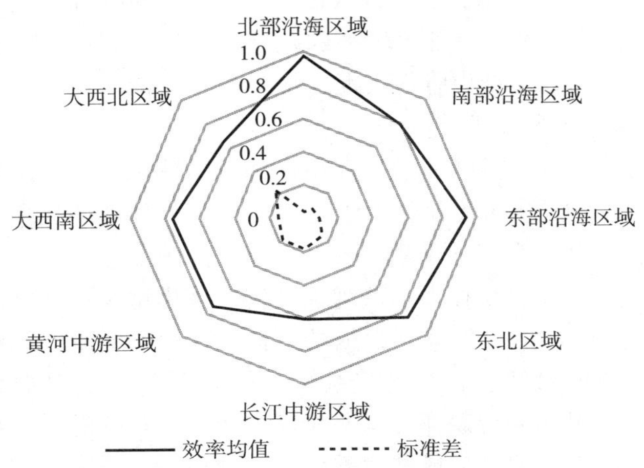

图6.6 我国八大区域“三社”共生系统效率分布

从图6.6可以看出，各区域效率均值以北部及东部沿海区域的相对效率最高，分别为0.9750、0.9360，东北区域达到0.8470相对较高。一方面是因为如浙江、山东、河北及东三省等省份大多地区经济发达或者为农业大省，已有文献表明，区域经济越发达，信用社和专业社之间或者供销社和专业社之间的共生程度越高，表明其“三社”合作水平和范围相对较好，各主体间共生的范围也较大，故共生系统较高，这也契合了已有研究结果。农业大省的农业GDP占比高，这也为“三社”共生提供了良好的土壤环境。另一方面也部分反映出2014年国务院批准的山东、河北、浙江和广东4省开展供销社综合改革试点初有成效：浙江省以供销社为主导整合新老合作资源，以提高为农服务效益为目标，积极打造“三位一体”为农服务大平台；山东省试点以开展土地托管服务为手段实现促进农业增效和增收，探索出了一条具有中国特色的农业现代化路径。河北省供销社着力构建新型供销合作社组织架构，在省、市、县、乡组建农民合作社联合社，从而提高了农民生产经营的组织化程度。本书得出的实证分析结果也与诸多研究结论相吻合。而“三社”共生系统在长江中游区域较低，仅为0.6040，表明该区域省份的“三社”共生相对程度较低，合作效率不高。分析原因是该区域4省均属于中部板块，农业GDP占比高，相对东部地区经济总体发展落后，增速弱于东、西部，所以“三社”共生在一定程度上受地方经济条件所限。从标准差来看，其值反映的是八大区域诸多省区在效率均值附近的波动程度。大西北及长江中游区域标准差值相对较高，说明域内省份在“三社”共生系统水平上则表现出较强的差异性。而东部、北部和南部三个沿海区域较低的标准差说明域内省份表现出较强的相似水平。

（2）实证结论分析。

通过上述分析，本节得到如下研究结论和政策建议：“三社”合作的过程本质上追求的是一种共生过程，这为研究“三社”合作效率提供了一个全新的视角。本节基于共生理论，充分考虑了“三社”合作中的“共生”过程，构建了“三社”共生的效率评价模型。从理论上讲，该模型及指标体系也是适用于省级以下的市县乡各级的，但限于数据的可得性，本书使用宏观数据从省域差异和区域差异两方面对“三社”共生系统进行了评价。研究结果表明：第一，目前我国“三社”共生系统总体上水平较低，而且，较低的生产系统效率及其与服务系统效率的不匹配是造成共生整体上效率较低的重要原因。“三社”合作的整体效率受“三社”共生水平高低的影响。第二，在省域和区域水平上“三社”共生系统都存在较大差异，结合分析结果可以推断：共生系统的高低与地区经济发展水平及农业竞争力的总体经济外部环境存在着较强的关联关系。第三，效率排名落后说明省域内专业社共生单元或服务组织共生单元在一定程度上具有“共生惰性”，激活“共生惰性”的省域共生单元参与度才能获取更高的系统效率。第四，通过 RS 法对决策表核属性进行确定，反映出信用社对专业社贷款量和供销社领（合）办专业社数量对于提高省域和区域“三社”共生系统具有十分重要的意义和作用。

诚然，任何实证结论都会受到一定经济环境的影响，如市场环境、政策环境、制度环境等，各种经济环境相互影响、相互交织在一起，处于各种复杂的变化中。在这样的环境影响之下，经济事件的结果往往不会受单一因素决定，而是受多种因素共同决定的。因此，上述采用了省级层面数据对“三社”共生系统效率进行了评价，但其评价结果仍然会受到其他省际因素的影响。但就研究目的而言，本书主要侧重于在理论上构建系统评价的指标体系，同时在数据可得性前提下对所构建的指标体系进行经验分析，从这个意义上说，实证结果还是具有一定的参考价值和实际意义的。

基于此，政府要参考借鉴国外经验，对于“三社”合作应加强促进和正确引导，积极搭建平台，有效落实中央提出的“三位一体”综合合作的顶层设计，各地方政府要出台促进“三社”共生合作的政策机制，鼓励信用社贷款给专业社、供销社领（合）办专业社等合作形式。唯有将微观组织共生和宏观政府指导作用相结合，才能使“三社”共生系统有效运行。从“三社”共生系统视角出发，系统运行并不是单纯的市场结果，更不是仅仅依靠政府推动，而是依托政府和市场等外界共生环境或共生界面的共同作用，“三社”及其利益相关者与市场和政府进行“共生演化”的结果。

第7章 “三社”共生系统视角下浙江农合体系分析

对“三社”共生系统的理论和实证分别进行分析后，本章将继续扩大研究视野，从共生的视角对国际农业合作经济组织体系进行分类，浙江作为“三位一体”农合体系构建的发源地，其“三社”共生系统的运行效率在全国排名处于前端。故本章将以浙江“三位一体”的农合体系实践形式之一的瑞安农协作为案例，对所搭建的“三社”共生系统的理论分析框架做进一步的应用研究。

7.1 农业合作经济组织体系分类

综观世界，几乎所有发达国家在农业领域不同产业链环节的合作社都会有个归属——农合体系，依照前文论述，这个体系可以称为“合作社共生系统”，只是这个“合作社共生系统”在不同国家的表现情形不尽相同而已。

7.1.1 农业合作组织体系的产生

农业合作经济组织体系（以下简称“农合体系”）的产生主要是基于两种背景：自然因素和人为因素。自然条件上，农业具有天然的弱质性，而合作社作为合作经济的代表性形式，在一定程度上可以有效规避农业弱质性问题。首先，农业生产具有周期长、受自然条件约束力大的特点，造成其生产风险大；其次，农产品市场最接近完全竞争型市场，价格受市场供求影响最大，因而波动性也大，故其市场风险大；最后，农产品尤其是果品、蔬菜等不易保存，对流通到市场的时间和条件都有要求，故其储运风险也比一般工业品大得多。因为农业的弱质性，从事农业生产主体的农户自然也具有了弱质性，尤其以从事小农经济的农户弱质性更为明显，使小农经济条件下的农户成了弱势群体。从本质上讲，合作社属于经济弱势者的互助性组织，加入合作社可在一定程度上避免农业生产弱质性带来的潜在风险，所以在农业产业链的不同环节上有很多种合作社，如生产合作社、营销合作社、信用合作社及保险合作社等。理论和实践已经表明，农业合作社有助于农民降低各类风险，是解决微观家庭与宏观市场矛盾的有效组织，是保护农民经济利益的重要渠道。不论哪种合作社，在农业生产领域都会面临来自资金、技术、市场等各种问题的发展约束，合作社会寻找解决路径，如横向与同类型合作社组成联合社以形成规模效应，或者纵向将营销、加工、信贷以及保险等与农业产业链的关键环节纳入自身业务范围以争取实现一体化经营等。此外，除自然条件影响农合体系的创立之外，人为条件也会促进其产生。例如，从现代意义来说，韩国的农合组织体系是为了抵抗外来资本主义侵略而产生的。我国成立生产社、供销社以及信用社等的初衷也是为了更好地应对国家经济基础薄弱、解决人民生活问题。下文将对日、韩、美三个典型性国家农合体系的现实状态进行国际比较和经验借鉴。

7.1.2 农业合作组织体系的经验借鉴

（1）日本农协。

日本农协（JA），作为全世界公认的最为成功的农业组织形式之一，促进了农民收入的提高，使全社会贫富差距缩小，造就了日本经济“二战”以来的腾飞。日本农协在官方层面正式宣告成立的标志是1947年《农业协同组合法》的颁布。日本农协是一个国内组织基础最广泛、极具影响力且遍布城乡的农民互助合作组织。日本农协的组织架构可自下而上分为金字塔形的三个层次：依次为位于基层的“市町村综合农协”和“市町村单元农协”两种、中层的“都道府县农协联合会”以及上层的“全国农协中央会”。其组织结构中的关键词有两个：一是“自下而上”，说明农户加入农协都是自愿的，而非政府强制其加入；二是“金字塔形”，说明日本农协的基层、中层和上层三个层次的重心是在基层。20世纪末开始，随着农户人数减少以及基层农协的合并，位于中层的各都道府县联合会逐渐与上层的全国中央会合并，农协体系由三层组织结构向两层结构方向演化。在这样的集约化组织架构下，日本农协从业务范围和内容上看，是朝着综合化和规模化的方向发展。日本农协兴办了指导事业、经济事业、信用事业、福利事业和共济事业五个组织，涵盖了农民生产和生活的方方面面（刘松涛和王林萍，2018），被誉为从“摇篮到坟墓”的大管家，使日本“三农”问题得到了有效解决，对当地农业发展的作用至关重要。日本农协从事的五项事业之间是息息相关、不可分离的。其组织架构及业务功能如图 7.1 所示。

以日本农协的经济事业和信用事业为例展开相关描述。经济事业分为销售农产品、供给农资和生活物资两部分。总体而言，经济事业的开展是以农协的统购统销原则为核心的。信用事业方面，农民信用合作社是日本农协的最初形式。农协从事信贷事业的系统组织是：基层综合农协—JA 信连—农林中金，每层组织的法律地位也不同于其他银行。总体而言，信用事业是以农协的信用业务垄断、高存款利率和以基层为服务对象等特征加以开展的。现如今，农协已逐步演变成日本最大的经济垄断集团和政治既得利益集团。2015 年日本的新《农协法》颁布后，日本农协由于自身原因和外界环境变化实行了全面改革，对其各项事业和发展趋势都有所触及，其对于存在问题的变革方式和路径也值得我国思考和借鉴。

（2）韩国农协。

在过去的近 60 年，韩国农协（NACF），通过开展各种业务来支持农业和农村建设，使韩国农业在国际竞争中立于不败之地，在有效满足农民需求方面成效显著。与日本农协不同，韩国农协是在国家主导下，按照自上而下的顺序组建起来的综合性体系。1987 年以前的人事任命顺序也是自上而下，后通过《农协法》修订为农协要员由任命制改为直选制。韩国农协的组织架构与日本农协相同，从下而上依次分为三层：基层的面（邑）组合、中层的郡（县）组合和上层的全国中央会。但随着中层的郡（县）级组合因为实际效果远离预期，1981 年变更为上层即全国农协中央会的分支机构。2012 年起，韩国农协开始实行“一分为三的大鹏鸟式组织架构”。鸟头和中间体是中央会，自负盈亏的农协经济控股公司和农协金融控股公司作为两翼（杨团，2018）。韩国农协的业务涉及领域也颇为广泛，有教育培训、技术服务与指导事业、流通业务、信用事业、保险与福利事业以及发挥利益表达与代表的作用。图 7.2 展示了韩国农协组织及事业结构。

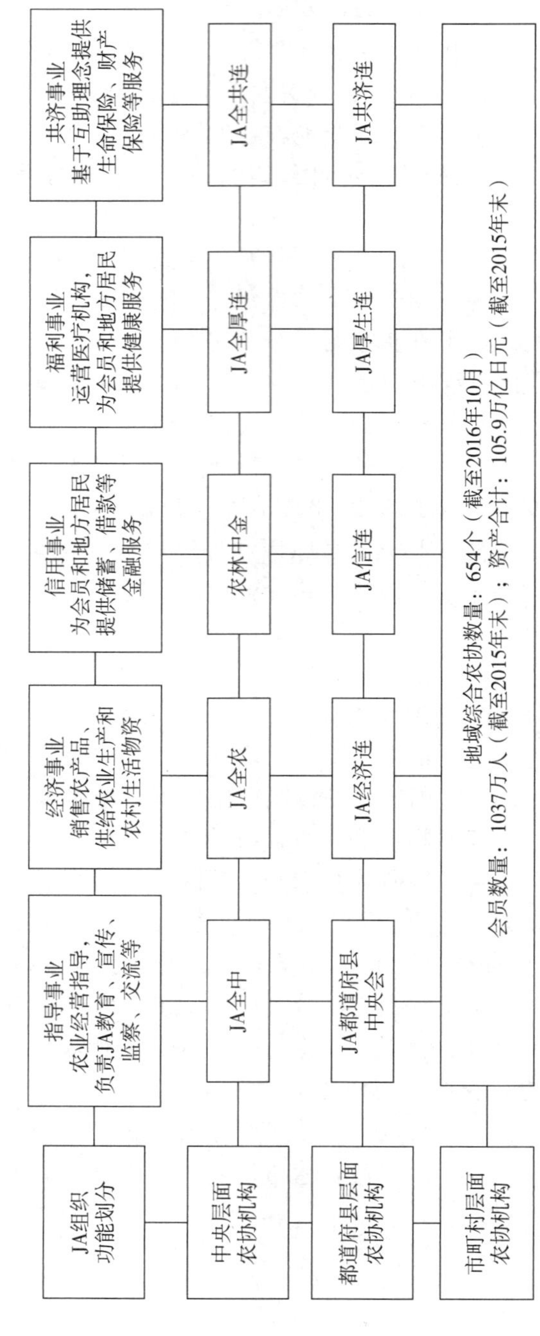

图7.1 日本综合农协组织结构及职能

资料来源：刘松涛，王林萍. 新《农协法》颁布后日本农协全面改革探析[J].现代日本经济，2018(1)：25-36.

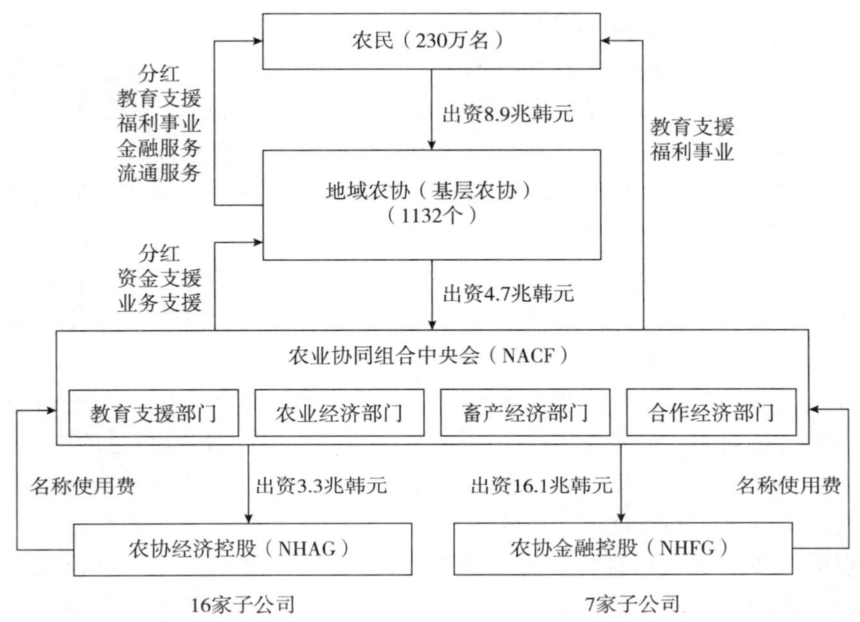

图 7.2 韩国农协组织及事业结构

资料来源：杨团．由乡村基层治理到国家治理——韩国农协结构性市场化改革的根源与中国启示［J］．探索与争鸣，2018（2）：95-105+143.

从图 7.2 可以看出，韩国农协各项事业的开展有两个重要的方向：一是出资的方向；二是分红和服务（支援）的方向。首先来看出资方向，农业协同组合中央会（以下简称农协中央会）的成立需要从最基层的组织单位——农户开始出资，成立具有地域性的基层农协，然后基层农协继续出资成立中央会，并由中央会出资运作处于农业生产最关键环节上的两家控股公司。三级组织架构及其下属控股公司均具有直接的资金注入关系，这就将各级组织与机构的利益紧密地结合到了一起。正是因为有了这层紧密的资金利益关系，使得从农协中央会及其所属公司竭尽为处于生产最前端的农民进行最为周到的各种服务，如品牌、金融、流通、教育以及福利等，不仅为农民从事专业化生产保驾护航，也为农民免除了很多生活中的后顾之忧，使农民集中全力从事自身最擅长的生产，提高了农业资源的使用效率。

（3）美国农合体系。

区域性和全国性两种不同属性的农业合作社构成了美国农合体系。区域性农业合作社由农场主构成，全国性农业合作社负责合作社之间的沟通与协调。基于美国的国情和农情，从农合组织类型上看主要有市场型、购买型和服务型合作社三种，其中以市场型为主，约占农合组织总数的五成，购买型约占四成，服务型最少，约占一成。成员和合作社覆盖面广，表现在平均每 6 个农场主就加入 5 个不同类别的合作社，而且彼此间毫不冲突。农民可以通过加入各种类型的合作组织去获得符合自身利益的优惠政策。美国政府在农合组织发展方面的主要职能是为其提供服务，干预很少。美国的农业管理部门虽然较多，因为实行按产品种类的职能分工，避免了重复监管问题，同时建立了以合作为前提的联动部门间协调机制。

综上，由于政治、经济及社会环境的背景差异，日本、韩国和美国等农业发达国家在长期的合作经济实践中，根据自身农情形成了各具特色的农合体系，以此来协调合作社与市场之间、合作社与政府之间、合作社与其他利益主体之间的利益协调等相关问题，从而体现出了不同的体系特征。但其中也有一些共同特点值得我国借鉴：首先，健全的合作社法律法规体系，强化执法；其次，建立统一协调的管理机制，明晰各部门职责；再次，以市场需求为导向，以提高市场竞争力为目标，加强农产品供应链整体合作；最后，建立自上而下与自下而上相结合的系统完善的农合体系。借鉴发达国家农合体系的建立和维系对我国发展农业合作经济的意义长远且重大。

7.1.3 农业合作组织体系的分类

农合体系基于不同理论视角和实践领域有不同的分类，本书主要从业务范围、主导机构、组建顺序以及共生模式等不同方面对其进行分类。首先，从其业务范围来看，可分为综合性农合体系和专业性农合体系两大类。综合性农合体系的代表国家主要集中于东亚的日本、韩国，标志性特征是将从事农村合作金融事业的信用部门嵌入农协，即合作金融作为两国基层农协的内设部门而存在。其次，从其主导机构来看，可分为政府主导型和农户自发型，也称为政府推动模式和市场推动模式。对于东亚的小农国情，其大规模合作不可能自发产生，需要政府的主导与扶持去打破各种强势利益集团的阻隔。再次，从组建顺序来看，分为自上而下型和自下而上型。前者以“小农经济”为主导的东亚国家为主，后者以“大农经济”为主导的欧美国家居多。最后，从共生模式中的组织模式来看，可分为一体化共生模式和非一体化共生模式两大类。如日本、韩国及我国台湾的农协就是典型的一体化共生模式，而欧美发达国家多以间歇共生和连续共生模式等非一体化共生模式为主，如表 7.1 所示。

表 7.1　国际农合组织体系的比较分类

分类标准	类型	分类标准	代表国家（地区）
从业务范围分	综合型	农村合作金融隶属于农合体系，是基层农合体系内的信用部	以日本、韩国及我国台湾地区等为代表
	专业型	农村合作金融不隶属于农合体系内，是独立的金融机构	以欧美国家为代表
从主导机构分	政府主导型	政府在农合体系建立和发展模式上起推动作用	以东亚国家为主
	农户自发型	市场在农合体系建立和发展模式上起推动作用	以欧美国家为主
从组建顺序分	自上而下型	政府主导通常为自上而下型	以东亚国家为主
	自下而上型	市场主要通常为自下而上型	以欧美国家为主
从共生模式分	一体化共生模式	涉及农民生产、生活的各方面综合性业务	日韩及我国台湾地区是一体化共生模式的典型代表
	非一体化共生模式	以某项专业型业务为主的联合与合作	欧美国家以非一体化共生模式为主

综上，无论是农业发达的欧美国家，还是不断崛起的亚洲国家和地区，尽管具体形式和种类各样，但各国的农合体系都构成了国家农业社会化服务体系的重要组成部分，同时也为促进农业国际竞争力增强发挥着不可替代的作用。从发达国家的经验来看，农合体系取得了巨大的成功，其实践效果也不断被印证。当前很多发达国家政府对农业的支持都已逐渐转变为对农合组织及其体系发展的支持，足以可见其农合体系对农业发展的促进作用相当显著。东亚的日本及韩国秉承着法团主义的组织方式和机制构建了堪称典范的日本农协和韩国农协（许欣欣，2013），而后者对于同以小农经济为主要特征的我国具有很强的借鉴意义。国内很多学者认为，我国应设立以综合性合作组织为主，专业性合作组织为辅的纵向一体化农协体系，作为解决“三农”问题的垄断性组织平台。

7.2 “三社”共生系统下浙江“三位一体”农合体系实践形式①

理论只有解释了实践并进一步指导实践才具有生命力。前文已搭建了完整的“三社”共生系统理论框架，还需通过实践来检验其诠释力。在习近平的“三位一体”农业合作思想指导下，浙江省近十几年来不断积极探索“三位一体”综合合作的实践形式。从当前来看，主要有前期的瑞安综合农协、后期在全省范围内成立的农民合作经济组织联合会（以下简称“农合联”）、成立“三位一体”实体公司以及建立产业合作园区等几种形式（李涛，2018）。无论哪种形式，“三位一体”综合合作作为一种专业社、供销社和信用社所组成的新型合作模式，在相关理论假设上均与前文提出的“三社”共生系统的基本特征相吻合。能预期的是，运用“三社”共生系统的理论框架，可以有力地支撑我国新时期农合体系建设相关问题的研究。

7.2.1 瑞安农协形式

2005 年，时任浙江省委书记的习近平看到了农业经营体制两层面发展不平衡的矛盾，在主政地浙江提出了供销合作、信用合作、农民专业合作的“三位一体”的新型农合体系思想。在此思想的指引下，2006 年 3 月，位于浙江东南部的瑞安市在党委政府的大力支持下，率先开始组建由供销联社、信用社下属的合作银行和辖区内各类专业社组成的综合农协，在自愿的基础上制定了一系列保障措施，整合联合实现了多层次合作。作为一种新型农合组织体系形式，瑞安农协实质是合作社的合作社，是合作社联盟，是一种特定的合作组织条件

① 关于“三位一体”有多种提法。2006 年习近平提的是“农民专业合作、供销合作、信用合作‘三位一体’的农村新型合作体系”，2015 年浙江省委提的是“生产、供销、信用‘三位一体’农合组织体系”，2017 年中央一号文件提的是“生产、供销、信用‘三位一体’综合合作”，当前浙江省有关部门提的是“‘三位一体’改革”、构建“三位一体”合作体系，实际建设的是“三位一体”的农合联（徐旭初等，2018）。本书中所提到的“三位一体”综合合作、“三位一体”综合改革和“三位一体”农协等均指“三位一体”农合体系。

下，基于生产流程的投入产出关系，其实质是在农业产业链上下游合作社之间的共生关系。随着浙江全省范围内农合联组织体系的逐步建立，瑞安农协已经发展到了第二阶段，即农合联阶段。

7.2.2 农合联形式

农合联是由农民合作经济组织和各类为农服务组织（企业）组成的农民合作经济组织的联合组织。农合联的性质是党与政府及农民群众紧密结合的桥梁、抓手和综合平台。从农合联的定义和性质可以看出，农合联的建立使各类合作经济组织有了自己统一的上级部门，不再各自为政，以确保农民分享到整个产业链的利益。使供销社、信用社回归“三农”与合作制，从根本上推动了“三农”治理模式和发展模式的转变，逐步实现了以政府为主导的单向模式向以政府为主导，同时市场运作、社会参与并举的双重模式转型。农合联和过去农民常见的合作社不同，区别在于从农合联的构成来看，它是依托供销合作社作为执委会的众多农民合作社的一个联合，其规模、服务水平和抗风险能力都较过去有所提高。农合联既是合作组织，同时又是合作组织间的联合，其属性是一种合作组织性质的联盟。从共生理论视角看，合作社联盟是一个共生系统。然而，这一共生系统中各方关系的协调，涉及供销社体制改革、信用社体制改革、涉农部门职能转变的诸多事宜，所以不能把“农合联”的成立形式化，不能是开完会、挂块牌子就了事。作为执行委员会的供销社要在克服自身很多问题的情况下在“农合联”中有效发挥作用，也面临很多难题需要解决。农合联定位为非党政部门、非营利社会团体，它不是企业，是在党和政府领导下的平台性、为会员共建共享的合作组织。通过会员之间的纵横向一体化，促进了区域农合联和产业农合联的形成，更好地为会员服务，增强会员抗风险能力，共享平台收益。建立地位平等、信息对称和利益共享的共赢机制是共生互动的前提。此外，为了确保农合联会员的共生发展，尚需探求在市场机制中可持续的利益共享目标。

浙江农合联的实质是与供销社综合改革紧密结合的、具有创新生态系统属性的联盟性中介组织（徐旭初等，2018）。这里所提出的创新生态系统与本书所提出的“三社”共生系统不谋而合。关于浙江农合联的构建，有学者从不同理论视角进行了阐述。艾勇波等（2018）基于合作经济组织理论、产权理论及交易费用理论视角对其进行了理论分析与对策建议。本书认为，以上三个理论视角都可以用“三社”共生系统的概念框架所涵盖。这是因为，合作经济组织理论可在质参量兼容原理中得以体现，产权理论和交易费用理论均可在共生能量生成原理和共生界面选择原理中得以体现，而这三大原理作为共生理论最重要的基本原理，是共生系统得以形成和存在的基本规则与核心所在。徐波波（2018）认为，农合联的构建是人类与非人类共同构成的异质行动者网络创建和利益联盟网络形成并发展的过程。用共生理论来理解，这一过程的本质就是不同种属的共生单元在一定的共生环境中以某种均衡状态的共生模式进行利益分配的过程。

7.2.3 “三位一体”实体公司形式

我国第一个“三位一体”实体公司——瓯海农合实业发展有限公司于 2015 年 9 月在浙江省温州市瓯海区挂牌成立。该公司的注册资本为 1000 万元，其中瓯海农商银行、区供销合作社、区农民专业合作社联合会（227 家农民专业合作社以会员制加盟）所占的股份分别是 54%、45%和 1%，它是一个融合生产、供销、信用组织和功能为一体的实体经济组织，该公司董事长由瓯海农商行的董事长兼任。从产业组织学视角来看，“三位一体”实体公司这一实现形式属于战略联盟。战略联盟是指两家或以上的具有共同战略目标、企业间有互补能力或互补资源的企业，通过签订协议、相互持股、共同出资组建子公司的形式在某领域进行战略合作的一种经济组织。组建战略联盟的两家或以上的合作组织都希望能够利用对方的资源，并且要避免并购带来的高成本。与企业相似，合作社构建战略联盟有四个收益来源：第一，战略联盟可以提高单个合作社的竞争力，因为参与者可以通过使用其他合作社的优势资源来提高协同效益；第二，战略联盟使合作社间不仅可以分担成本还可共担风险，使单个合作社无力承担的经济项目可以通过战略联盟来实现；第三，战略联盟这种组织结构是比较松散的，合作社加入战略联盟以后仍然保持独立运作，使战略联盟的管理成本相对较低。同时，随着经济环境的变化和合作社能力的发展，合作社还可以选择加入不同的战略联盟以便灵活应对。在这种战略联盟中，其联盟组织、联盟结构等内容均可以运用“三社”共生系统理论框架中共生要素、能量生成和稳定性等相关理论内容进行展开。战略联盟的优势是明显的，但有效的战略联盟建设也有不少局限性，比如合作社之间文化的融合、相互信任以及利益如何分配等。如果这些问题得不到有效解决，最终可能会使结果远离预期。

7.2.4 产业合作园区形式

2015 年，浙江省临海市农合联与东方永安集团共同建立了临海产业合作园区，是汇集农业产业集群、农产品展销、农民大学生和企业孵化器以及“三农”物流配送等多种主要业务的一体化的大型商业综合体，成为当地农业第一、第二、第三产业融合发展的试点地域。临海产业合作园区在农业生产资料和农产品供给、配送、销售和服务一体化、建设农业产业平台方面作用重大。本书认为，共生关系可以更准确地刻画产业园区内部合作关系的内涵，更好地发挥共生理论优势。从产业共生视角看，建立产业园区是产业共生集聚的一种形式。产业发展的关键就是集聚区内由于各企业间紧密的交互联系而构成空间网络组织。空间网络组织是由具有竞争与合作关系的许多单一企业按照专业化分工与协作理论在同一地区集聚而成的组织网络。在产业集聚基础上的空间网络组织形式，类似于作为一个整体的生物生态系统，共生收益是空间网络组织的关系纽带。对企业的空间网络组织形式的描述同样也可以适用于产业园区内的农业合作经济组织。临海产业园区作为一种空间组织网络，同样也是介于企业科层制和市场交易制之间的一种中间型产业组织，可在降低各方的交易成本的同时实现更高的交易市场化程度。利用产业共生理论可以用来指导逐步发展起来的农业产业园区的运行与稳定。

7.3 “三社”共生系统视角下的瑞安农协案例分析

瑞安农协是我国改革开放以来最早的“三社”合作实践模式，也是“三位一体”农合体系思想最早的发源地。故本节以瑞安农协为例，探讨“三社”共生系统的概念框架与实践领域的结合与应用。

7.3.1 瑞安农协成立的背景概述

瑞安市，位于浙江东南沿海，是温州市所辖的一个县级市，也是温州大都市南翼中心，陆域面积 1271 平方千米，海域面积 3060 平方千米，辖 9 个镇、12 个街道，为中国农村综合经济实力百强县（市）之一，2013 年中国最具投资潜力中小城市百强市评选中，瑞安市位列第 31 位。2017 年 6 月，瑞安市被命名为国家卫生城市。作为“温州模式”的重要发祥地，瑞安的商品经济和民营经济都很发达，农业产业化程度较高，是全国经济发展最具活力的地区之一。

尽管如此，小农户与大市场的矛盾依旧在瑞安存在。矛盾的化解有赖于农合组织的良性运行，而农合体系的构建与创新又是农合组织良性运行的保障，所以我国在新时期下开始尝试搭建具有中国特色的农合体系。2006 年 10 月，由农村合作银行、供销联社等 8 家核心会员单位和 100 余家专业社、农机合作社等基本会员单位组成的瑞安农协正式成立，标志着我国第一个集农产品生产和流通、农村金融功能为一体的综合性农村合作组织正式成立。2008 年成立市农民专业合作社联合会。2014 年，浙江省开始进一步在 7 个县（市、区）试点组建农合联。2015 年 10 月，确定临安市等 20 个县（市、区）为农合联第一批推进单位，截至 2017 年底，浙江省已全面完成省市县镇四级农合联组织构建。从现实上看，浙江瑞安农协得以起步，这不是历史的偶然，而是具有深刻的客观背景的。

一是经济背景。浙江经济总体上已进入工业化中后期阶段，农业经济也正处于从传统农业向现代农业转变的转型期。瑞安市作为温州市下辖的县级市，也是全省乃至全国民营经济和市场经济最发达的区域。当前小农户与大市场的矛盾甚至更为尖锐，迫切需要在实践中探究有效解决当前矛盾发展现代农业的战略方案和有效路径，于是瑞安走在了改革前列。

二是主体背景。浙江的农村合作经济发展较全国快，体现在其农民专业合作社成立早、速度快、成效好、覆盖广等几个方面。浙江是在《中华人民共和国农民专业合作社法》颁布之前第一个于 2003 年 11 月出台《农民专业合作社条例》的地方省份。据统计资料显示，截至 2018 年 3 月底，浙江省在册农民专业合作社 6.6 万户，比 2017 年同期增加 238 户，同比增长 0.4%[①]。由于专业社发展的良好态势，随之而来的是瑞安农村普遍存在更多的资金需求，故“三社”合作始于金融方面的合作。

三是政策背景。瑞安农协的起步与发展离不了政府决策者的重视与推动。

---

① 资料来源：浙江省市场监督管理局（原浙江省工商局）官网。

时任浙江省委书记的习近平长期关注“三农”问题，尤其关注农业发展实践中的农民组织化问题，并总结出很多切实可行并具有前瞻性的理论观点和学术成果。瑞安农协得以运转，与领导者的战略眼光和主导行为是密不可分的。由于浙江农业经济发展的现实需要，瑞安农协在政府推动等多方面因素影响下孕育成长起来。

综上，以瑞安农协为代表的“三社”共生系统发展处于全国前列，是市场和政府两只手相互协作的结果，这也与前文的理论和实证分析相印证。我国其他地区在借鉴瑞安经验时，则需要考虑本地的实际经济发展水平、“三社”发展状况和政策背景、当地农民的实际需要以及本地的基础设施条件和与周边地区的合作能力等一些现实问题。

7.3.2 瑞安农协的“三社”共生系统剖析

（1）共生单元组成。

瑞安的各级各类合作事业进入 21 世纪后有所发展。然而，随着专业社的蓬勃发展，其产销矛盾和融资困境逐渐成为影响当地合作经济发展的绊脚石，同时也向供销社和信用社提出了利益诉求。而供销社和信用社在深化改革过程中产权问题作为历史遗留难点一时也难以解决，相互之间相对封闭、信息渠道不畅、政府扶持政策不到位等问题阻碍了涉农资源的有效整合以促进合作事业的进一步发展。在特定的环境下，瑞安更加意识到单个合作组织迫于适应激烈竞争的压力，各类合作组织普遍要求走向联合。与此同时，按照国际惯例和世界贸易组织（WTO）要求，政府对农业的支持越来越倾向于通过中介机构来实现。针对来自系统内部和外部的双重需求，瑞安农协实现了自上可以整合并优化涉农资源提高配置效率、自下可以了解来自农民生产生活诉求的中介功能。瑞安农协的模式结构如图 7.3 所示。

从图 7.3 可以看出，农协中由数量最多的负责农业生产的农村专业合作组织组成协会成员大会，而供销社和信用社在农协内化为供销部和信用部等隶属部门，这一格局体现了农协突出专业社在共生系统中的核心地位，而使供销社和信用社成为共生系统的从属地位。这与前文提出的后者提供涉农服务的地位和作用相呼应。在“三社”共生系统的视角下，瑞安农协实质上就是一个以专业社、供销社和信用社为共生单元组成的“三社”共生系统。如前文所述，专业社和服务组织之间共生合作的基础在于两系统处于农产品生产供应链的投入

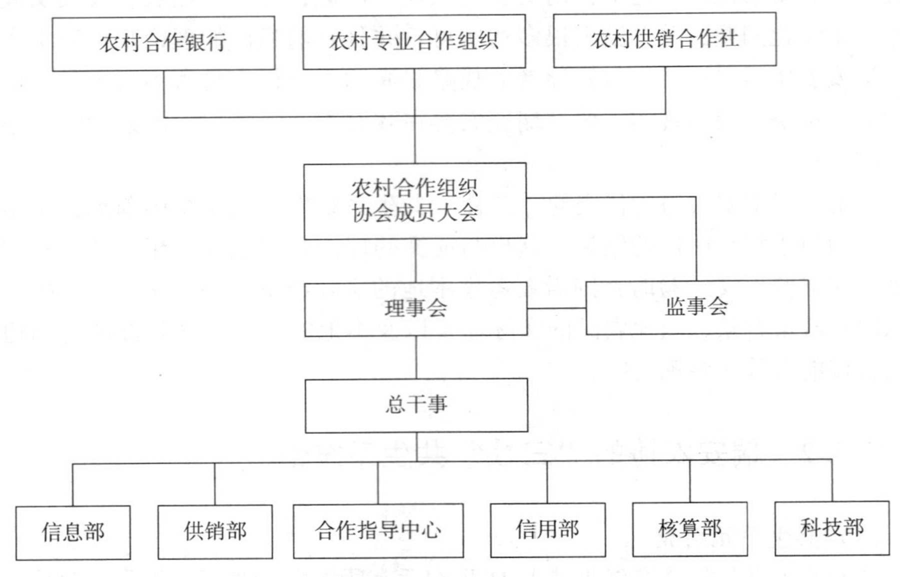

图 7.3 瑞安农协的模式结构

资料来源：胡振华．“三位一体”农协机制研究［M］．北京：北京大学出版社，2015：15-19.

产出质参量兼容，而质参量兼容促进了共生能量的生成。因此，共生单元之间存在着质参量兼容的特质和形成共生关系的诉求。

从共生单元组成来看，瑞安农协是个具有开放性的“三社”共生系统，具体表现在协会主要由四类会员组成：一是由合作银行、供销联社以及其他合作经济组织联社等组成的核心会员；二是各种专业社组成的基本会员；三是加入专业社的农户组成的附属会员；四是由外围农户构成的联系会员。会员分类制度的实行除了反映出系统开放性以外，还反映出系统结构的主导性。信用社和供销社作为系统核心共生单元，处于主导地位，专业社等其他共生单元处于从属地位。瑞安农协成员构成如图 7.4 所示。

（2）共生关系形成。

在共生关系中，如果可得程度很高，即可以低成本或者高收益获得，则质参量兼容度趋近 1。如果可得程度很低，即成本很高或者基本毫无收益而言，则质参量兼容度接近 0。并与从其他合作对象的合作效率进行比较。如果质参量兼容度大于其他组织合作效率，则共生关系得以形成；反之不能形成。实践中对于供销社和信用社来说，首先，这就要求两社提供的资源和服务是专业社

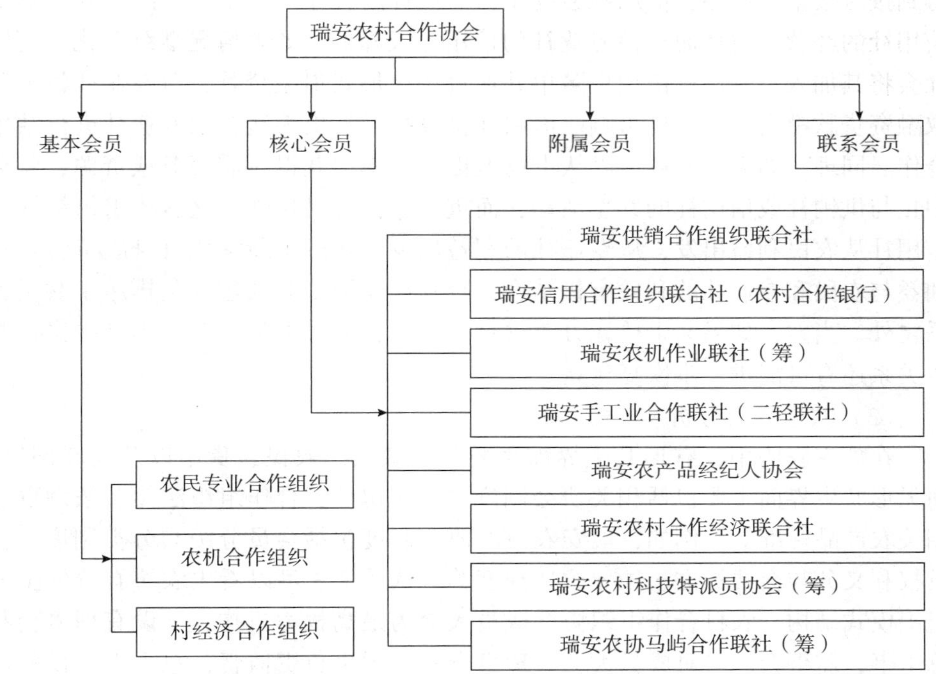

图 7.4 瑞安农协成员的构成

资料来源：胡振华．“三位一体”农协机制研究［M］. 北京：北京大学出版社，2015：15-19.

所需要的；其次，资源和服务是否具有独特性，即其他组织无法提供或者在专业社内部无法自发形成；最后，如果不具有独特性，则是否比其他组织提供的成本更低或者服务更有效率，而且这种低成本和高效率所获得的收益能被专业社所获得。这是专业社选择是否加入农协并与供销社和信用社形成共生关系的基础和条件。同理，对于一个供销社或者信用社来说，其选择是否与某一专业社合作的时候就会充分考察其是否在农业生产领域有广阔的市场前景和稳定的资信状况，从而能为其带来可预期的经济收益。所以，瑞安农协也一直在服务功能上贴近各成员，深入了解成员内部需求，创新服务，如此才能使共生关系形成并趋于稳定状态。然而，这种稳定状态并非总保持不变，而是会随着时空条件的变化而变化。当共生单元之间的质参量兼容度小于与其他组织合作效率时，则可能会使共生关系终止，于是就涉及共生关系的退出机制。这种终止共生关系的现象在现实中也是十分普遍的。例如，某信用社给专业社的贷款没有得到按时按量的偿还，信用社会终止与专业社的合作。共生关系的断开影响了信用社的经营收益从而也使专业社的信用等级降低。如果情况继续恶化，信用社会将其加入金融机构信用黑名单并通过法律形式追缴贷款，对专业社将来获取融资贷款都会产生不良影响。信用社将寻找另外更为适合的专业社进行共生合作。同理，如果专业社可以从市场上更有效率地获得所需服务或资源，就会中止与供销社或信用社的共生活动，而重新选择交易伙伴。这就要求供销社和信用社从农民利益出发，从专业社的利益出发，通过不断深化自身改革将自身利益与农民和专业社的利益有机结合，否则可能被专业社边缘化排斥于共生关系之外。当然，如果共生单元方改进自身状况，使质参量兼容度不断提高，共生关系还有可能进一步恢复建立。

（3）共生界面分析。

在瑞安农协中，有形共生界面主要包括政府、农民、货币以及互联网等。而无形共生界面主要包括相关协会制度、合作协议、合作组织法律及条例以及相关农产品标准等。例如，瑞安农协的协会制度包括会员分级与分类制度、会员权利义务与会费标准、领导改选制度等。从图 7.3 可以看出农协有着健全的组织模式结构。农村合作组织协会成员大会为最高权力机构，下设有理事会和总干事，监事会同时对成员大会、理事会和总干事负责监督，总干事下设的职能部门包括信息部、供销部、合作指导中心、信用部、核算部以及科技部等。农协对其成员进行信用评价并进行有限责任的信用担保，所有不同类别的共生单元都遵循统一的评估标准，在这个统一标准形成的共生界面上进行共生活动。“三社”共生系统本身就是一个广义的共生界面，因此瑞安农协结构因其本身具有的高度弹性，可将其视为一个庞大复杂的共生界面。瑞安农协为专业社提供各种所需服务，并对其进行规范管理，同时针对供销社和信用社提出改革方案并实施。农协共生界面如图 7.5 所示。

对农协共生界面的优化是对物质、信息和能量传递机制进行优化的主要途径。针对不同共生界面的类别应采取不同的改进办法。

（4）共生能量产生。

在瑞安农协中，共生能量的表现形式可以是专业社经济效益的提升、生产规模的扩大和经营范围的扩张等，也可以表现为作为服务组织的供销社和信用社经营规模的扩大或市场实力的增强等。专业社通过利用这些涉农资源，可以进行农产品产业化生产和经营，从而增强专业社与市场对话的能力，推进专业社市场实力的增强并获得更多的利润，相应地，服务组织也获得了必要甚至更

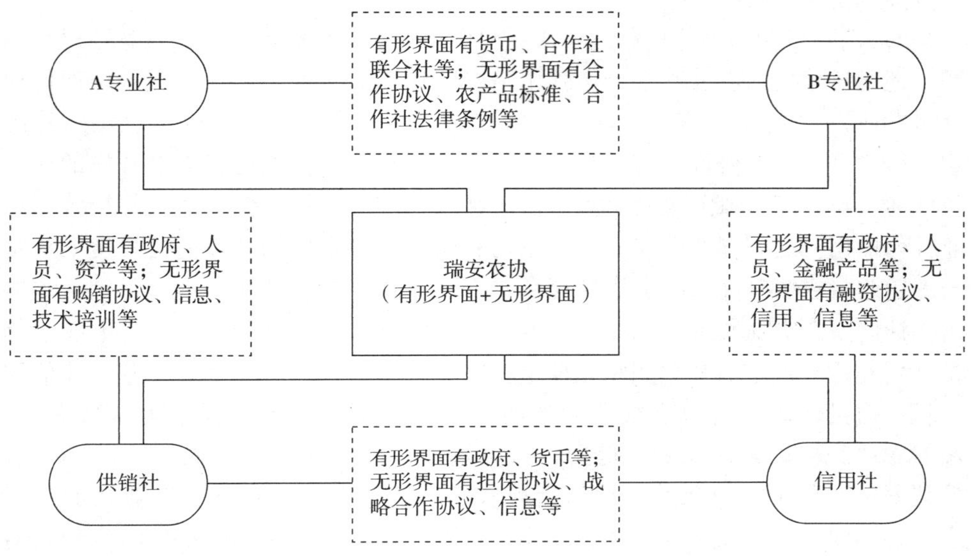

图 7.5 瑞安农协的共生界面循环

大的利润。当然，这有个前提即服务组织的涉农资源被专业社现实的生产力所需要并有效运用，才能产生共生能量。

如前文所述，共生能量生成的关键指标是全要素共生度 δ_s，它由共生界面、共生密度和共生维度三个变量组成。共生界面优化是共生密度和维度增加的前提，共生密度和维度是共生界面优化的结果，可以通过共生界面优化来同时对两者加以分析。所以，本节主要从共生界面的优化机制入手，研究共生能量的生成，其内容主要包括共享机制、消除机制、担保机制和协同发展机制等。

1）共享机制。瑞安农协除了利用供销部对专业社农资等用品实行统购节约交易成本外，还不断对内对外发展线上线下相结合的综合销售平台，建设立体式农产品营销网络。2014 年底正式上线了一个建设区域性特色农产品展销平台——“瑞安淘”。瑞安淘采集了当地 900 种优质农产品，推行农户免费零成本入驻，本土农户、合作社只需要负责产品质量，剩下的产品流通环节都由瑞安淘来完成。目前，瑞安已有 45 家合作社的共 300 余种农产品在瑞安淘线上销售，使更多的农协会员使用上了便利的电子商务平台。如瑞安淘和马屿篁社索面专业社合作后，为长期出口的篁社索面打开了内销。此外，农协还与邮乐网等电商平台进行合作，拓展了专业社的销售市场，实现了产销“对接融合”，有效降低了经营成本。

2）消除机制。消除机制的作用主要体现在有效缓解了三方的信息不对称问题，还通过建立信息公共平台增强了信息互通能力。瑞安出台了市级层面信用社对专业社“整社授信”办法，消除了信用社与专业社之间的信息不对称问题，缓解了专业社融资困境。与农产品和农资运销合作相比，金融合作的成本较低而收益较高，风险也就更大。由于缺乏抵押品、缺乏信用评定等导致了专业社与信用社之间存在严重的信息不对称问题，导致信用社事前信息搜索成本与事后监督成本升高，打击了信用社对专业社进行融资的积极性。供销社相对信用社而言，更加熟悉当地社会关系。通过农协中供销社对乡土社会中的“信誉”的利用，通过农户之间相互评定，农户与专业社之间提供有关专业社信用资料，协助信用社可以有效化解双方的信息不对称难题。在金融扶持方面，瑞安农协积极探索建立融资信用体系。瑞安信用社面向“三农”的种养类贷款利率普遍低于其他金融机构和当地农民资金互助社，降低了专业社的融资成本，同时避开了资金互助社的风险防控能力差等问题。一来使作为资金需求方的专业社获得了融资，二来信用社也获得了众多专业社和供销社的存款，营造了一个“双赢”局面。可见，共生能量就蕴含在其瑞安农协共生关系内部。

瑞安农协还会同多个省市的合作组织、金融机构、学术单位和志愿团队，共同发起组建了中国信用合作联盟（以下简称“信合联盟”）。信合联盟的基础条件是信息。而信息技术的飞速发展，特别是移动互联网和区块链技术的突破，使得合作经济的组织成本显著降低，复制及推广速度显著加快；信合联盟运营重点首先是各种产品、服务的联购联销、代购代销，缩短流通环节，维护生产者和消费者权益，确保质量安全可追溯、可问责。同时，依托各级组织特别是基层组织广泛开展征信、评级、联保等“类金融”业务，实现内部增信，并与金融机构合作共赢。

3）担保机制。在瑞安农协中，供销社除了协助信用社对专业社进行信用评定外，还作为担保部门为专业社获得信用社融资贷款发挥作用。2003 年瑞安供销社成立了信用担保公司。2004 年底信用社改制，瑞安供销社注资农村合作银行后占其总股本的 2.3%。后来，由市财政和供销社共同出资 2000 万元，成立了市农信融资担保公司，开始运作专业社贷款担保融资模式。

4）协同发展机制。共生系统的基本特征之一是共进化性。共进化性的一个表现形式是协同发展机制。为了能够提升“三社”之间的协同发展能力，增加共生能量的生成，就需要不断减少农协共生界面的作用阻力。瑞安农协协商机制是减少界面阻力以确保各成员协同发展的首要机制。在瑞安农协构建与运行过程中，供销社、信用社与专业社定期召开工作例会和协调会。各方建立了相互联系的内部协商机制，同时与相关政府以及农办、农业局等职能部门加强联络沟通。通过协商机制设计，农协可以实时掌握各方工作动态及诉求，并解决合作实践中出现的问题，制定防控措施，以确保各方合作的协同推进。此外，信用社产品创新机制也构成了与专业社的协同发展机制的重要内容。信用社设计专门针对与专业社合作的金融产品创新模式，使专业社获得农用资金、信用社业务能力提升以及双方在农产品产值和存贷款额上的收益，即为共生能量的产生。

与政府相比，供销社提供的农技服务更贴近专业社（农户）需要，可以解决基层生产中缺人才、缺空间、缺设备等问题。信用社针对“三农”市场需求设计创新金融产品。由此，通过供销社和信用社涉农资源的精准投放，实现了“三社”协同发展，成为新型农业社会化服务体系的重要组成部分。瑞安农协作为市场经济下中国特色社会主义新型合作化道路的有益探索意义重大。从其内涵本质来看，一是使供销社和信用社这两类“变异”了的合作经济组织重新回到服务“三农”的发展轨道上来；二是将农村现存的各类合作经济组织全面整合，让资产逐渐强大的供销社和信用社（包括合作银行），以及各类合作社（包括新型专业社和村集体经济合作社）进行系统全面的整合；三是以产业合作的形式实现“统”，对我国农业经营体制改革和提高农业生产效率具有路径指导意义。

综上，农协中各共生单元的共享机制、消除机制、担保机制和协同发展机制促进了共生界面的优化，从而促进了共生能量的生成。同时，共生能量的生成也在较大程度上衡量了各机制的作用。这些机制为设计、构建和调节农协运行奠定了理论依据并指明了优化方向。

7.3.3 瑞安农协发展的组织阶段结构

结合共生视角下的农协实践，本书将瑞安农协组织治理结构划分为初级、中级、高级三个阶段，并且这三个阶段之间有着紧密的递进和分层的关系。

初级阶段为主体域，该阶段的构成主体主要为专业社、供销社和信用社，但不排斥其他的合作组织和机构进入。各主体处于在进行合作前期的相互选择阶段，选择理论及其相关研究适用于该时期。一般在主体域的操作上，应做到仔细遴选发展前景好、辐射力强、带动面广且信用度高的专业社和其他合作组织和机构加入农协。中级阶段为共生域，这个阶段上，具有共生潜质和优势的“三社”单元会在联盟内形成共生关系，并试图通过建立稳定的共生关系来获取共生能量。共生理论适宜于该时期，可以对共生单元的质参量兼容度以及所形成的共生环境和共生界面加以分析，进行共生机制的优化和设计，找到最优的共生模式以提升共生关系。高级阶段为联盟域，该阶段中，因为农协的本质属性是合作社联盟，所以也可称为联盟域。共生理论和治理理论中的联盟治理和跨界治理理论均适用于指导联盟的运行和优化。当前浙江全省建立的农合联处于联盟域的雏形。“三社”共生系统在该阶段中已经形成，联盟本身作为一个庞大的共生界面在系统运转中发挥着重要作用。理想状态的共生模式是在完善内控的基础上，形成完整产业链条构建整合的对称互惠性型模式。如图 7.6 所示为瑞安农协组织治理模式的阶段结构。

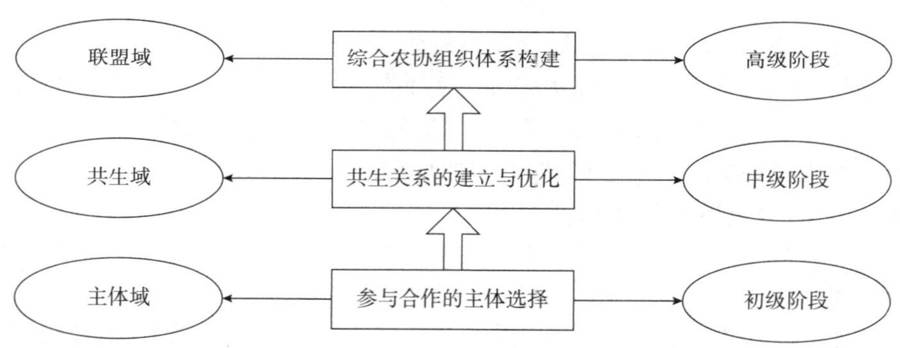

图 7.6　共生视角下瑞安农协组织的阶段结构

瑞安农协是一个共生系统，真正去解决问题还应该统筹规划，综合对各种因素进行考量才能促进瑞安农协持续改进和优化。联盟域从发展目标和系统整体的视角来看，实际上是主体域和共生域的有机整合，实现各主体共生关系在农协这一共生界面上的对接和金融资源或者其他资源的引入，盘活使用所有资源，使联盟域形成并逐步优化。但是在构建联盟域时需要注意选择合适的联盟模式、联盟边界。

7.4 从瑞安农协看我国的“三位一体”农合体系建设路径

通过瑞安农协的案例分析，本书发现，“三社”共生系统对于指导瑞安农协实践具有一定的理论意义。农协在组织模式和运行机制方面与“三社”共生系统之间具有一定相似性。“三社”基于资金链或农产品供应链的“质参量兼容”特征，互补性特征较强。在多种有形和无形的共生界面上形成了各种模式的共生关系，并最终形成了纷繁交错的共生系统。聚合了涉农资源后的共生系统，通过共生机制的优化设计可实现资源使用效率的提高，收益也随之产生。

在农协构建与运行过程中，往往都会有牵头单位或核心单位，可以是专业社，也可以是供销社或信用社，本书称为核心（主导）共生单元，核心共生单元因为拥有产品、渠道、金融或是信息等优势资源，会对其他共生单元起到辐射和控制的作用，其他共生单元通过利用优势资源依附于核心共生单元实现自身发展。浙江农协的亮点是结合农业生产经营体制改革，以深化供销社综合改革为切入点成立四级农合联，实现“三位一体”农合体系构建。这为破解“三农”治理难题、实现农业第二次飞跃，探索中国特色的合作经济道路提供了很好的实践样本，也是习近平总书记“三农”思想的重要体现。依托“三位一体”农协机制有效整合“三社”系统，实现生产、销售、金融三重服务功能和县、乡、村三级合作层次的统筹发展。

从我国“三位一体”综合合作的政策目标来看，一是努力实现专业社内部进行全产业链的纵向一体化经营，这是从微观主体的视角。二是通过鼓励“三社”合作互动，努力实现新旧合作经济组织在农业产业链上的全方位合作，不断加强专业社的内部治理机制建设，深化供销社和信用社内部的综合改革，将多重农合组织的综合改革有机结合起来进行，这是从中观产业主体的视角。三是以整合“三社”为农服务资源为基础架构，实现三重功能作用的强化，并逐步整合其他为农服务资源，适当的时候可由“三位一体”向“多位一体”转化，最终构建对新型农业经营主体提供高效服务的具有中国特色的农业社会化服务体系。这是在复杂的国际国内农业环境中，我国政府重新认识农合组织对农业经济稳定增长的重要性后做出的重要判断和行动指南。

第8章 促进"三社"共生系统稳定运行的政策建议

从本书的实证结果可以看出，一方面，共生系统稳定性是从共生三要素视角构建的影响因素指标。另一方面，"三社"共生系统效率的提高需要激活具有"共生惰性"的共生单元，优化关键性指标所指向的现有共生模式，同时还要创新共生模式。而共生环境因素又深刻影响着相对弱势的合作社单元及其共生模式。无论是效率提高还是稳定性因素，均以共生三要素作为着眼点。因此，仍旧以共生三要素为理论视角提出政策建议，促进"三社"共生关系的建立与维系。

8.1 改进共生单元

如何激活具有"共生惰性"的共生单元，无非是两条路径的加总：一是使共生组织之间相互需求，密不可分，关键是要提高共生单元的质参量兼容度。二是在相互需求的基础上不断地提高自身运行效率，努力将自身的质参量做到最好，以使共生单元之间达到供需均衡。

8.1.1 提升共生单元之间质参量兼容度

提高"三社"间的主质参量兼容度是形成共生关系最关键的因素，以合作业务为关键的主质参量兼容度直接与"三社"的共生度相关。只有提高合作业务兼容度才能最大限度地激励各共生单元，才能确保"三社"共生系统进化发展，可从以下几方面着手改进质参量以提高兼容度。

（1）“三社”市场主体性要明确和规范。

预防机制本身也面临着是否健康运行的问题，所以辨认出“三社”共生系统中的薄弱环节意义非常重大。专业社和信用社在社会主义市场经济体制改革进程中表现出的市场主体性较强，相比之下，供销社的市场主体化地位就显得薄弱。从浙江农合联实践来看，作为执行委员会的供销社需要做的更多的是加强基层供销社组织建设并逐步提高其市场化程度，使其尽早进入市场，脱离政府背景，否则农合联建设也只是给供销社换了个“马甲”而已。

（2）保持和落实农民合作组织属性。

共同的合作组织属性是“三社”共生的文化基调。如果相互间的文化基调准则相抵触，那么在共生界面上的交流阻力会增加，“三社”共生系统内会产生矛盾与摩擦。因此，要增加“三社”间的合作组织文化的兼容度，才能使各方价值判断趋于一致，进而有利于共生的开展。同时，农民合作组织的主体是农民，农民主体性容易构成“三社”共生系统的“软肋”。“三社”中农民社员群体是有重合和交叉的，有共同利益的基础，须提高农民成为合作组织社员的参与度才能有坚实的合作主体基础，通过深化供销社和信用社产权改革和专业社内部治理能力的提高，努力提高农民社员参与的积极性，与农民结成利益共生体，秉承姓农为农兴农，才能成为真正为农服务的农民合作经济组织，才能使“三社”共生有最广泛的主体基础。当然，东亚经验表明小农社会条件下的日韩农协或是公法组织，或者半官方组织，也并非纯粹的、民间的、真正符合ICA原则的合作组织。而我国大多数由志愿者推动或者纯粹农民自发成立的合作社，最后可能沦为“大户吃小户”的工具。所以，我国加强与农民参与专业社、提高组织化程度的同时，政府主导和农民主体并不矛盾，二者可以相互促进以提高“三社”之间的质参量兼容度。

（3）消除体制中影响“三社”质参量兼容的不利因素。

“三社”共生主要体现在坚持合作制前提下相互之间业务的合作。有业务的合作就离不开市场、离不开政府，要从市场引导和政策制定两个层面不断地加强“三社”业务合作，使之协同发展。由于供销社和信用社的官方背景，其中难免会触碰到既得利益部门和个人的痛点，会给各方业务合作造成阻力。例如，政府出台的各种惠农政策，由于层层盘剥的出现，真正到农民手里时已经寥寥无几、杯水车薪，大量的政策利益被利益体在执行政策的过程中所盘剥。这些乱象都是影响“三社”共生质参量兼容的不利体制因素，需要坚决抵制和消除。服务“三农”不仅是某个行政管理部门的职责，而是所有涉农部门的共同职责。涉农部门一要建立相互配合、协调完成政策落实的工作机制；二要建立优惠政策落实过程中部门间相互监督机制和追查机制，防止政策红利的流失。同时，应该加强政府和市场对“三社”合作的规范化建设的指导和引导，减少质参量兼容度增加的阻力作用。

8.1.2　提高共生单元自身组织绩效

共生单元的改进，不仅体现在外部数量上的增加，更应该体现在内部治理结构的完善以提高质参量的质量和水平，表现在共生单元要不断加以改进以提高自身的生产和服务效率即组织绩效问题。

（1）专业社进一步完善组织制度创新。

首先，要进行双重目标定位。专业社是应对市场失灵的一种组织创新和制度创新模式，在促进农产品销售和农民收入提高的经济意义基础上，合作社质的规定性决定了它还需要从社会公平的意义上帮助农户树立合作的互助意识，为农民谋求最大社会福利。所以，专业社具有经济和社会意义上的双重目标。其次，要建立现代化产权制度。专业社作为一种经济组织，其组织绩效取决于主要由产权结构和治理机制构成的组织制度。产权结构通过影响治理机制进而影响组织绩效。从当前实践来看，很多专业社在产权结构出现界定不清、残缺以及利益分配不合理等现象，导致了专业社在治理机制方面存在结构缺陷、内部人控制决策机制、激励机制失效以及监督机制失灵等诸多问题，极大地妨碍了专业社的组织绩效，影响了农户入社的参与积极性。所以，建立社员“民有”原则的现代化产权制度是新时期专业社组织制度创新的核心措施。要明晰个人产权并保障社员的多元式入股方式享受的权益不被侵占。针对产权残缺问题，通过限制社员入社资质以减少“搭便车”的风险，同时允许社员间转让和流通产权，而不准社外流动以解决投资者剩余索取权问题。最后，要优化治理机制。

内部治理机制需要在坚持合作制原则基础上规范发展。一是进行组织章程及机构的优化设置，明晰运行纲领和组织各部门之间的专业化分工，才能使组织进入规范化发展的良性轨道；二是建立健全科学的决策机制，合理确定社员代表大会作为权力机构、理事会和监事会作为决策机构和监督机构、经理层作为执行机构等权力的安排；三是改善激励机制，加强对管理人员和社员激励力度和制度制定，使社员利益与专业社利益协调统一；四是要完善监督机制，坚持财务公开和财务监管专业社可持续发展的基本保障。此外，作为相关利益群体，专业社还应积极寻求供销社和信用社的帮助，同时积极与适合的其他专业社或合作组织组建合作联盟，将对立竞争转化为合作竞争，实现资源配置优势互补，增加专业社的市场核心竞争力。

（2）供销社深化体制机制改革的路径选择。

首先，要确立改革目标。我国供销社具有特殊性，导致了其现有体制机制与“三农”社会化服务需求不相适应的矛盾。从供需理论来讲，只有供需匹配才会实现市场出清和均衡。制度作为一种产品，供销社体制机制改革的制度供给只有与“三农”社会化服务需求相匹配，进行组织升级和创新，才能最终实现与新需求的均衡。而从供销社真正成为满足我国“三农”社会化服务现实需求的组织与供销社当前现状之间的差距就成为供销社改革实质目标。总体上来看，供销社改革实质具有经济和社会双重目标。供销社的经济目标包括提高供销社的经济效率，市场力、竞争能力和规制能力。社会目标包括成为为农服务的具有公共资源配置力、合作性质、公信力和政治先进性的组织。其次，要进行总体路径设计。近年来的改革策略分析认为，供销社采取的是一种渐进式的需求诱导型制度变迁路径，具有速度慢、规模小和强度小的特点。强调供销社应及时调整为激进式的需求诱导型转换，以免错过时机。供销社的改革进展缓慢从实践中证明了不能是就供销社这一单一主体的改革，应该是从宏观、中观、微观层面进行主体设定，形成国家宏观指导、供销社自身改革、基层社+专业社+信用社联合合作以引导专业社一体化经营为主体的自上而下和自下而上双向结合的总体路径设计，以形成改革主体良性互馈、动态调整的发展创新模式。最后，要建立健全内部治理机制。产权制度是供销社改革的核心问题，也是建立健全内部治理机制的首要问题。在产权的治理机制上强调尽快摆脱供销社的外部人控制问题和尽快确立供销社的产权主体。根据国外新一代合作社的发展经验以及我国合作社具体实践，可以考虑供销社实行股份合作制产权制度作为最终实现合作制的一个过渡选择。股份合作制是包含股份制和合作制等多种制度的有机融合，它是以合作制为基础、以股份制为发展架构、最终为成员谋福利为基本原则的一种新型企业制度。在明晰了产权关系后，供销社要逐步向国外流通领域的市场营销型合作社（Marketing Cooperatives）转变。还要充分发挥供销社在农村金融改革中的助推剂作用，充当金融系统和专业社（农户）之间的沟通媒介与桥梁，积极参与农村合作金融改革，帮助建立农民合作信用评价体系，促成供销社达到壮大自身经济实力和服务社员双重经营目标的实现。

（3）信用社尚需进一步深化改革。

首先，要明确使命和定位。国家将信用社定位为服务“三农”阵地的最主要合作金融机构，但其面临多方的竞争压力。所以，无论是从顶层设计还是主要竞争对手的业务种类和市场定位看，信用社当务之急还是要努力增强资本实力和资本质量，提高抵御风险的同时提高支农能力，抓住“小额信贷”这一信用社拳头产品，努力提高自身核心竞争力，完善农民和专业社等农村金融主体的征信系统，逐步扩大对专业社的贷款量。其次，要完善内部治理机制。在产权模式上，根据当地经济发展程度、经济结构特点以及信用社经营状况等情况，在统一法人的基础上，确定、选择相互匹配的产权模式。如以股份制模式组建县市农村商业银行，以股份合作制组建农村合作银行，或者民主管理、群众参与的农村合作性金融机构。最后要弱化省级联社职能。省联社进行行政干预，导致其与信用社形成“逆向治理”模式，需要重新界定省级联社职能。取消地方政府对省联社领导人的任免等行政管理干预，将其作为独立法人开展省级区域内的金融活动，地方管辖的市、县级联社可作为股东入股，省政府也可以入股，但入股比例要有限制。地方市县从人事任命、民主决策以及业务经营策略的制定等方面逐渐要脱离省级联社的监管。

综上，只有作为共生单元的“三社”在增加相互间质参量兼容度的基础上不断通过变革增加自身实力，共生才可能在更大范围的深度和广度上进行。

8.2　优化共生模式

前文实证分析已得出结论，提高“三社”共生系统运行效率的两个关键性指标为供销社领（合）办专业社数量和信用社对专业社贷款额。这两个关键性指标也是当前我国“三社”共生系统中两个重要的共生组织模式。对现有共生模式进行优化，提高关键性指标的作用效果，这就涉及共生界面的要素流动问题。只有在打通共生界面要素通道的基础上，优化现有共生模式，才能进一步创新更适合本地区农业发展的共生模式。

8.2.1 打通共生界面要素通道

前文已得出实证结论，供销社领（合）办专业社数量和信用社为专业社贷款额两个指标对“三社”共生系统的运行效率起关键性作用。只有不断打通共生界面上的要素通道，使涉农要素在各种共生界面上顺畅流动，才能从本质上提高上述两个关键性指标。政府作为共生界面上最重要的中介组织，首先需要引导和扶持“三社”间打通资金、信息以及技术等要素通道，以达到优化配置涉农服务资源的最佳效果，才能对共生模式进行选择和优化。

（1）打通“三社”资金要素通道。

尽快完善农村信用评价机制打通资金要素通道，进一步完善农业风险保障机制。在这方面供销社可以利用其半官方的身份作为担保来减少信用社和专业社之间的交易成本。规范供销社农信担保公司运作，扩大信用社在市场风险、技术风险等方面的业务领域范围，增加金融产品种类创新，确保“三社”共生投入产出效率的提高。防止某些涉农部门既得利益者的阻挠，暗中抵制“三社”共生合作的行为。从现实看理论设计甚至大部分技术设计都已不是难题，需要解决和提防的更多是政治博弈问题。政府应当改变当前农村合作经济管理、资金和项目等分属多个不同的部门或单位管理机构的交叉重叠状况，应当动态调整相关涉农资源供给部门的职能结构和职责分工，而不应使之固化。也可尝试将条块化、部门化的细碎的农业支持资金归并供销社或者某一管理机构以促进整合多部门联动决策与监管机制。

（2）打通“三社”信息要素通道。

建立“三社”互联网信息平台，打通信息要素通道。“三社”间的有效沟通，相互间的强化学习，可以提高系统共生能量收益。所以，“三社”相关的负责人和经营者要从战略角度将信息黏滞现象重视起来，畅通信息要素通道。除了可以利用现有供销社和信用社官方网站之外，还可以利用当前已有的中国合作社联盟网站和中国农民合作社网站，实时更新“三社”要素的供求信息和农产品信息等，并加以推广普及让专业社了解并利用好互联网平台资源。

（3）打通“三社”技术要素通道。

供销社和信用社可以相互配合做好专业社的农业生产技术和经营管理经验培训工作，打通技术要素通道。据供销总社官方网站显示，供销总社每年举办的培训会不少，但据笔者对培训会情况的了解，供销社系统内部联合社的人员占多数，基层社和专业社的人员比例相对较少，每位参会人员的培训费用数目不小，一定程度上也影响了基层供销社和专业社社员的参会积极性。建议基层社或者专业社的参会培训费由国家或者地方财政支出或者给予补贴，以减少专业社的负担，也使供销社尽快回归为农服务和“合作制”。

8.2.2　促进共生模式创新和进化

不同的经济发展程度决定了区域间乃至区域内部各地区需选择不同的“三社”共生模式。东部发达地区和中西部欠发达地区应选择适合当地农业经济发展的共生模式。“三社”各方应加大共生模式创新，通过如增加交流频率使相互了解信任，增加稳定性和开放程度，建立必要的利益纽带及利益重启以协调发展和改善共生能量分配等机制，搭建一张“三社”共生机制网，使共生模式向互利共生和连续共生、一体化共生等高级行为模式或组织模式进化。

（1）构建“专业社+供销社新网工程建设”共生模式。

“专业社+供销社新网工程建设”共生模式的具体流程是指，专业社统一组织生产出农产品后，由供销社利用其建立起来的“新网工程”体系，通过连锁、代理、配送和电子商务等现代流通手段建立和扩大农村商业网点，发展新型流通业态和物流模式，将农产品流通网络连接成一个有机整体，通过实现“小门店，大组织”“小超市、大连锁”和“小网点、大网络”来提高农产品组织化程度，保证农产品流通安全的同时提高流通效率效益。利用供销社经营网络和人才，弥补了专业社自身综合实力不强和网上专业人才匮乏的不利因素掣肘。同时，供销社“新网工程”在自身不断发展网络营销的同时还要加强与网络营销商之间的合作，利用网络商和互联网在全国各地农贸市场、批发市场、连锁超市以及出口商的销售渠道，有效化解生产者和消费者供需不匹配的矛盾，实现了专业社与供销社的共生共赢。

（2）构建“专业社+信用社经营网络”共生模式。

这种共生模式发生在具有业务合作的专业社与信用社关系中。可利用信用社经营网点众多且深入农村的地理位置优势，组织第三方物流采用冷链配送的方式将专业社产出的最新鲜的水果、蔬菜等及时配送并运往位于城市的业务网点或者送货上门，作为信用社对优质客户的定期答谢，满足作为信用社客户的市民对质优价美新鲜农产品的消费需求。信用社采用与专业社合作的这种模式固定了货源，也利用市民对高档果蔬农产品的消费需求增加了客户的来源、创造了业务绩效，同时也使贷给专业社的款项流转时间大为缩减，且对贷款风险进行了过程把控。专业社也具有了稳定销路和流通配送的组织方，可以专心于生产，不断提高产品质量打造品牌效应，缩短流通渠道环节。

（3）构建股份合作的“三社”利益共同体共生模式。

打造“三社”利益共同体，关键点是公平分享利益的制度与协同机制的建立。借鉴国外经验，积极推进“三社”共生主体股份合作制。股份合作模式或者成立股份合作组织具有对称性互惠共生的特点，未来将会是拥有广阔发展空间和无限潜力的共生模式。这种制度安排就是采取双方或者三方持股形式，把专业社与供销社和信用社的利益捆绑在一起，促进供销社和信用社积极为专业社提供更符合需求的、物美价廉的产品和服务要素，同时专业社因持有供销社和信用社的一部分股票，能参与分享农产品加工、销售环节的增值红利，拓宽了专业社经营收入来源，增强了“三社”主体共生发展积极性，杜绝短期内发生“三社”共生主体机会主义行为，真正形成了“三社”在农业产业链上利益共同体。同时还要注意构建合理的收益分配比例。可以根据区域特点、产业特点和具体“三社”发展的实际情况来确定某一共生单元作为起主要作用的主导共生单元。鉴于三方在共生系统中地位的非均衡性导致某一方在共生组织与共生行为模式中的作用具有主导性，所以应根据权责一致的原则，按照效率优先的方式合理界定各方在业务合作中的责任与收益比例分担。

综上，在遵循市场化前提下，旧的共生模式消失，会有更适合环境的新的共生模式产生，“三社”共生系统才会长久持续下去。无论“三社”间共生模式如何进化，其目的就是降低合作成本和获得更多收益。如果没有收益源源不断地产生，随着合作成本的逐步增加，“三社”共生系统必然会消亡。

8.3 改善共生环境

从前文构建的稳定性影响因素和运行效率指标体系来看，合作社作为一种社会经济企业，受环境的影响也会比通常的企业要大些。共生环境的改善对于各个指标均有或多或少的影响。下面主要从政策环境、法制环境、市场环境和产业环境四个方面对共生环境的改善进行分析。

8.3.1　营造政策环境

政府应该制定“三社”共生的扶持和激励政策，首先，政府要参考借鉴国外先进经验，对于“三社”合作应积极搭建平台加强促进和正确引导，制定有效地针对“三社”合作的长期优惠政策，实现涉农资源整合和优化配置。其次，有效落实中央提出的“三位一体”综合合作的顶层设计，出台促进“三社”共生合作的政策机制，鼓励信用社贷款给专业社、供销社领（合）办专业社等多种合作形式。最后，包括金融、财税等惠农制度与政策的制定与落实。专业社作为特殊性质的经营主体法人，为了鼓励专业社成立和经营，设置一系列优惠税率，应当享有低于一般股份制企业的税率，尤其是在农产品加工和销售方面给予税收优惠，并加大农业补贴力度、提高农业保险水平、减少农业投资限制、提供信用社贷款或者供销社资金项目支持专业社成立加工企业、物流设施和销售网络等。通过体制改革，建立农业合作组织联盟，加大支农力度，惠农贷款统一由联盟下拨，使合作组织能够共享政府补贴，分享惠农政策的利益。

8.3.2　改善法制环境

全世界有 150 个国家有专门的《合作社法》，有的国家相关法律已经颁布 100 年以上。如日本政府在农地制度、粮食种植制度以及农业生产经营制度等方面先后颁布了《农地改革法》《农业协同组合法》《农业基本法》等多部法律，农业改革的大力推行有效鼓励了农民实行合作经营。我国尽管于 2007 年实施的《中华人民共和国农民专业合作社法》对专业社的法人及个人产权进行了规定，但内容过于简单以至于仍旧存在着产权模糊现象。同时，在治理制度上也存在与实际相脱节问题，如增加保障交易安全法规的制定、如何协调“能人”和普通社员之间的法律关系等。该法修订版已于 2018 年 7 月 1 日开始实行，但其内容并未涉及供销社、信用社以及对“三社”合作的相关问题实属遗憾。建议后续进一步修订中增加关于包括供销社和信用社在内的农业合作经济组织间合作的相关法律问题。规范合作社之间、合作社与其他经济组织之间的法律关系，确保社员的合法权益和合作组织的法律地位，进一步使农业合作社在借贷融资和税收减免等方面获得持续、有效的政策支持。如德国政府规定对农村信贷实行利息补贴，法国对合作社免除公司税并减收地方税，美国对合作社倾销行为实行反托拉斯法豁免等。建议我国在适当的时机颁布实施《合作社法》或者《合作金融法》等，为“三社”共生关系的维系提供更好的法律和制度环境。

8.3.3 健全市场环境

首先，要促进健全农村市场化发育程度。农村市场与城市和工业市场相比发育不完善，具体表现为在供求信息和价格信号的获得方面，专业社与外部市场主体之间以及与内部农户之间存在严重的信息不对称。不能及时了解市场信息的专业社一方面对内服务功能弱化，外部企业通过提供所谓的社会化服务而使其遭受盘剥；另一方面专业社也会利用农户对于生产以外的信息无暇顾及或者不擅长而对其社员进行隐瞒或者盘剥。此外，还有一些合作社走向市场垄断的方向，日本农协最初依靠阻止大米进口从而垄断米价发展起来的，有市场垄断的地方就会有效率损失。鉴于此，我国政府应该通过适度引导和规范管理的方式为提供促进“三社”合作的市场化发育方面有所作为。其次，要提升农产品市场信息预测能力。把握农产品市场信息，预测其发展趋势就十分重要。以“供销社+信用社”为平台，为专业社提供农产品期货期权服务。政府可以委托供销社和信用社对农产品生产、加工及销售等业务领域增加可行性分析、国家法律条款和优惠政策的解读等免费的咨询服务，为专业社发展提供信息保障，增加其对市场行情的把控能力。

8.3.4 培育产业环境

首先，要培育农业生产性服务业作为战略产业。发展多元化、多类别、多层次的农业生产性服务，带动小农户顺利进入现代农业发展的轨道。要增加农村基础设施投入，尤其是增加互联网络和商业服务等农村基础设施等。其次，要建立长期的农业人才教育培训制度。美国政府认为，离开了对农业人才长期的持续性的培训，农业合作社一定不会成功。荷兰建立专门针对合作社人才培养的农业大学和农技研究所，丹麦对农民进行“一周农校课程”等培训工作。我国专业社近年来通过供应链纵、横向集成或者公司化运营规模有扩大趋势，组织管理日益复杂，业务种类不断增加，对既懂生产又懂经营管理的“双料”

人才的需求也随之强烈。政府要高度重视专业社所需人才的教育和培训问题，可以在相关高校开设专业社不同层次人才的培训班，分批分期进行授课，合格领取结业证。供销社和信用社还可以委托高校或者科研机构对专业社实际运作过程中遇到的问题进行专项课题研究，营造良好的产学研环境，为专业社提供智力支持，为农业发展提供人才保障。

第9章
结论与展望

9.1 研究结论

改革开放的总设计师邓小平针对农业发展进行改革设计时，提出了著名的“两个飞跃”思想。随着改革开放的持续推进，我国第一个飞跃已经实现，解决了集体经济体制上的问题，接下来第二个飞跃就是要处理好生产社会化的问题，开辟一条新型农村合作化的科学路径。

一生二，二生三，三生万物。我国的“三社”合作在理论上与实践中都取得了一定成果。当前“三社”合作实践中出现了网络化、协同化以及多主体等特征，不断丰富的合作形式和内容使“三社”合作在新时期尤其是在“三位一体”背景下具有了新的内涵和指向。然而，对于这些新变化，现有的“三社”合作理论中却缺乏一个系统的理论模型或者理论框架对其进行全面的研究。在这样的研究背景下，本书将共生理论引入“三社”合作，提出了“三社”共生系统的分析框架，并对其概念、基本要素、性质、运行机制及稳定性条件等进行了较为深入的理论阐释，并通过指标体系构建实证分析了其系统稳定性影响因素和系统效率评价等相关问题。最后，对浙江瑞安综合农协的典型案例进行了分析，进一步佐证了前文搭建的理论框架的合理性，由此说明其实践价值。

本书的研究结论是：

第一，本书将“三社”合作的相关文献和合作实践进行梳理和总结后发现，“三社”共生的特征越来越明显，从共生这一微观视角对“三社”合作的研究也逐步增多，说明将共生理论为指导提升“三社”合作的紧密程度以实现“三社”互利共赢和协同发展已成为关于合作经济发展及其体系建设方面的研究趋势。“三社”共生系统的发展过程是向一体化共生进化和对称互惠共生进化的过程，意味着“三社”主体间共生关系的协同进化具有必然性和可控性。所以本书在具有前瞻性理论视角下也得出了一些具有前瞻性的研究结果。

第二，作为研究“三社”共生关系的核心概念，“三社”共生系统指作为共生单元的专业社、供销社和信用社，在一定的共生环境中通过多种共生模式在所依赖的多个共生界面上进行农产品的生产、流通、金融及科技等多种共生活动而形成的共生关系的总和。其中，共生单元仅包括以专业社、供销社和信用社这三类农业合作经济组织；“三社”共生系统的生成和运转需要依托一定的外部条件即共生环境和共生界面，而非孤立存在的；共生模式是一种共生关系，这种共生关系包括供销社领（合）办专业社、供销社信用担保、组建农合联以及成立“三位一体”实体公司等多种类型，共生的主要目的就是要借助共生状态促进“三社”有效合作，使作为服务组织的供销社和信用社促进专业社（农户）更好地从事农业生产与经营活动，使作为生产组织的专业社成为供销社和信用社为农服务的抓手，三方有效配合实现涉农资源的高效利用。

第三，基于现有理论和丰富实践，构建了一个系统的、完整的“三社”共生系统的理论分析框架。首先，通过分别从“三社”共生的实践条件和理论条件进行分析后，提出了“三社”共生系统的核心概念，并对其概念的内涵、基本要素、性质以及共生界面等方面进行了系统的理论分析；其次，结合 Logistic 模型进一步对系统内不同类型共生关系的稳定性和能量状态进行分析并得出了结论和启示：各方需要逐渐由偏利共生模式向互利共生模式转化方能以实现双赢的形式促进共生的稳定性；最后，采用共生系统运行分析的基本范式，从外部的环境诱导机制、内部的共生动力机制和共生阻尼机制三个方面分析了“三社”共生系统的运行，阐释了系统运行是推（引）力、动力和阻力等各种力量之间进行较量的动态过程和结果。

第四，以共生三要素为理论视角，提出了“三社”共生系统稳定性影响因素的指标体系集。在理论模型基础上结合已有文献和访谈内容，开发了“三社”共生系统稳定性影响因素量表，并通过问卷调查和因子分析法对提出的“三社”共生系统稳定性的 15 个影响因素进一步进行了检验并归纳出其包含的 6 个因子维度，分别是专业社发展态势、服务组织服务水平、理念融合匹配、业务融合匹配、社会环境和市场环境。这 6 个因子维度与 15 个影响因素共同构成了影响“三社”共生系统稳定的因素集。问卷中多选题项的分析结果从总体视角证明了前文所构建共生模型的正确性，也验证了因子分析的实证结果。从而对实践中我国“三社”共生关系稳定发展的影响因素进行了全方位的阐释，为提高其共生系统稳定状态的管理机制研究奠定了基础并提供了决策参考。

第五，基于投入产出法，构建了“三社”共生系统运行效率评价模型，并对我国进行了测算。评价模型的构建思路是从两阶段链式结构向将共生过程考虑在内的“三社”共生系统逐步深入进行。对 26 个省域范围内“三社”共生系统运行效率评价后发现，一是目前我国“三社”共生系统运行效率总体水平较低；二是在省域上“三社”共生系统均存在较大差异；三是效率排名落后说明在省域内专业社共生单元或服务组织共生单元在一定程度上具有“共生惰性”；四是信用社对专业社贷款量以及供销社领（合）办专业社数量对于提高省域“三社”共生系统运行效率具有十分重要的意义和作用。

第六，运用“三社”共生系统的概念框架与瑞安综合农协实践相结合，主要对农协中隐含的“三社”共生系统进行了剖析，分析了其共生单元的组成和架构、共生关系的形成、共生界面的内容以及共生能量的生成等。总结出瑞安农协系统的组织阶段由低级到高级可以划分为主体域、共生域和联盟域三个层次。目前，瑞安农协已由主体域的初级阶段发展到共生域这一中级阶段，采用共生理论来指导农协中“三社”关系以形成共生系统较为适合，而发展到联盟域这一高级阶段，联盟作为一个整体共生界面发挥着重要作用，联盟理论和共生理论可以共同作为这一阶段的理论指导。

第七，在前期理论研究和实证结果的基础上，本书从共生理论的三要素出发，分析了促进“三社”共生系统稳定运行的政策建议。主要内容为：从提高共生单元之间质参量兼容度和共生单元自身组织绩效两方面从外部和内部改进共生单元；从打通共生界面要素通道并促进共生模式创新和优化等路径优化共生模式；从政策环境、法制环境、市场环境以及产业环境等方面不断地改善共生环境，唯有三要素及其内容齐发力，才能有效保障“三社”共生系统的良性运行。

9.2　研究展望

我国当前正处于环境日益复杂的经济社会转型期，“三社”共生系统涉及的内容颇多，范围甚广，关系很复杂，这使“三社”共生关系的研究具有一定难度和挑战。尽管本书从“三社”共生系统的概念、基本要素体系、稳定性条件及运行机制等方面，尝试搭建了“三社”共生关系研究的经济学分析框架，也得出了一些客观的研究结论并提出了具有可操作性的政策建议。但总体而言，限于数据条件和时间所限，本书对“三社”共生关系的研究还有一些不完善的地方，也将成为未来研究的方向。

本书未来的研究方向在于：

首先，“三社”共生系统的提出基于深厚的现实基础，也很好地契合了共生理论的适应性条件。因而“三社”共生系统这一概念框架中实际涵盖的共生理论内容还有很多，除了本书中已阐述内容之外，还有对“三社”共生系统其他方面的理论内容可以进一步思考和拓展。

其次，对于本书提出的“三社”共生系统，虽然构建了一套“三社”共生系统运行效率评价和稳定性影响因素的指标体系，然而受“三社”数据可得性、实证方法等外部条件的限制，无法非常精确地刻画共生过程中发生的所有物质、信息以及能量流的交换，虽然实证分析的结果具备一定的参考价值，但仍有很大改进空间。

最后，由于目前对于三方（及以上）共生问题的研究通常做法是降维成两个变量之间的函数关系后分析。受研究方法限制，本书对“三社”共生系统的实证研究中也进行了简化处理：将供销社和信用社合并为服务型合作组织。虽然两者在官方属性以及与专业社的合作中具有一定相似性和一致性，然而其业务范围和服务类型等在现实中均有所不同。在将来研究条件许可的情况下，可以尝试对一个更符合实际的三类不同共生单元的“三社”共生关系进行研究。

参考文献

[1] Ashton W S. Managing Performance Expectations of Industrial Symbiosis [J]. Business Strategy & the Environment, 2011, 20 (5): 297-309.

[2] Baas L W, Huisingh D. The synergistic role of embeddedness and capabilities in industrial symbiosis: Illustration based upon 12 years of experience in the Rotterdam Harbour and Industry Complex [J]. Progress in Industrial Ecology An International Journal, 2009, 5 (5): 399-421.

[3] Bastida R, Marimon F, Tanganelli D. Alliance success factors and performance in social economy enterprises [J]. Management Decision, 2017, 55 (5): 1065-1080.

[4] Behera S K, Kim J H, Lee S Y et al. Evolution of designed industrial symbiosis networks in the Ulsan Eco-industrial Park: "research and development into business" as the enabling framework [J]. Journal of Cleaner Production, 2012, 29-30: 103-112.

[5] Birchall J, Ketilson L H. Resilience of the cooperative business model in times of crisis [M]. International Labour Organisation, 2009.

[6] Boons F, Spekkink W. Levels of Institutional capacity and actor expectations about industrial symbiosis: Evidence from the Dutch stimulation program 1999-2004 [J]. Journal of Industrial Ecology, 2012, 16 (1): 61-69.

[7] Boons F. Chertow M. Park J et al. Industrial symbiosis dynamics and the problem of equivalence: Proposal for a comparative framework [J]. Journal of Industrial Ecology, 2017, 21 (4): 938-952.

[8] Cartwright D, Harary F. Structural balance: A generalization of Heider's theory [J]. Social Networks, 1977, 63 (5): 9-25.

[9] Chertow M. Industrial symbiosis: literature and taxonomy [J]. Annu Review of Energy and the Environment, 2000, 25 (1): 313-37.

[10] Chertow M, Miyata Y. Assessing collective firm behavior: Comparing industrial symbiosis with possible alternatives for individual companies in Oahu, HI [J]. Business Strategy & the Environment, 2011, 20 (4): 266-280.

[11] Chertow M. Ehrenfeld J. Organizing self-organizing systems: Toward a theory of industrial symbiosis [J]. Journal of Industrial Ecology, 2012, 16 (1): 13-27.

[12] Das T K, Teng B S. A resource-based theory of strategic alliances [J]. Journal of Management, 2000, 26 (1): 31-61.

[13] De Bary A. De la symbiose [J]. Revue Internationale Desences Sociales, 1879 (3): 301-309.

[14] Doménech, T. & Davies, M. The role of embeddedness in industrial symbiosis networks: Phases in the evolution of industrial symbiosis networks [J]. Business Strategy and the Environment, 2011 (20): 281-296.

[15] European Commission. A resource - efficient Europe - Flagship initiative under the Europe 2020 Strategy [R]. 2011.

[16] Ehrenfeld J. Industrial ecology: A new field or only a metaphor [J]. Journal of Cleaner Production, 2004, 12 (8-10): 825-831.

[17] Emelianoff I V. Economic theory of cooperation: Economic structure of cooperative organizations [R]. 1948.

[18] Hendrikse G, Bijman J. Ownership structure in agrifood chains: The marketing cooperative [J]. American Journal of Agricultural Economics, 2002, 84 (1): 104-119.

[19] Hewes A K, Lyons D I. The humanistic side of eco - industrial parks: champions and the role of trust [J]. Regional Studies, 2008, 42 (10): 1329-1342.

[20] Houlihan J B. International supply chains: A new approach [J]. Management Decision, 1988, 26 (3): 13-19.

[21] Hu Z, Zhang Q F, Donaldson J A. Farmers' cooperatives in China: A typology of fraud and failure [J]. The China Journal, 2017, 78 (1): 1-24.

[22] International Co-operative Alliance (ICA). Statement on the Co-operative Identity [EB/OL]. Available at: http: //www. ica. coop/coop/principles. html., 2018-3-12.

[23] James Lee, Some thoughts on cooperatives [J]. The Review of Black Political Economy September, 1973, 3 (4): 73-77.

[24] Jarkko Levänen. A methodology for facilitating the feedback between mental models and institutional change in industrial ecosystem governance: A waste management case-study from northern Finland [J]. Ecological Economics, 2013, 8 (87): 15-23.

[25] Korhonen, Jouni. Industrial ecology for sustainable development: Six controversies in theory building [J]. Environmental Values, 2005, 14 (1): 83-112.

[26] Koulytchizky S, Mauget R. Le développement des groupes coopératifs agricoles depuis un demi-siècle: A la recherche dun nouveau paradigme [J]. Revue internationale de l'économie sociale: Recma, 2003 (287): 14-40.

[27] Lambert A J D, Boons F A A. Eco - industrial parks: Stimulating sustainable development in mixed industrial parks [J]. Technovation, 2002, 22 (8): 471-484.

[28] Lifset R. A Metaphor, a Field, and a Journal [J]. Journal of Industrial Ecology, 1997, 1 (1): 1-3.

[29] Lifset R. On becoming an industrial ecologist [J]. Journal of Industrial Ecology, 1998, 2 (3): 3.

[30] Lifset R, Gordon E. Setting out and sorting out boundaries in the journal of industrial ecology [J]. Journal of Industrial Ecology, 2010, 14 (6): 863-865.

[31] Liu C, Ma C, Zhang K. Going beyond the sectoral boundary: A key stage in the development of a regional industrial ecosystem [J]. Journal of Cleaner Production, 2012, 22 (1): 42-49.

[32] Lombardi D R, Laybourn P. Redefining industrial symbiosis [J]. Journal of Industrial Ecology, 2012, 16 (1): 28-37.

[33] Malmborg F V. Networking for knowledge transfer: Towards an understanding of local authority roles in regional industrial ecosystem management [J]. Business Strategy and the Environment, 2004, 13 (5): 334-346.

[34] Malmborg F V. Stimulating learning and innovation in networks for regional sustainable development: The role of local authorities [J]. Journal of Cleaner Production, 2007, 15 (17): 1730-1741.

[35] Mirata M. Experiences from early stages of a national industrial symbiosis programme in the UK: Determinants and coordination challenges [J]. Journal of Cleaner Production, 2004, 12 (8-10): 967-983.

[36] Mirata M, Emtairah T. Industrial symbiosis networks and the contribution to environmental innovation [J]. Journal of Cleaner Production, 2005, 13 (10): 993-1002.

[37] Nilsson J. Co-operative principles and practices in Swedish agricultural co-operatives [J]. Co-operatives Markets Co-operative Principles, 1996: 219-248.

[38] Ramon, B., Frederic, M. David T. Alliance success factors and performance in social economy enterprises [J]. Management Decision, 2017, 55 (5): 1065-1080.

[39] Romero E, Ruiz M C. Framework for applying a complex adaptive system approach to model the operation of eco-industrial parks [J]. Journal of Industrial Ecology, 2013, 17 (5): 31-48.

[40] Rothaermel F T, Deeds D L. Alliance type, alliance experience and alliance management capability in high-technology ventures [J]. Journal of business venturing, 2006, 21 (4): 429-460.

[41] Scott, J. E., and R. J. Harbinson. Periodate oxidation of acid polysaccharides [J]. Histochemie, 1969, 19 (2): 155-161.

[42] Seiford L, Thrall R. Recent developments in DEA [J]. Journal of Econometrics, 1990, 46 (1): 7-38.

[43] Somerville P. Co-operative identity [J]. Journal of Co-operative Studies, 2007, 40 (1): 5-17.

[44] Stevens, George C. The latitudinal gradient in geographical range: How so many species coexist in the tropics [J]. The American Naturalist, 1989, 133 (2): 240-256.

[45] Teresa Doménech, Davies M. The role of embeddedness in industrial symbiosis networks: Phases in the evolution of industrial symbiosis networks [J]. Business Strategy & the Environment, 2011, 20 (5): 281-296.

[46] Walls J L, Paquin R L. Organizational perspectives of industrial symbiosis: A review and synthesis [J]. Organization & Environment, 2015, 28 (1): 32-53.

[47] Wassmer U, Paquin R, Sharma S. The engagement of firms in environmental collaborations: Existing contributions and future directions [J]. Business & Society, 2014, 53 (6): 754-786.

［48］ Williamson O E. The economic institutions of capitalism-transaction cost economics ［J］. The Political Economy Reader Markets as Institutions，1985：185-194.

［49］ Yu C，Davis C，Dijkema G P J. Understanding the evolution of industrial symbiosis research ［J］. Journal of Industrial Ecology，2014，18（2）：280-293.

［50］ Zhang B，Wang Z. Inter-firm collaborations on carbon emission reduction within industrial chains in China：Practices，drivers and effects on firms' performances ［J］. Energy Economics，2014，42：115-131.

［51］ 艾勇波，徐微，韩玉洁. 浙江省“三位一体”农合联构建的理论分析与对策建议——基于合作经济组织理论、产权理论及交易费用理论视角［J］. 农村经济与科技，2018，29（5）：57-59.

［52］ 蔡靓. “信用社+供销社+银联”强强联合激活农村大市场［N］. 中华合作时报，2015-12-25（B01）.

［53］ 蔡小军，李双杰，刘启浩. 生态工业园共生产业链的形成机理及其稳定性研究［J］. 软科学，2006（3）：12-14.

［54］ 曹阳. 多元化组织、市场化网络、组织共生——当代中国农业生产组织现代化基本模式探析［J］. 求索，2010（11）：5-7+17.

［55］ 曹静，孙良媛，张乐. 中国农业资本配置效率与农村金融发展的相关性研究［J］. 农村经济，2017（3）.

［56］ 陈阿兴，武云亮等. 农村商品流通网络与供销社新网工程建设研究［M］. 合肥：中国科学技术大学出版社，2015：175-177.

［57］ 陈阿兴，岳中刚. 试论农产品流通与农民组织化问题［J］. 农业经济问题，2003（2）：55-60+80.

［58］ 陈国胜. “三位一体”新型农村合作体系建设的困境与对策［J］. 南方农业，2014，8（34）：40-44.

［59］ 陈林. 习近平农村市场化与农民组织化理论及其实践——统筹推进农村“三变”和“三位一体”综合合作改革［J］. 南京农业大学学报（社会科学版），2018（2）：1.

［60］ 陈新森. 加快推进“三位一体”改革打造为农服务综合平台［J］. 中国合作经济，2016（4）：56-58.

［61］ 陈颖瑛. 实现供销社“三位一体”模式的可持续发展［J］. 时代金融，2014（8）：32-34.

［62］ 陈应侠，黄永安. 关于农民专业合作社若干财务问题的思考［J］. 经

济问题，2009（8）：69-72.

［63］成德宁．我国农业产业链整合模式的比较与选择［J］．经济学家，2012（8）：52-57.

［64］程瑞芳．论农业共生组织［J］．华中农业大学学报（社会科学版），2008（4）：10-13.

［65］董芳，王云，肖志明．基于供销合作社的农业产业链融资探讨［J］．合作经济与科技，2017（8）：83-85.

［66］董继刚．农村信用社支持农民专业合作社发展的创新性金融服务模式研究［J］．山东农业大学学报（社会科学版），2010，12（2）：11-15.

［67］董威．粗糙集理论及其数据挖掘应用［M］．沈阳：东北大学出版社，2014.

［68］韩纪江，胡子悦，胡振华．基于成本—收益分析的“三位一体”新农协发展逻辑［J］．广西大学学报（哲学社会科学版），2014，36（3）：7-12.

［69］何自力，徐学军．我国银企共生关系与银企共生模式分析——基于广东地区的实证［J］．企业家天地，2006（6）：74-77.

［70］黑川纪章．城市设计的思想与手法［M］．北京：中国建筑工业出版社，2004.

［71］侯淑霞，郝娟娟，姜海燕．乳品产业链纵向组织关系的经济学分析——以“公司+奶站+农户”为例［J］．科学管理研究，2008，26（6）：111-114.

［72］胡福亮．农村信用社与专业合作社互动合作机制亟需建立［J］．中国合作经济，2013（11）：59-59.

［73］胡晓鹏．产业共生：理论界定及其内在机理［J］．中国工业经济，2008（9）：118-128.

［74］胡晓鹏，李庆科．生产性服务业与制造业共生关系研究——对苏、浙、沪投入产出表的动态比较［J］．数量经济技术经济研究，2009，26（2）：33-46.

［75］胡雅蓓，原小能．山东省供销合作社组织体系创新研究——基于网络组织理论的视角［J］．农业经济问题，2010，31（4）：46-52+111.

［76］胡振华，何继新．“三位一体”农协动力机制分析［J］．青岛农业大学学报（社会科学版），2012，24（1）：26-30.

［77］胡振华．“三位一体”农协机制研究［M］．北京：北京大学出版社，2015：15-19.

[78] 黄祖辉，徐旭初，冯冠胜. 农民专业合作组织发展的影响因素分析——对浙江省农民专业合作组织发展现状的探讨 [J]. 中国农村经济，2002 (3)：13-21.

[79] 贾楠. 中国农民专业合作社发展中的金融支持 [J]. 经济与管理，2009，23 (4)：60-63.

[80] 简新华. 产业经济学 [M]. 武汉：武汉大学出版社，2002.

[81] 蒋国俊，蒋明新. 产业链理论及其稳定机制研究 [J]. 重庆大学学报 (社会科学版)，2004 (1)：36-38.

[82] 孔祥智. 怎样认识浙江省“三位一体”综合改革 [J]. 中国农民合作社，2017 (5)：34-34.

[83] 孔祥智. “三位一体”的“体” [J]. 中国农民合作社，2017 (6)：25.

[84] 孔祥智. “农合联”是干什么的 [J]. 中国农民合作社，2017 (7)：38.

[85] 李建建. 基于利益相关者理论的生态工业共生网络均衡问题研究 [D]. 天津理工大学，2011.

[86] [荷] L. 道欧，J. 鲍雅朴. 荷兰农业的勃兴：农业发展的背景和前景 [M]. 厉为民等译. 北京：中国农业科技出版社，2003.

[87] 李剑锋，徐建群，陈柯. 走在前列的浙江省农民专业合作社——农村改革 40 年浙江省农民专业合作社发展历程与经验启示 [J]. 中国农民合作社，2018 (10)：23-25.

[88] 李涛，张富春. 体制机制改革：供销社综合改革的方向与实践路径选择 [J]. 经济问题，2016 (8)：30-33.

[89] 李涛. 基于共生理论的生产、供销、信用“三位一体”综合合作分析 [J]. 生产力研究，2018 (11)：56-59.

[90] 李统金. 信用社参与供销社“三位一体”改革思考 [J]. 合作经济与科技，2017 (12)：32-33.

[91] 梁剑峰. 中国农民合作社成长机理研究——基于共生理论的视角 [M]. 北京：中国农业出版社，2014.

[92] 梁艳军. 转型期我国农民专业合作社融资困境研究 [D]. 山西财经大学，2010.

[93] 凌昌志，邓宁，金国英，陈剑熙，程朝广，张伟龙. 供销合作社应在“农超对接”中发挥主渠道作用 [J]. 合作经济与科技，2014 (15)：5-8.

[94] 刘纯阳. 农村合作经济的组织变异现象及其分析 [J]. 科技导报，

2003（9）：59-61.

［95］刘浩．产业间共生网络的演化机理研究［D］．大连理工大学，2010.

［96］刘建宇．产业生态网络中共生关系形成动因研究［D］．大连理工大学，2007.

［97］刘荣增．共生理论及其在我国区域协调发展中的运用［J］．工业技术经济，2006（3）：19-21.

［98］刘帅．浅析金融发展对“三位一体”合作经济建设的影响［J］．时代金融，2015（9）：17.

［99］刘松涛，王林萍．新《农协法》颁布后日本农协全面改革探析［J］．现代日本经济，2018（1）：25-36.

［100］刘银国．论农村供销合作社的创新［J］．农业经济问题，2003（10）：67-70.

［101］刘永悦，郭翔宇，刘雨欣．供应链集成视角下欧美农业合作社发展经验及对中国的启示［J］．世界农业，2016（2）：42-45+111.

［102］刘勇，马小林．榆社县政府、信用社、合作社联手惠农见闻［EB/OL］．中国供销合作网，http：//www. chinacoop. gov. cn/HTML/2008/08/24/11658. html. 2018-12-25.

［103］孟枫平．联盟博弈在农业产业链合作问题中的应用［J］．农业经济问题，2004（5）：53-55.

［104］孟田耘．农村信用合作社之展望——兼论农村合作经济之间的关系［J］．农业经济问题，1988（6）：54-56.

［105］孟晓霞．我国农村信用社多元化经营绩效研究［D］．山东大学，2016.

［106］牛若峰．中国农业产业化经营的发展特点与方向［J］．中国农村经济，2002（5）：4-8+12.

［107］潘劲．流通领域农民专业合作组织发展研究［J］．农业经济问题，2001（11）：51-58.

［108］庞金波，狄丹阳．农民合作社担保贷款融资模式运行研究——基于农民合作社、担保机构、商业银行的三方动态博弈［J］．金融理论与实践，2017（7）：50-56.

［109］邱桂杰，彭辉，韩朋吉．吉林省农村信用社与农村经济增长的关系实证［J］．税务与经济，2012（2）.

［110］任强. 政府角色与合作社发展：历史与比较的视野［J］. 浙江学刊，2014（3）：185-193.

［111］戎承法. 供销合作社发展农民专业合作社的 SWOT 分析［J］. 中国合作经济，2012（11）：32-37.

［112］邵峰. 坚守合作初心推进“三位一体”农合联建设［J］. 农村工作通讯，2017（15）：19-21.

［113］施江鑫. 供销社参与农民专业合作社建设研究［D］. 华侨大学，2015.

［114］石秀和，陈阿兴. 自组织与被组织——试论我国供销合作社组织变迁、经验及创新［J］. 商业时代，2002（21）：11-14.

［115］司昌平. 供销合作经济理论与实践研究［M］. 北京：中国商业出版社，2015：57-60.

［116］宋洪远，吴比. 农业规模经营主体的融资难题及对策建议［J］. 农村金融研究，2018（2）：56-60.

［117］宋纪宁，于成学. 基于共生理论的银保战略联盟稳定性影响因素识别研究［J］. 金融理论与实践，2014（4）：46-49.

［118］孙国强. 关系、互动与协同：网络组织的治理逻辑［J］. 中国工业经济，2003（11）：14-20.

［119］孙永珍，高春雨. 我国农民合作社发展的前景探析［J］. 安徽农业科学，2015，43（24）：343-345+347.

［120］谭智心. 不完全契约、“准租金”配置与合作社联合社的产权［J］. 东岳论丛，2017，38（1）：54-65.

［121］汤益诚. 供销合作社改革的顶层设计与政策匹配［J］. 改革，2017（8）：31-39.

［122］唐玲，孙晓峰，李键. 生态工业园区共生网络的结构分析：以天津泰达为例［J］. 中国人口·资源与环境，2014，24（S2）：216-221.

［123］唐敏. 论合作社产生和发展的根源及其质的规定性［J］. 农业经济问题，1997（8）：39-43.

［124］唐强荣，徐学军. 基于共生理论的生产性服务企业与制造企业合作关系的实证研究［J］. 工业技术经济，2008，27（12）：81-83.

［125］唐强荣，徐学军，何自力. 生产性服务业与制造业共生发展模型及实证研究［J］. 南开管理评论，2009，12（3）：20-26.

［126］仝志辉. 农民合作新路：构建“三位一体”综合合作体系［M］. 北京：中国社会科学出版社，2016：68.

［127］王东宾. 县域是农民合作“三位一体”的突破口［J］. 中国农民合作社，2017（3）：43.

［128］王桂霞. 中国牛肉产业链研究［D］. 中国农业大学，2005.

［129］王军. 供销社领办农民专业合作社的相关问题分析［J］. 中国农村观察，2012（5）：65-69+96.

［130］王凯，颜加勇. 中国农业产业链的组织形式研究［J］. 现代经济探讨，2004（11）：28-32.

［131］王庆华，丰硕，李志强. 共生型网络：跨域合作治理的新框架——基于亚洲区域合作视角［J］. 东北亚论坛，2016，25（1）：96-103+127-128.

［132］王天擎，李琪. 基于 RS-DEA 的产学研合作效率评价模型［J］. 系统科学学报，2018（5）：126-130.

［133］王文明. 加强“三社”建设助 推精准脱贫——贵州省松桃县供销合作社探索“三社”建设调研报告［J］. 中国合作经济，2016（4）：37-40.

［134］王侠. 发展“三位一体”合作　深化供销合作社综合改革［J］. 中国合作经济，2017（Z1）：4-8.

［135］王雅卉，谢元态，谢奇超. 试论我国农民专业合作社与农村信用合作社共生机理构建［J］. 农村金融研究，2012（11）：74-78.

［136］王阳，漆雁斌. 农业产业链战略的选择机制分析［J］. 新疆农垦经济，2005（10）：29-31+28.

［137］王艺华，王树恩. 供销合作社建设农村社区服务中心实践探析——以山东省为例［J］. 安徽农业科学，2011，39（12）：7507-7509+7515.

［138］王宇露，石冶. 企业共生理论及共生效应下的企业成长模型构建［J］. 上海电机学院学报，2008（2）：134-138

［139］王兆华，尹建华. 生态工业园中工业共生网络运作模式研究［J］. 中国软科学，2005（2）：80-85.

［140］王兆华. 生态工业园工业共生网络研究［D］. 大连理工大学，2002

［141］魏然. 产业链的理论渊源与研究现状综述［J］. 技术经济与管理研究，2010（6）：24-29.

［142］温威. 生态工业园工业共生网络形成机理研究［D］. 暨南大学，2010.

［143］吴飞驰. 企业的共生理论——我看见了看不见的手［M］. 北京：人民出版社，2002.

［144］吴志军，我国生态工业园区发展研究［J］. 当代财经，2007（11）：66-72.

［145］吴华增，兰庆高. 农村经济增长与农村财政金融关系实证分析［J］. 统计与决策，2017（20）.

［146］习近平. 中国农村市场化建设研究［M］. 北京：人民出版社，2001：5.

［147］夏训峰，海热提，涂尔逊，乔琦. 工业生态系统与自然生态系统比较研究［J］. 环境科学与技术，2006（4）：61-63+118.

［148］萧灼基. 金融共生理论与城市商业银行改革序言［M］. 北京：商务印书馆，2002：1.

［149］谢晶晶. 金融支持农民专业合作社的“底线”在哪里？［N］. 金融时报，2016-09-01（9）.

［150］熊海斌，谢元态. 合作金融融入农民合作社的理论与实践分析［J］. 世界农业，2017（8）：30-35.

［151］徐波波. ANT 视角下“三位一体”农合联之构建——以浙江临海为例［J］. 行政与法，2018（5）：38-46.

［152］徐钢军，胡新明. 关于供销合作社与农民专业合作社结合问题的若干思考［J］. 中国合作经济，2010（7）：59-61.

［153］徐旭初. 农民专业合作社绩效评价体系及其验证［J］. 农业技术经济，2009（4）：11-19.

［154］徐旭初，黄祖辉，郭红东，郭红东，顾益康. 美国艾奥瓦州农民合作组织考察［J］. 农村工作通讯，2013（17）：61-63.

［155］徐旭初. 农民合作社发展中政府行为逻辑：基于赋权理论视角的讨论［J］. 农业经济问题，2014，35（1）：19-29+110.

［156］徐旭初. 建构合理的政府与农民合作社的关系［J］. 中国农民合作社，2014（10）：37.

［157］徐旭初. 谈发展“三位一体”综合合作［J］. 中国农民合作社，2017（3）：29-30.

［158］徐旭初，金建东，吴彬. “三位一体”综合合作的浙江实践及思考［J］. 农业经济问题，2018（6）：58-66.

[159] 徐学军. 助推新世纪的经济腾飞：中国生产性服务业巡礼 [M]. 北京：科学出版社，2002.

[160] 许欣欣. 秉持法团主义理念构建中国农协体系——以日韩经验为借鉴 [J]. 江苏社会科学，2013（6）：101-109.

[161] 杨群义. 关于发展农民专业合作社联合社的探讨 [J]. 中国合作经济，2012（4）：55-56.

[162] 杨团. 由乡村基层治理到国家治理——韩国农协结构性市场化改革的根源与中国启示 [J]. 探索与争鸣，2018（2）：95-105+143.

[163] 于成学，武春友. 生态产业链多元稳定性影响因素识别——基于共生理论 [J]. 中国流通经济，2013，27（6）：40-44.

[164] 袁纯清. 共生理论——兼论小型经济 [M]. 北京：经济科学出版社，1998.

[165] 袁增伟，毕军. 生态产业共生网络形成机理及其系统解析框架 [J]. 生态学报，2007（8）：182-3188.

[166] 苑鹏. 中国农村市场化进程中的农民合作组织研究 [J]. 中国社会科学，2001（6）：63-73+205-206.

[167] 苑鹏，汤斌. 迈向 21 世纪的合作社理论：如何应对经济全球化的挑战 [J]. 农村合作经济经营管理，2002（1）：17-19.

[168] 苑鹏. 农民专业合作社联合社发展的探析——以北京市密云县奶牛合作联社为例 [J]. 中国农村经济，2008（8）：44-51.

[169] 苑鹏. 中国特色的农民合作社制度的变异现象研究 [J]. 中国农村观察，2013（3）：40-46+91-92.

[170] 苑鹏. 中国特色的农民专业合作社发展探析 [J]. 东岳论丛，2014，35（7）：106-112.

[171] 张大海. 供销社系统再生资源经营模式技术经济效率评价 [J]. 生态经济，2012（2）：44-46.

[172] 张雷勇. 我国产学研共生网络治理研究 [D]. 中国科学技术大学，2015.

[173] 张铁男，罗晓梅. 产业链分析及其战略环节的确定研究 [J]. 工业技术经济，2005（6）：77-78.

[174] 张五常. 交易费用的范式 [J]. 社会科学战线，1999（1）：1-9.

[175] 张晓山. 合作社未来发展的几个问题 [N]. 中华合作时报，2017-

09-12（A04）.

［176］张学鹏. 我国农村合作经济组织研究综述［J］. 经济学动态，2005（10）：67-69.

［177］张永缜，李建群，苏华，栾高明. 共生的方法论探微［J］. 学理论，2014（4）：86-87.

［178］张乐，黄斌全，曹静. 制度约束下的农村金融发展与农业经济增长［J］. 农业技术经济，2016（7）.

［179］赵兴泉. 加快构建“三位一体”农民合作体系——兼论浙江农民专业合作社提升发展之路［J］. 农村经营管理，2014（5）：16-19.

［180］中共中央，国务院. 2017 年一号文件，关于深入推进农业供给侧结构改革加快培育农业农村发展新动能的若干意见［Z］. 2016-12-31.

［181］中共中央，国务院. 关于实施乡村振兴战略的意见［Z］. 2018-02-04.

［182］仲深，高巍，田立. 基于网络 DEA 的中国各地区农村信用社效率评价研究［J］. 征信，2014，32（9）：73-75+85.

［183］周杰，黄胜忠. 农民专业合作社联合模式分析——基于交易价值视角［J］. 西北农林科技大学学报（社会科学版），2014，14（6）：40-44+75.

［184］周娟. 农民分化结构下农民合作组织的建设——韩国的经验与启示［J］. 农业经济问题，2017，38（5）：102-109.

［185］周路明. 关注高科技“产业链”［J］. 深圳特区科技，2001（6）：10-11

［186］周其仁. 农地产权与征地制度——中国城市化面临的重大选择［J］. 经济学（季刊），2004（4）：193-210.

［187］周振，孔祥智. 组织化潜在利润、谈判成本与农民专业合作社的联合——两种类型联合社的制度生成路径研究［J］. 江淮论坛，2014（4）：67-75.

［188］朱毅华，王凯. 农业产业链整合实证研究——以南京市为例［J］. 南京社会科学，2004（7）：85-89.

［189］朱玉强，齐振宏，方丽丽. 工业共生理论的研究述评［J］. 工业技术经济，2007（12）：91-94.

附录1　调查问卷

尊敬的阁下：

您好！

这是一项关于农民专业合作社、供销合作社、信用合作社（以下简称“三社”）之间合作的研究，您的鼎力相助将是我研究成功的关键。本问卷采用匿名方式填写，答案无对错之分，各题项您只需陈述您的个人感知，请按照您个人实际情况选择认为最符合的选项。本调查结果只做研究使用，我们会对您的回答保密，因此请不必顾虑。对您的大力协助，深表感谢！

重点提示：为了防止问卷答题结果有疏漏，请完善您的联系方式：

______________________（QQ、E-mail 或者电话）

一、基本信息（注意：以下选项均为单选，填写时在正确选项□打“√”。）

Q1. 您的性别：□男　　□女

Q2. 年龄：□26~30 岁　□31~40 岁　□41~50 岁　□51~60 岁　□60 岁以上

Q3. 学历：□专科以下　□专科　□本科　□硕士　□博士

Q4. 您来自：□供销合作社　□信用合作社　□农民专业合作社　□其他

二、请您根据实际情况，在对应数字上打“√”。五个答案中只能选一个。

	选项	非常符合		一般符合		很不符合
合作主体概况	Q5：我认为供销社或者信用社可在“三社”合作稳定性中起主导作用	5	4	3	2	1
	Q6：我认为农民专业合作社的财务等经营状况对“三社”合作稳定性影响很大	5	4	3	2	1
	Q7：我认为农民专业合作社的市场实力对“三社”合作稳定性影响很大	5	4	3	2	1
	Q8：我认为供销社和信用社所提供涉农产品和服务的多样性对“三社”合作稳定性影响很大	5	4	3	2	1
	Q9：我认为供销社和信用社所提供产品价格、质量和服务水平对“三社”合作稳定性影响很大	5	4	3	2	1
合作关系概况	Q10：我认为“三社”各成员之间的相互信任程度对合作影响稳定性很大	5	4	3	2	1
	Q11：我认为“三社”各成员之间的相互协同程度对合作稳定性影响很大	5	4	3	2	1
	Q12：我认为“三社”各成员之间的信息共享程度对合作稳定性影响很大	5	4	3	2	1
	Q13：我认为“三社”各成员之间的业务互补程度对合作稳定性影响很大	5	4	3	2	1
	Q14：我认为“三社”各成员之间的沟通顺畅程度对合作稳定性影响很大	5	4	3	2	1
合作环境概况	Q15：我认为政府的支持力度对“三社”合作稳定性影响很大	5	4	3	2	1
	Q16：我认为法律、制度的规范程度对“三社”合作稳定性影响很大	5	4	3	2	1
	Q17：我认为农民的支持程度对“三社”合作稳定性影响很大	5	4	3	2	1
	Q18：我认为农产品市场体系的完善程度对“三社”合作稳定性影响很大	5	4	3	2	1
	Q19：我认为地域经济发展程度对“三社”合作稳定性影响很大	5	4	3	2	1

三、其他（可多选，在您认为的选项□前面打“√”）

Q20：您认为，“三位一体”背景下我国目前的“三社”合作实践面临问题主要有哪些？

□体制问题　　　　□市场问题　　　　□农民专业合作社内部治理问题

□合作制度的设计问题　　□激励政策问题　　□其他

附录 2　问卷答题详情

序号	Q1	Q2	Q3	Q4	Q5	Q6	Q7	Q8	Q9	Q10	Q11	Q12	Q13	Q14	Q15	Q16	Q17	Q18	Q19	Q20
1	1	3	2	3	3	4	5	4	4	5	3	4	2	2	4	3	4	3	3	234
2	1	3	2	3	4	5	5	5	5	5	5	5	5	5	5	5	5	5	5	124
3	1	1	1	3	5	5	5	5	5	5	5	5	5	5	5	5	5	5	5	245
4	0	2	4	4	2	2	2	3	3	3	3	3	2	3	2	2	3	3	3	15
5	0	3	2	4	5	5	5	5	5	5	5	5	5	5	5	5	5	5	5	2
6	0	2	2	4	3	5	5	4	4	5	5	5	5	5	5	5	5	5	4	12345
7	1	1	4	4	4	5	5	5	5	5	5	4	4	4	4	3	3	5	4	235
8	0	3	4	4	2	3	4	5	5	5	5	4	5	4	3	3	4	4	3	245
9	0	3	2	4	1	1	1	5	2	4	5	3	4	4	2	4	5	5	3	2
10	1	2	2	3	3	4	4	4	4	3	4	4	4	4	4	4	5	5	5	12345
11	1	3	2	4	5	5	4	5	5	5	3	2	5	5	3	2	2	5	4	12345
12	1	2	2	4	5	5	5	3	3	4	4	4	4	4	4	4	4	4	5	235
13	1	5	2	1	4	3	1	4	5	3	5	5	3	3	5	3	3	3	5	12345
14	0	2	2	4	4	3	4	3	4	4	4	5	5	5	5	5	5	5	4	123
15	0	2	2	4	4	4	4	2	4	5	4	4	4	5	3	5	3	5	4	15
16	0	1	1	2	4	4	5	5	4	4	4	4	4	3	5	5	3	3	5	135
17	0	1	2	2	5	5	5	5	5	5	5	5	5	5	5	5	5	5	5	1234
18	0	1	2	4	5	5	3	5	5	4	3	3	4	3	4	3	3	4	4	2

续表

序号	Q1	Q2	Q3	Q4	Q5	Q6	Q7	Q8	Q9	Q10	Q11	Q12	Q13	Q14	Q15	Q16	Q17	Q18	Q19	Q20
19	1	2	2	4	2	3	5	5	4	4	4	4	4	4	4	4	4	4	4	2345
20	0	1	1	4	3	3	3	3	3	3	3	3	3	3	3	3	3	3	3	1
21	0	1	2	2	5	5	5	5	5	5	5	5	5	5	5	4	5	5	5	1235
22	0	1	2	2	3	3	3	3	3	5	4	3	3	3	3	3	3	3	3	12345
23	0	1	2	2	3	4	3	4	4	3	4	1	2	1	2	4	2	1	5	1234
24	1	1	4	4	3	3	4	2	3	5	5	1	1	1	1	5	5	2	1	4
25	0	1	1	2	5	5	5	5	5	5	5	4	4	5	5	5	5	5	5	1245
26	0	1	2	4	4	4	3	3	4	5	5	5	3	5	5	5	5	5	3	12345
27	1	3	4	4	5	5	5	5	5	5	5	5	5	5	5	5	5	5	5	12345
28	0	3	2	4	2	1	1	3	3	5	5	4	5	3	5	3	5	5	3	12
29	0	1	2	4	4	4	5	3	3	5	5	5	5	4	5	1	4	4	5	123
30	1	2	2	4	4	5	5	3	3	5	5	5	5	5	5	5	5	5	5	12345
31	0	2	2	4	5	5	4	3	3	5	4	5	3	4	4	4	5	5	5	1234
32	0	3	2	4	4	5	4	4	5	5	5	5	5	5	5	5	5	5	3	12345
33	1	1	2	3	3	5	3	3	5	5	5	4	4	5	5	3	5	3	3	2
34	0	1	4	4	4	5	4	5	4	4	4	4	4	3	3	3	3	3	3	1235
35	0	1	1	2	4	3	3	4	4	5	4	5	3	3	3	3	4	4	4	24
36	0	1	2	2	3	5	5	5	5	4	5	5	5	5	5	5	5	5	5	12345
37	0	3	2	4	3	5	5	3	4	5	5	5	5	5	5	5	5	4	5	12345
38	1	3	4	4	3	4	4	4	4	3	5	4	5	4	3	3	5	2	4	24
39	0	3	1	1	4	4	4	4	4	5	5	5	3	5	4	4	2	3	5	124
40	1	2	3	1	2	2	2	4	3	3	3	3	3	3	3	3	3	3	3	1245
41	0	3	1	1	5	5	5	5	5	5	5	5	5	5	5	5	5	5	5	134
42	1	4	3	1	4	4	3	3	3	3	3	3	3	3	3	3	3	3	3	25
43	1	2	1	1	5	5	4	4	4	4	4	4	4	4	4	3	4	3	3	123
44	1	4	5	1	1	1	1	2	2	2	4	4	3	4	5	5	5	4	4	1235
45	0	3	1	1	5	5	5	5	5	5	5	5	5	5	5	5	5	5	5	12345

续表

序号	Q1	Q2	Q3	Q4	Q5	Q6	Q7	Q8	Q9	Q10	Q11	Q12	Q13	Q14	Q15	Q16	Q17	Q18	Q19	Q20
46	0	2	5	1	5	3	3	3	5	3	3	3	3	3	3	3	3	3	3	123
47	0	2	3	1	5	5	5	5	5	5	5	5	5	5	5	5	5	5	5	12345
48	1	4	5	1	3	5	4	5	5	3	3	4	4	3	4	3	2	2	2	1
49	1	4	1	1	4	4	3	4	5	4	4	5	3	3	5	3	5	4	3	145
50	1	4	1	1	5	5	5	5	5	3	3	5	2	3	3	3	5	5	5	124
51	0	3	1	1	3	4	3	4	4	4	4	4	4	4	4	5	5	4	4	12345
52	0	2	1	1	5	5	5	5	5	5	5	5	5	5	5	3	3	5	3	345
53	1	4	3	1	5	3	3	2	5	5	2	5	1	1	1	2	1	1	1	14
54	1	3	2	1	5	3	3	3	5	4	4	5	5	5	5	4	5	5	5	356
55	1	3	1	1	5	5	5	5	5	5	5	5	5	5	5	4	4	4	5	136
56	1	2	1	1	3	3	3	5	5	5	5	5	5	5	5	5	5	5	5	12345
57	1	3	4	1	3	4	3	4	3	4	4	3	4	3	3	3	4	3	3	1
58	0	4	5	1	5	3	5	4	5	5	5	5	5	4	5	4	5	5	5	12
59	1	4	5	1	3	4	2	3	2	3	2	3	2	3	3	2	2	2	2	13
60	1	2	3	1	3	3	3	5	4	4	5	4	5	5	4	4	5	3	3	12
61	1	2	3	1	3	5	5	4	4	4	4	4	4	4	4	4	5	4	5	5
62	1	4	3	1	4	5	3	5	5	5	5	3	5	5	5	3	3	5	3	12345
63	1	4	3	1	5	1	1	1	1	1	1	5	1	5	1	5	1	5	5	124
64	1	4	1	1	5	5	5	5	5	5	3	5	5	5	4	5	5	5	5	12345
65	0	4	4	4	2	4	5	5	3	5	3	3	3	3	3	3	4	2	5	1345
66	1	3	3	1	3	3	3	4	4	5	5	5	5	5	5	4	5	5	5	12345
67	1	2	3	1	2	2	4	4	3	4	4	5	5	5	4	3	4	3	4	123
68	1	3	3	1	3	3	3	4	4	5	5	5	5	5	5	4	5	5	5	12345
69	0	2	3	1	4	5	5	5	5	5	5	5	5	5	5	5	5	5	5	34
70	0	2	1	1	5	4	4	5	5	5	5	4	3	4	4	1	5	2	4	12
71	0	4	1	1	4	4	5	5	5	5	5	4	4	4	4	4	5	4	5	12345
72	0	2	3	1	4	4	5	3	4	4	5	3	5	3	4	3	3	5	4	123

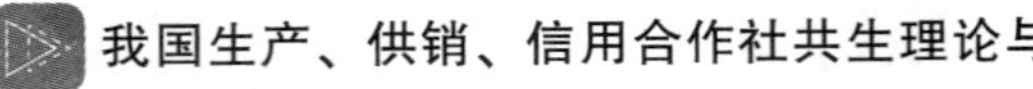

续表

序号	Q1	Q2	Q3	Q4	Q5	Q6	Q7	Q8	Q9	Q10	Q11	Q12	Q13	Q14	Q15	Q16	Q17	Q18	Q19	Q20
73	1	3	1	4	4	4	5	5	4	5	5	4	4	4	4	4	5	4	5	1234
74	1	3	2	1	4	3	4	4	3	4	5	5	5	5	5	3	3	2	2	34
75	1	2	3	1	4	5	5	5	5	5	5	4	5	4	4	4	5	5	4	12
76	1	2	1	1	5	5	5	5	5	5	5	5	5	5	5	5	5	5	5	12345
77	1	2	3	1	5	2	5	5	2	5	4	2	2	2	2	3	5	3	4	123
78	1	4	5	1	5	5	5	4	4	5	4	4	4	4	4	3	5	4	5	1234
79	1	3	1	1	5	5	5	5	5	5	5	5	5	5	5	5	5	5	5	23
80	1	2	1	1	3	4	4	4	4	4	3	3	2	3	2	4	4	3	3	134
81	1	2	5	1	1	5	2	1	5	1	5	3	5	2	5	5	5	3	1	135
82	1	4	1	1	5	3	5	5	5	5	5	5	4	4	4	5	5	5	5	1345
83	1	4	3	1	5	5	5	5	5	5	5	5	5	5	5	5	5	5	5	12
84	1	2	3	1	5	5	3	3	3	5	5	5	5	5	5	3	5	5	5	1234
85	1	4	3	1	5	5	5	5	5	5	5	5	5	5	5	5	5	5	5	13
86	1	4	3	1	5	5	5	5	5	5	5	5	5	5	5	5	5	5	5	134
87	0	2	3	3	5	1	5	2	5	2	3	3	1	5	5	1	1	4	4	3
88	0	2	5	1	5	5	5	5	4	5	5	5	5	3	5	4	5	5	5	4
89	1	3	1	1	5	3	3	4	5	5	5	5	5	3	5	5	5	1	3	13
90	1	4	1	1	5	5	5	5	5	5	3	3	3	4	4	3	3	4	4	24
91	1	4	1	1	5	5	5	5	5	4	3	4	4	3	5	4	3	3	5	124
92	1	2	3	1	5	3	3	4	1	4	3	3	3	4	4	4	3	4	3	12345
93	0	2	3	1	5	5	5	5	5	5	5	5	5	5	5	5	5	5	5	12345
94	1	2	3	1	3	5	5	4	4	4	4	4	3	4	3	4	4	4	4	124
95	0	1	1	2	5	5	5	5	5	1	1	1	1	1	1	1	1	1	1	12345
96	0	1	1	1	2	2	2	2	3	3	5	5	5	5	5	4	4	5	5	12345
97	0	1	1	1	2	2	2	3	3	5	5	4	5	5	5	4	4	4	4	1345
98	0	1	1	2	3	5	5	5	3	3	3	3	3	3	3	3	3	3	3	12345
99	0	1	1	2	4	4	4	4	4	4	4	2	3	3	3	4	4	4	3	12345

续表

序号	Q1	Q2	Q3	Q4	Q5	Q6	Q7	Q8	Q9	Q10	Q11	Q12	Q13	Q14	Q15	Q16	Q17	Q18	Q19	Q20
100	0	1	1	4	4	4	4	4	4	3	3	3	3	3	3	3	3	3	3	12345
101	0	1	3	2	3	3	3	3	3	3	3	3	3	3	3	3	3	3	3	14
102	1	1	1	3	4	3	4	4	4	4	4	5	4	4	5	4	5	5	4	12345
103	0	1	1	3	2	3	3	2	3	5	5	5	5	5	5	5	5	5	5	12345
104	0	1	1	3	5	5	5	5	5	3	5	5	5	5	5	5	3	5	5	12345
105	1	1	1	2	4	4	4	5	5	4	4	2	4	2	2	3	4	3	3	1345
106	0	1	1	3	4	4	4	4	4	5	5	5	5	5	5	5	5	5	5	13
107	0	1	1	2	4	3	3	3	3	3	3	3	3	3	3	3	3	3	3	25
108	0	1	1	3	5	5	5	5	5	5	5	5	5	5	5	5	5	5	5	12345
109	0	1	1	3	4	5	5	4	5	4	4	4	3	4	4	2	2	2	3	123
110	0	5	4	3	1	1	1	1	1	5	5	5	5	5	5	5	5	5	5	3
111	0	1	1	2	4	5	5	4	4	5	5	5	5	5	5	4	5	5	4	12345
112	0	1	1	3	3	4	4	3	3	3	4	2	3	2	3	4	5	4	2	12345
113	0	1	1	3	5	5	5	5	5	5	5	5	5	5	5	5	5	5	5	12345
114	1	1	1	3	4	3	4	4	4	4	4	4	4	4	5	4	5	4	4	12345
115	0	1	1	3	2	1	1	1	1	5	5	5	5	5	5	5	5	5	5	135
116	0	1	1	1	5	3	4	3	4	3	2	3	2	2	2	2	2	3	3	12345
117	0	1	1	3	3	4	4	3	3	2	4	2	4	2	3	4	2	4	3	4
118	0	1	1	1	3	3	3	3	3	5	4	4	4	4	4	4	4	5	4	13
119	1	1	1	1	3	5	3	4	4	4	4	4	4	4	4	3	4	4	4	35
120	0	1	1	2	3	3	3	3	3	4	4	4	4	4	4	4	4	4	4	1245
121	0	1	1	2	3	3	3	3	3	3	4	3	3	3	3	3	3	3	3	123
122	0	1	1	2	5	5	5	4	4	4	4	4	4	4	4	4	4	5	5	14
123	0	1	1	3	3	5	5	5	5	3	3	3	3	3	3	4	4	3	3	12345
124	0	1	1	2	5	5	4	3	5	5	5	5	5	5	5	5	5	5	5	12345
125	0	1	1	2	4	3	4	4	3	5	4	5	4	4	5	4	5	5	4	125
126	0	1	1	2	5	5	5	5	5	4	4	4	4	4	4	4	4	4	4	12345

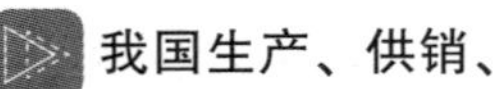

续表

序号	Q1	Q2	Q3	Q4	Q5	Q6	Q7	Q8	Q9	Q10	Q11	Q12	Q13	Q14	Q15	Q16	Q17	Q18	Q19	Q20
127	0	1	1	4	1	1	2	2	2	3	3	3	3	3	3	3	3	3	3	12345
128	0	1	1	3	5	5	5	5	5	5	5	5	5	5	5	5	5	5	5	12345
129	0	1	1	3	3	4	3	3	2	5	5	5	5	5	5	5	5	5	5	12345
130	0	1	1	3	5	5	5	5	5	1	1	1	1	1	1	1	1	1	1	234
131	0	1	1	3	3	4	4	3	3	4	4	4	3	3	4	4	3	4	3	12345
132	0	1	3	3	3	3	3	3	3	3	3	2	2	3	3	3	3	3	3	234
133	0	1	1	3	5	4	4	3	4	5	3	4	4	5	4	4	4	3	3	125
134	0	1	1	3	4	4	4	4	4	4	4	4	4	4	4	4	4	4	4	12345
135	0	1	1	3	4	3	4	4	3	4	4	3	4	4	3	4	3	4	3	245
136	0	1	1	2	4	3	3	3	3	3	3	3	3	3	3	3	3	3	3	3
137	0	1	1	2	4	3	4	3	4	3	4	3	4	4	4	4	3	4	3	12345
138	0	1	1	3	3	3	3	3	3	3	3	3	3	3	3	3	3	3	3	12345
139	0	1	2	2	4	5	4	4	4	4	3	4	4	3	3	3	3	3	3	12345
140	0	1	1	4	2	3	2	2	2	3	3	1	3	4	4	5	5	3	4	12345
141	1	1	1	2	5	5	5	5	5	5	5	5	5	5	5	5	5	5	4	12345
142	0	1	1	4	3	4	3	4	3	4	4	3	3	3	3	3	4	4	3	12345
143	1	1	1	3	4	4	4	4	4	4	4	4	4	3	5	4	3	5	5	123
144	0	1	1	1	3	3	4	3	2	2	3	4	4	5	4	4	4	4	3	12
145	1	1	1	3	3	3	4	2	4	3	3	3	3	3	3	3	3	3	3	145
146	0	1	1	3	4	4	5	5	5	5	5	5	4	4	5	4	5	4	4	245
147	1	1	1	2	2	3	3	4	2	3	3	3	3	3	3	3	3	3	3	1
148	0	1	1	2	5	4	4	4	4	3	4	3	4	3	4	3	4	4	3	1235
149	0	1	1	4	3	5	4	3	5	4	4	4	4	4	4	4	4	4	4	12345
150	0	1	1	3	3	4	4	3	4	5	5	4	5	5	5	4	4	4	5	13
151	0	1	1	2	4	5	3	4	4	4	4	4	4	4	4	4	4	4	4	1245
152	1	1	1	2	3	3	3	3	4	4	3	3	3	4	4	5	4	4	4	1245
153	0	1	1	1	4	5	5	5	5	5	5	5	5	5	5	5	5	5	5	2345

续表

序号	Q1	Q2	Q3	Q4	Q5	Q6	Q7	Q8	Q9	Q10	Q11	Q12	Q13	Q14	Q15	Q16	Q17	Q18	Q19	Q20
154	0	1	1	2	3	3	3	3	3	3	3	3	3	3	3	2	2	3	3	1245
155	0	1	1	2	4	4	3	4	4	3	3	4	4	3	3	4	4	3	4	1235
156	1	1	1	1	5	5	5	5	5	5	5	5	5	5	5	5	5	5	5	134
157	1	1	1	2	3	3	3	3	3	4	4	4	4	5	4	3	4	5	3	134
158	1	1	1	3	4	4	3	4	4	4	4	4	4	4	4	3	3	4	4	15
159	0	1	1	4	3	3	3	3	3	3	3	3	3	3	3	3	3	3	3	25
160	0	1	1	3	4	4	4	3	4	5	5	5	5	5	5	5	5	5	5	145
161	1	1	1	3	4	3	3	3	4	4	4	4	4	4	5	3	4	4	5	1345
162	1	1	1	2	5	5	5	4	5	3	3	4	3	3	5	5	4	4	4	12345
163	1	1	1	2	3	3	3	3	3	3	3	3	3	3	3	3	3	3	3	12345
164	0	1	1	2	5	5	4	4	5	4	4	3	5	5	3	5	5	5	4	15
165	0	1	1	2	4	4	4	5	4	4	5	4	4	4	4	4	4	4	4	34
166	0	1	1	1	5	5	5	5	5	5	5	5	5	5	5	5	5	5	5	12345
167	0	1	1	1	3	4	4	3	3	3	3	3	3	4	5	3	4	4	4	345
168	0	1	1	2	4	3	3	5	3	5	5	5	5	5	5	5	5	5	5	245
169	1	1	1	2	3	3	3	3	3	3	3	3	3	3	3	3	3	3	3	45
170	1	1	1	3	4	4	4	4	4	4	4	4	4	3	3	4	4	4	3	12345
171	1	1	1	1	5	5	5	3	5	5	5	5	5	5	5	5	5	5	5	3
172	0	1	1	2	5	5	5	4	4	5	5	5	5	5	5	5	5	5	4	135
173	0	1	1	1	3	2	2	5	5	2	3	2	3	2	2	2	2	2	2	15
174	0	1	1	4	3	3	3	5	5	4	4	4	3	3	4	4	4	4	4	234
175	1	1	1	3	4	4	3	4	4	4	4	5	4	3	3	4	4	3	3	235
176	0	1	1	2	3	4	3	5	5	3	4	4	4	3	4	3	4	3	3	12345
177	0	1	1	2	4	3	4	5	4	4	3	5	3	4	3	4	3	5	3	1235
178	0	1	1	3	4	3	3	3	4	3	4	3	3	4	4	4	3	3	3	134
179	0	1	1	2	4	5	4	4	4	5	5	4	4	4	4	5	5	5	4	12345
180	0	1	1	2	5	5	5	3	3	4	4	3	4	5	5	5	5	4	5	2345

续表

序号	Q1	Q2	Q3	Q4	Q5	Q6	Q7	Q8	Q9	Q10	Q11	Q12	Q13	Q14	Q15	Q16	Q17	Q18	Q19	Q20
181	0	1	1	2	3	3	3	5	4	3	3	3	3	3	3	3	3	3	3	134
182	0	1	1	2	4	5	4	5	5	4	5	5	5	4	4	5	3	4	4	1235
183	0	1	1	3	3	3	3	5	3	3	3	3	3	3	3	4	3	3	3	12345
184	0	1	1	2	4	5	5	5	5	5	5	5	5	5	5	5	5	5	5	125
185	0	1	1	3	3	4	5	3	3	3	2	3	4	5	5	4	5	4	5	12
186	0	1	1	2	5	5	4	4	4	5	5	5	4	4	5	4	5	5	4	12345
187	0	1	1	4	3	5	4	5	5	5	4	4	3	4	2	2	3	4	2	1235
188	0	1	4	4	4	4	4	3	3	4	4	4	4	4	4	4	4	4	4	1235
189	0	1	1	2	5	5	4	4	4	4	4	5	5	5	5	5	4	5	5	1345
190	1	1	5	2	4	4	4	4	5	4	4	4	4	5	5	5	5	5	5	25
191	0	1	1	2	5	4	4	5	5	4	5	4	3	4	3	4	4	5	5	34
192	0	1	1	2	2	2	2	5	5	3	3	4	5	4	4	4	5	4	4	135
193	0	1	1	3	5	5	5	2	2	5	5	5	5	5	5	5	5	5	5	12345
194	0	1	1	2	5	5	5	3	4	5	5	5	4	4	3	4	4	3	5	13
195	1	1	1	2	4	4	4	3	4	4	4	4	4	4	4	5	4	4	4	2345
196	0	1	1	3	5	5	5	4	4	5	5	5	5	5	5	5	5	5	5	12345
197	0	1	1	3	5	5	4	3	2	5	5	4	5	5	5	5	5	5	5	5
198	0	1	1	4	3	3	3	4	3	3	3	3	3	4	3	3	3	3	3	124
199	0	1	1	2	4	4	4	5	5	4	4	4	4	4	4	4	4	4	4	245
200	0	1	5	2	3	3	3	5	5	3	3	3	3	3	3	3	3	3	3	13
201	0	1	1	2	5	5	5	3	3	4	4	4	4	4	4	4	4	4	4	4
202	0	1	1	3	5	5	4	5	3	4	5	5	4	5	5	5	5	5	4	1345
203	0	1	1	3	1	3	4	3	4	5	5	5	5	5	5	5	5	5	5	12345
204	0	1	1	4	3	5	4	5	4	5	5	5	5	5	5	5	5	2	4	123
205	0	1	1	3	3	2	2	5	4	3	4	4	3	3	3	5	5	3	4	1234
206	0	1	1	2	4	4	4	5	4	4	4	4	4	4	4	4	4	4	4	134
207	0	1	1	3	5	5	5	4	5	5	5	5	4	5	3	3	5	4	4	24

续表

序号	Q1	Q2	Q3	Q4	Q5	Q6	Q7	Q8	Q9	Q10	Q11	Q12	Q13	Q14	Q15	Q16	Q17	Q18	Q19	Q20
208	0	1	1	3	3	3	3	4	4	3	3	3	3	3	3	3	3	3	3	12345
209	0	1	1	2	4	4	4	4	4	4	4	4	4	4	4	4	4	4	4	245
210	0	1	1	3	5	5	4	4	4	5	4	4	5	4	5	4	5	3	5	1234
211	0	1	1	1	3	4	4	4	3	5	5	5	5	4	5	4	4	5	5	245
212	0	1	1	2	4	3	4	2	4	3	5	4	4	4	5	4	2	4	4	235
213	1	1	1	1	5	4	5	5	5	5	4	5	5	5	5	5	5	5	5	15
214	1	1	1	4	3	3	3	3	5	5	5	3	4	3	5	3	5	4	4	12345
215	0	1	1	2	5	5	4	4	3	4	5	5	4	3	5	5	5	4	5	34
216	0	1	1	2	4	4	4	3	3	3	3	3	3	3	3	3	3	3	3	345
217	1	1	1	1	3	4	4	4	4	4	4	4	4	4	4	4	4	4	4	12345
218	1	1	1	3	4	3	4	3	4	3	3	3	4	3	4	4	3	4	3	125
219	0	3	1	2	4	3	5	3	4	4	3	3	3	4	3	4	4	4	3	12345
220	1	1	1	2	5	4	4	3	4	4	2	5	5	3	3	5	4	4	2	4
221	1	5	1	3	4	3	5	3	3	4	5	5	4	3	2	3	3	4	5	4
222	1	1	1	4	4	4	4	3	3	3	3	3	3	3	4	3	3	3	3	145
223	1	1	1	4	4	4	4	4	4	4	4	4	4	4	4	4	4	4	4	145
224	1	1	1	2	4	4	4	4	4	3	5	4	5	3	4	4	4	3	5	124
225	0	1	1	3	3	3	4	5	5	5	5	5	5	5	5	5	5	4	5	12345
226	0	1	1	2	5	5	5	5	3	5	4	4	4	4	4	4	4	1	3	1234
227	1	1	1	2	4	5	4	5	4	4	5	4	5	4	5	3	5	5	5	124
228	1	2	1	3	5	5	5	1	1	1	1	5	5	1	1	1	5	1	5	2
229	1	2	1	1	4	4	5	4	3	5	3	3	3	3	5	5	5	5	3	234

注：Q1：男=1，女=0。Q2：26~30岁=1，41~50岁=2，31~40岁=3，51~60岁=4，60岁以上=5。Q3：本科=1，硕士=2，专科=3，博士=4，专科以下=5。Q4：供销社=1，信用社=2，专业社=3，其他=4。Q21：体制问题=1，合作制度=2，激励机制=3，农民专业社内部治理问题=4，市场问题=5，其他=6。

附录 3　不同类别人员对同一问题的回答（选列）

Q5：我认为供销社或信用社可在“三社”合作稳定性中起主导作用

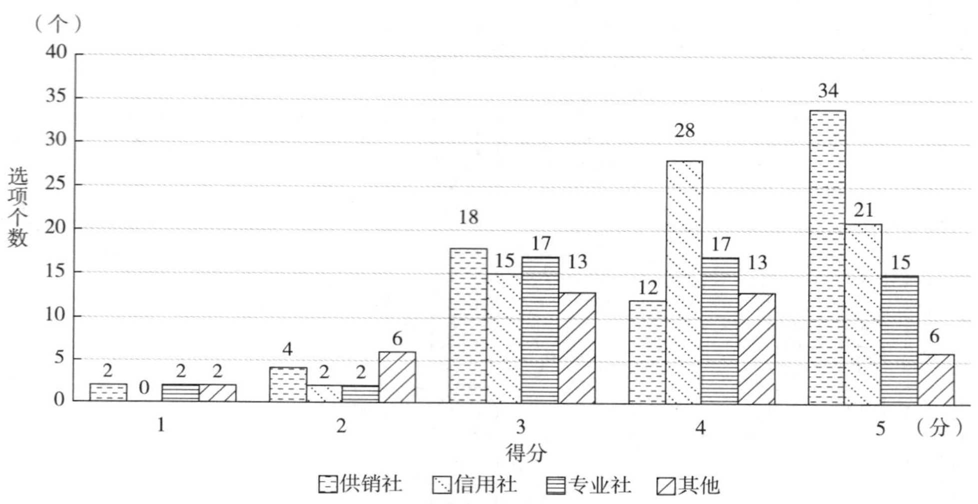

附图 3-1　四类人员对问题 Q5 的回答情况

Q14：我认为“三社”各成员之间的沟通顺畅程度对合作稳定性影响很大

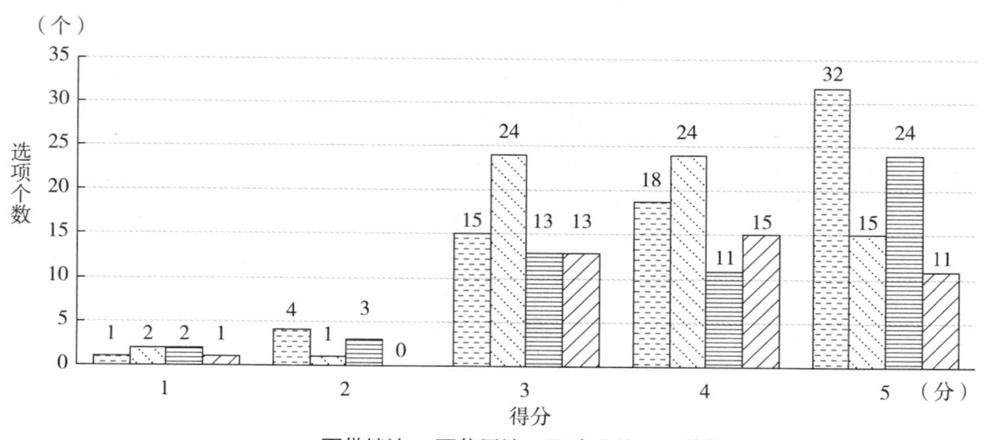

附图 3-2　四类人员对问题 Q10 的回答情况

Q19：我认为地域经济发展程度对“三社”合作稳定性影响很大

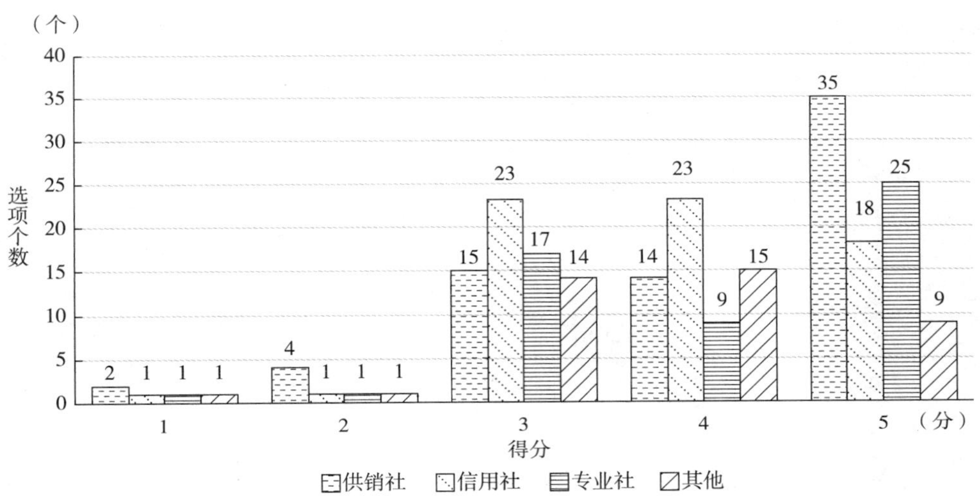

附图 3-3　四类人员对问题 Q19 的回答情况

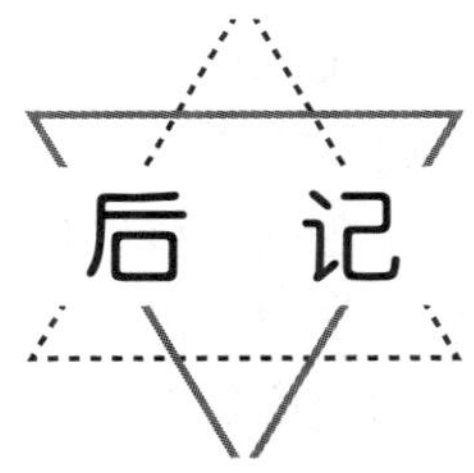

后　记

本书的主要内容来源于我的博士论文——《我国生产、供销、信用合作社共生关系研究》以及近5年来我作为第一作者公开发表的一些学术论文。在整理书稿时，我心中感慨颇多。作为我人生的第一本专著，对初入学术圈的我而言具有里程碑的意义。这本专著得以出版，除了自己的艰辛付出外，想要感谢的人实在很多。

我要感谢我的博士导师——张富春教授。张老师教会了我科学严谨、勤奋自强的治学态度，教会了我在学术领域钻研的方法与技巧。在我遇到困难感到迷惘时，张老师耐心对我进行启发，和我共同探讨解决问题的思路与对策。我从张老师身上学到了如何做人，如何做学问，如何通过不断深入思考地去做学问。张老师为人师表的典范，厚德载物的人格魅力将会在以后的工作和生活中不断激励我。

我要感谢我的父母，二老一直默默无私地奉献着爱与宽容。不幸的是，在2015年4月30日那个令我永生难忘的日子，我深爱的父亲因病永远地离开了，我曾经悲痛得不能自已。痛苦过后，我想我能给予父亲最好的缅怀就是刻苦钻研，学有所成。在此，我也将此书献给我最爱的父亲，感谢父亲陪伴我走过的39年岁月。在这39年里，因为有父母的爱与支持，我得以全身心投入科学研究去实现心中所有的夙愿。父亲走后，母亲独自承担起了家的责任。一生任劳任怨的母亲，不仅是这个家坚强的后盾，更是我温暖的港湾。每当我带着一身疲惫回到家里，母亲总是做好一桌美食为我补充能量，当我要出门时，又对我投以怜爱的凝视与不舍的眼神。当我身体不适时总是悉心照顾我，陪伴在我左右。在此书的创作期间，母亲承揽了照顾我女儿的重任，默默地为这个家付出了太多艰辛。

我要感谢我的爱人——张聪毅先生，感谢与我携手走在艰苦寂寞的科研旅程中。繁重的工作没有压垮他，他迎难而上，更加努力、辛勤的工作态度让我对爱人充满了敬佩之情。也正是因为有了他，我不必因为生活的压力而放弃追求的梦想。感谢爱人在我感到愁苦和焦虑时的宽容和拥抱，感谢爱人在深夜里家门口默默的守候。这一切，我都永远铭记在心。人们常说：婚姻是女人的第二次生命，我觉得自己很幸运，因为我的第二次生命是与张聪毅先生相遇。

我要感谢我的女儿——原原。在进行科研创作时，没有时间给女儿讲有趣的故事，也没有耐心倾听女儿讲述学校里的乐事见闻。可是，我知道女儿在学校各方面表现都是那么出色，我的内心充满了自豪，让我不用分心。而活泼可爱的女儿会在我苦闷时，经常给我加油鼓劲，讲幽默的小故事逗我开心，让我能以更加轻松的姿态顺利完成此书。谢谢我的好女儿——妈妈心中那颗最闪耀的明星。

我要感谢我的学妹杨兴夏，我们时常在一起探讨学习、工作还有生活，让我人到中年还能收获一个好朋友、好妹妹、好搭档。感谢在一起钻研学术的所有产业经济学专业的同学们，我还要感谢太原科技大学经济与管理学院院长乔彬教授、关海玲教授、张永云副教授，感谢我的同学刘洋，大家的支持和帮助使我克服了此书写作过程中的诸多困难。

最后要感谢经济管理出版社为本书出版提供专业且周到服务的张莉琼编辑及其团队，本书承载了很多素未谋面的人们付出的心血。感恩我生命中所有帮助过我的人。

由于自身理论水平限制，且研究对象尚处于不断变化发展之中。对于论著中可能的错误和失误之处，还请各位专家、学者不吝赐教。